高职在线开放课程建设与应用

程 美 黄 河 欧阳波仪 何延钢 著

内 容 简 介

本书从"溯本求源""剖情析因""明理释法"三个方面阐述了高职在线开放课程的理论内涵、建设现状和理论支撑,提出了在课程团队协同化的基础上,课程目标设计精准化、内容重构精切化、资源开发精致化的"精建"策略,以及创新模式、精准推广、重建生态的"泛用"策略;同时,还提供6个实践案例,回答了高职在线开放课程的"谁来建""怎样建""如何用"等关键问题,以期为职业教育研究者、课程开发者、教学实践者提供参考。

版权专有　侵权必究

图书在版编目(CIP)数据

高职在线开放课程建设与应用/程美等著. --北京:北京理工大学出版社,2022.9
ISBN 978-7-5763-1685-8

Ⅰ. ①高… Ⅱ. ①程… Ⅲ. ①高等职业教育-网络教学-教学研究　Ⅳ. ①G718.5

中国版本图书馆 CIP 数据核字(2022)第 162580 号

出版发行 /	北京理工大学出版社有限责任公司
社　　址 /	北京市海淀区中关村南大街5号
邮　　编 /	100081
电　　话 /	(010)68914775(总编室)
	(010)82562903(教材售后服务热线)
	(010)68944723(其他图书服务热线)
网　　址 /	http://www.bitpress.com.cn
经　　销 /	全国各地新华书店
印　　刷 /	三河市华骏印务包装有限公司
开　　本 /	787毫米×1092毫米　1/16
印　　张 /	13.5
字　　数 /	307千字
版　　次 /	2022年9月第1版　2022年9月第1次印刷
定　　价 /	89.00元

责任编辑/李慧智
文案编辑/李慧智
责任校对/周瑞红
责任印制/施胜娟

图书出现印装质量问题,请拨打售后服务热线,本社负责调换

前 言

自 2012 年以来，互联网与教育结合的产物——在线开放课程在世界范围内迅速发展，呈现出爆发式增长势态，引爆了新一轮教学改革。各高职院校响应"互联网+教育"的战略行动，依托各级各类教学资源库，创新建设和应用模式，打造了一大批具有职教特色的在线开放课程。然而，随着经济社会和教育的发展，高职在线开放课程由量的增长向质的提升转变，建设水平不高、应用效果不好、职教特色不突出等问题越来越突出。基于此，高职院校一线教师、职教研究员、行企业专家等组建的研究团队，依托"职业院校在线开放课程建设与应用研究""SPOC 教学模式应用于高职在线开放课程教学的研究与实践""知识管理视角下智慧课堂构建与应用研究"等课题，开展了高职在线开放课程建设与应用的研究与实践，形成了一系列研究成果，本书即为其中之一，编者在书中著述了"精建泛用"的重要策略，以期为职教同行提供参考，助力建设质量高、效果好的高职在线开放课程。

全书由理论、精建、泛用、实践 4 篇，10 个部分，以及 6 个实践案例组成，主要内容如下：

理论篇包括 3 个部分。"溯本求源：高职课程形态的变迁与诉求"阐释了高职课程的"过去""现在"和"未来"；"剖情析因：高职在线开放课程现状分析"是在调查的基础上，分析高职在线开放课程存在团队结构不均衡等 7 个方面的问题，归纳出了 3 个方面的主要原因；"明理释法：高职在线开放课程理论支撑"中，讨论了重要理论、探究了主要内涵、提出了建设流程。

精建篇包括 4 个部分。"协同化：高职在线开放课程团队组建"中，提出了构成跨界性、管理高效性、工作协同性的"三性"团队组建要求；"精准化：高职在线开放课程目标设计"是从哲学抉择、科学分析、精准把握等 3 个方面提出目标设计的方法；"精切化：高职在线开放课程内容重构"是针对课程内容，提出应从颗粒化知识点和技能点、多样化的项目和任务，以及提出适切不同学习者多元需求的内容组织和结构的过程；在"精制化：高职在线开放课程资源开发"中，探讨了开发"学材+习材+创材+研材"等资源、创设不同场景的方法与策略。

泛用篇包括 3 个部分。"创新模式：在线开放课程的应用策略"中重点探讨了课程搭建、教学实施、教学评价等三大问题;"精准推广:在线开放课程的开放基础"提出通过满足用户诉求、找准动力源泉、构建互联机制等实现课程的精准推广,达成"泛用"目标;"重建生态:在线开放课程的应用支撑"从平台、环境、制度等方面研究了生态构建的策略和方法。

实践篇包括6个实践。以6门国家级、省级精品在线开放课程为例,总结经验,为课程开发者提供参考。

本书的"理论篇"由欧阳波仪执笔,"精建篇"由程美执笔,"泛用篇"由黄河执笔,"实践篇"由张云河、黄河、程美、欧阳波仪、何延钢、易娇等人提供素材,何延钢负责整理。

在本书出版之际,衷心感谢湖南省教育科学规划领导小组、湖南汽车工程职业学院等单位对相关研究课题的资助;对所有在课题研究过程中付出的团队成员,以及支持过的领导、老师、同学和朋友表示衷心感谢。

由于著者水平有限,加之时间仓促,书中难免存在不妥之处,敬请广大读者批评指正。

著　者

目　录

理 论 篇

第一章　溯本求源：高职课程形态的变迁与诉求 ························ 3
　一、高职课程形态变迁及内在逻辑 ······························· 3
　二、高职在线开放课程的新形态 ································· 9
　三、高职在线开放课程的新诉求 ································ 11
第二章　剖情析因：高职在线开放课程现状分析 ························ 14
　一、建设与应用现状调查 ······································ 14
　二、建设与应用问题分析 ······································ 22
　三、主要问题的归因分析 ······································ 34
第三章　明理释法：高职在线开放课程理论支撑 ························ 40
　一、高职在线开放课程的理论基础 ······························ 40
　二、高职在线开放课程的内涵特征 ······························ 44
　三、高职在线开放课程的建设流程 ······························ 48

精 建 篇

第四章　协同化：高职在线开放课程团队组建 ·························· 53
　一、团队构成：跨界性 ·· 54
　二、团队管理：高效性 ·· 56
　三、团队工作：协同性 ·· 60
　四、课程团队建设探索 ·· 62
第五章　精准化：高职在线开放课程目标设计 ·························· 66
　一、目标设计的哲学抉择 ······································ 66
　二、目标定位的科学分析 ······································ 70
　三、目标确定的精准把握 ······································ 75
第六章　精切化：高职在线开放课程内容重构 ·························· 81
　一、设计颗粒化知识点和技能点 ································ 81
　二、设计多样化承载项目和任务 ································ 87
　三、适切多元需求的组织和结构 ································ 90
第七章　精制化：高职在线开放课程资源开发 ·························· 96
　一、课程资源建设策略 ·· 97
　二、微课资源开发流程 ·· 98
　三、虚拟仿真资源开发 ······································· 102

四、虚实资源深度耦合 …………………………………………… 109

泛 用 篇

第八章　创新模式：在线开放课程的应用策略 …………………… 119
　　一、课程搭建定制式 ……………………………………………… 119
　　二、教学实施泛在式 ……………………………………………… 124
　　三、教学评价伴随式 ……………………………………………… 136
第九章　精准推广：在线开放课程的开放基础 …………………… 144
　　一、满足用户诉求 ………………………………………………… 144
　　二、找准动力源泉 ………………………………………………… 148
　　三、构建互联机制 ………………………………………………… 151
第十章　重建生态：在线开放课程的应用支撑 …………………… 154
　　一、优选课程平台 ………………………………………………… 154
　　二、重构硬件环境 ………………………………………………… 165
　　三、完善教学制度 ………………………………………………… 167

实 践 篇

第十一章　课程实践范例 …………………………………………… 173
　　实践一："管理基础"课程实践 ………………………………… 173
　　实践二："爱上汽车"课程实践 ………………………………… 178
　　实践三："汽车构造"课程实践 ………………………………… 183
　　实践四："机械制图"课程实践 ………………………………… 190
　　实践五："数控多轴加工技术"课程实践 ……………………… 198
　　实践六："汽车机械故障维修"课程实践 ……………………… 203

理论篇

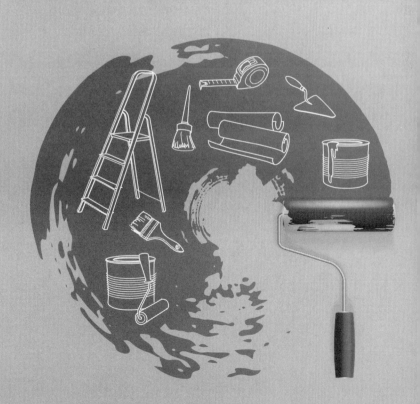

第一章

溯本求源：高职课程形态的变迁与诉求

课程作为高等职业教育的核心组成部分。从宏观来看，它是"历史、实践、理性与逻辑的高度统一"①，其演进与变迁受到社会、技术等外部条件的影响。从微观来看，它是内容与形式的统一体②，内容是课程的内核，体现的是知识的逻辑构成；形式是内容的表现形式，体现的是知识的表达与供给方式，二者相辅相成，缺一不可。随着信息技术的发展，新的课程形态不断涌现。

一、高职课程形态变迁及内在逻辑

课程形态是一个具有多重内涵的术语，对它的界定也是见仁见智，学者们对"课程形态"概念有不同的解读。牛瑞雪认为"课程形态是课程内容与其载体及实施方式的动态组合样态"③，这一界定致使课程形态具备了三个因素，即课程内容、课程内容的载体与课程的实施方式。赵婧将课程的内容和形态进行了区分，"课程内容集中解决的是精神营养的构成与配比问题，而课程形态则主要关注的是精神营养的呈现与供给问题"。因此，她认为课程形态就是"课程在时空系统中的存在及其表现形式"④。白月桥认为，教材，特别是教科书，应和教学内容区别开来。他认为，"教学内容是学生认识的对象，而包括教科书在内的教材，是教学内容的载体。对教学来说，教材是学生借以达到掌握教学内容的手段，是教师传授教学内容的工具"⑤。三个概念有相同之处，即课程形态均包含课程形式，但不同之处在于课程形态是否应该包含"内容"这一要素。本书认为，从纵向发展方面来说，因受社会发展和技术影响，课程载体形式会发生变化，而课程载体形式的变化，既影响了课程内容的表达方式、课程实施与使用的不同方式，也影响了课程形态的变化；从横向发展方面来说，课程是形式与内容紧密结合的统一体，多样化的存在形式可使内容丰富，如在信息技术的支持下，集成于新课程形态中的图片、音视频、案例等媒体形式丰富了课程内容，所以，二者的内在是统一的。因此，本书认为课程形态是课程内容与课程形式相统一而呈现出的存在

---

① 赵婧. "云课程"解析：背景、理念与趋势[J]. 课程·教材·教法，2013（12）：13-17.
② 王本陆. 关于加强云课程研究的几点思考[J]. 课程·教材·教法，2013（12）3-7.
③ 牛瑞雪. 从口耳相传到云课程：课程形态视域下的课程演变史[J]. 课程·教材·教法，2013（12）：18-23.
④ 赵婧. 课程形态信息化变革的"人学"致思[J]. 教育理论与实践，2016（10）：51-55.
⑤ 白月桥. 课程变革概论[M]. 石家庄：河北教育出版社，1996.

样态，它承载了课程内容、并能刻画课程的物质载体、呈现方式、传播方式、使用方式等。

1. 高职课程形态的变迁

课程载体形式是课程形态的基本要素，影响着课程的表现方式与交往方式。从纵向的历史发展沿革来看，19世纪末，在照相技术、幻灯机、无声电影等电子化媒体被引入教育领域之前，课程形态主要经历了口耳相传阶段、经典课程的文字阶段、教科书阶段[①]，其载体形式经历了从最初的无形载体到羊皮、竹简、丝帛等载体，再到基于印刷媒介的纸张，而课程实施的方式主要以手工操作为主。随着照相技术、幻灯机、电影等电子媒介的引入，这些增添的新媒体支持课程形态成为基于印刷媒介的教科书形态的有益补充，而且，音像教学制品、电视教材等均成为课程开发、课程实施过程中的辅助学习资源，课程的教学表达方式也发生了改变：从单一的视觉展现步入借助于声音、画面共同表达的多媒体视听方式。然而，互联网的出现以及信息技术的发展彻底改造了原有社会传播的生态环境，使人类的书写从基于印刷媒介的纸张向虚拟的网络迁移、使人类的交流方式从面对面转向超越时空的、互相分离的虚拟空间，实现了印刷媒体、单媒体、多媒体难以实现的双向交互的功能，使课程形态从单一表征走向了多元支持的立体化：课程载体的多媒体表达，基于网络的双向、多向互动，以及基于动态化、灵活性的学习体验与分享[②]。尤其是在线开放课程这一课程形态的出现，是新技术发展与人的学习需求不断增加下课程形态的新发展，改变并拓展了课程的存在形式——它以网络技术为载体，实现了双向、多向互动；它立体化地丰富了课程内容——以微视频、图片、教案、音频、视频、超链接、练习、作业等为课程资源，以立体化的课程形态整合了教科书、音像制品、电子课件，并充分发挥了多媒体计算机、网络虚拟媒介的优势；更重要的是，在线开放课程以开放性的方式，吸引了众多学生共同参与，为课程实施带来了师生之间、学生之间以及学生与世界之间交流的新方式。

（1）教科书课程阶段

众所周知，原始社会的教育几乎完全融合在社会生产和生活之中，当时，生产和生活的经验即是自然形成的"课程的雏形"，其形态仅停留在"口耳相传与身体动作"的水平。随着社会的发展，"经验的积累引起知识理性化的渐变与飞跃，并使知识呈现出一定的系统性，从而要求独立形态的教材体系"[③]。特别是到了奴隶社会，生产力的进步提供了学校得以产生的条件。有了学校，就意味着要有预先确定的、相对稳定的教育内容。而且，随着奴隶社会文化的发展，学校教育内容也日趋分化，迫切需要形成分门别类的课程体系。因此，大约在奴隶社会和封建社会期间，我国的课程形态就实现了从"口耳相传"到"教科书课程"的历史性变迁。不难看出，教科书课程形态的产生与当时特定的社会文化背景存在着不可分割的天然联系。

关于知识起源及其获得方式的辩论，导致了"唯理论"与"经验论"对峙的出现。整体而言，"唯理论"与"经验论"都认为存在着关于客观世界的可靠知识，存在着检验知识真伪的客观标准，其认知论的重心都在于认知的客体——知识的内容。换言之，这两种认识论实质上都带有较强的"客观主义"色彩。这种客观主义的知识观在17和18世纪处于鼎

[①] 牛瑞雪. 从口耳相传到云课程：课程形态视域下的课程演变史 [J]. 课程·教材·教法，2013（12）：18-23.

[②] 刘志军，冯永华. "颠覆论"下的慕课反思——兼论基于慕课的课堂"翻转" [J]. 课程·教材·教法，2015（9）：16-23.

[③] 曾天山. 教材发展的比较研究 [J]. 西北师大学报（社会科学版），1994（4）：52-57.

盛,并深刻影响着19世纪古典哲学的理论基础。知识观是教学观的基础与前提①,在客观主义知识观的观照下,"传递-接受"成为教学的主流模式——将知识准确无误地传递给学生,使学生在最终接收的知识中获得相同的理解。于是,只有把生产生活、宗教艺术、科学计算等知识和经验记录下来,才便于传递和接受。其结果就是"中国封建教育,以课本为中心,教师讲,学生背。清末的《癸卯学制》颁布后,虽然废除了科举考试,但依然强调死记硬背"。因此,我们可以将上述观察描述为:客观主义奠定了教科书课程形态的认识论基础。

虽然客观主义为教科书课程形态贡献了认识论基础,但如果缺少技术所提供的物质性基础,这种课程形态充其量也只能停留在观念层面。原始社会的教育是典型的知识传递和接收,但囿于当时的技术条件,教育只能借助身体动作和口头语言进行。这种方式具有明显的缺陷,即具有某种瞬间性的特征,难以定型化和成熟化。文字和造纸术的发明,使得知识得以记录和保存,弥补了身体动作和口头语言的不足,为教科书课程形态的产生提供了条件。印刷术的发明又让知识的大规模复制成为可能,从而成为教科书课程形态走向普及的重要基础和前提。因此,文字、造纸术和印刷术奠定了教科书课程形态的物质基础。

(2) 音像(多媒体)课程阶段

19世纪末20世纪初,随着生产力的不断发展、科学技术的不断进步,我国正式迈进了"工业化时代","效率至上"是这个时代的"潜在法则"。与此同时,随着西方进步教育思想的源源输入,中国教育也发生了巨大的变革。"儒家经典与词章八股"逐渐沦为科技文化发展的巨大障碍,取而代之的则是围绕学生"读写算"能力而设计的课程内容。教育理论的主调偏重于学生的个性发展,比如,尊重学生的生活经验,强调学生对知识的理解与体验,而不是死记硬背。因此,静态、僵化的教科书课程形态难以适应当时的社会文化与教育理念,迫切需要迈出变革的步伐。

在这一时期,哲学认识论领域中最有影响力的当属逻辑实证主义。整体而言,逻辑实证主义在本质上是一种"经验主义"的哲学思潮,强调经验乃是知识的基础,并主张知识以经验为界,认为凡是有经验的或可借经验证实的,即为实在。反之,凡是没有经验的或不可以由经验证实的,则是虚构的。在逻辑实证主义的影响下,"教育哲学家们要求教师利用传授知识、技能、观点的一套方法来指导学生达到所期望的教育目的,因此,主张教育要探讨和研究最有效的方法和手段"②。不难看出,这种实证主义思潮孕育了"追求效率"的教育主张;同时,也奠定了教学的"直观性原则"。于是,为了追求效果与效率,教师在教学中都十分重视视听类媒体的作用,以至于"多媒体组合教学"备受青睐。

与此同时,随着电子科学技术的迅速发展,各种新兴的视听媒体不断涌现,如幻灯、投影、电影、唱片、广播、电视录像、多媒体计算机等,为教科书课程形态向音像(多媒体)课程形态的变迁提供了技术基础。音像(多媒体)课程能够把静态文字形态的知识转化为动态的、具有强烈感染力的教学信息,从而被人们视为提高学习效率的方法。音像(多媒体)课程还能为学生提供"个性化交互式"的学习环境,让其可以根据自己的认知水平和需要进行自主学习,弥补了课堂教学中集体步调与被动接受的不足。不难看出,音像(多媒体)课程强调的并不是"死记硬背",其作用是促进学习发生和提高学习效率。

---

① 潘洪建. 知识本质:内在、开放、动态——新知识观的思考 [J]. 教育理论与实践, 2003 (2):1-6.
② 曾立新. 逻辑实证主义教育技术哲学 [J]. 电化教育研究, 1998 (6):12-17.

在上述3种因素的作用下，课程形态进入音像（多媒体）课程阶段。早在1923年，金陵大学（1952年并入南京大学）开始购买和摄制教育影片，并在各地放映。1932年，在蔡元培先生的主持下成立了"中国教育电影协会"。1934年，中国教育电影协会与金陵大学合作，开始有计划地摄制中国教育电影。党的第十一届三中全会之后，"在电教局的组织领导下，成立了高校电视教材协作组，大力开展了各科电视教材的研制工作，摄制出一批质量比较高的电视录像教材"[①]。1984年以后，不少大学开发了一批有关学科课程的计算机教学软件，并在1985年成立了全国计算机辅助教育学会。

（3）网络课程阶段

进入21世纪后，人类社会迎来了以互联网为主要特征的"信息化时代"，一种信息文化开始对传统文化基石的"读写算"的基础性地位提出了挑战。传统文化所认同的背诵能力、重复能力和计算能力已经无法满足"信息化时代"的发展要求。信息文化崇尚开放、多元、互动和个性化，强调通过基于"情境"的"协作"与"参与"促进社会和个体自身的发展。这实际上意味着，在网络时代，"人"的活动的价值和必要性重新被认识，每个人都是互联网中的一个神经元，互联网世界就是一个兴趣激发、协作互动的世界。

在这一时期，建构主义认识论逐渐流行，并一举获得了支配性地位。整体来看，建构主义本质上是倾向于"主观主义"的一种认识论主张，它主张将知识论的重心置于认知的主体——人，强调主体在认知过程中的主动建构性作用，而不刻意探讨知识内容的客观性问题。这种认识论对教学模式产生了重要影响，于是，先后出现了支架式教学、抛锚式教学、随机进入教学等新型教学模式。显然，教科书课程形态、音像（多媒体）课程形态已无法与这些新型教学模式匹配，课程形态急需迈出变革的步伐。

与此同时，新技术革命发展的势头也更加迅猛，最突出的就是互联网技术的迅速普及与广泛应用。实际上，互联网并非仅是信息传输与存储的工具，互联网技术还具有以下几个独特的属性：一是开放性。互联网提供了一个无阶级性的环境，所有的参与者都可以平等地沟通。二是互动性。网络上的互动是一种多元互动，甚至是弹性的、有选择的互动。三是协作性。借助网络通信，可以突破时空限制，可以使不同地区的参与者交换资料与经验，或者针对某个主题展开研讨，在线上协作完成专案。正是因为这些独特的属性，使传统"工具论"的技术观产生了偏移，即新技术的出现并不仅仅是工具的发明，更是常识的改变和想象力的延伸。从这个意义上分析，技术似乎有可能渗透并超越人类实际经验的世界，进而创造出一个观念的世界和知识的世界。

在信息文化、建构主义认识论和互联网技术三股驱动力的作用下，课程形态发展到了网络课程阶段。早在2000年5月，教育部就下发了《关于实施新世纪网络课程建设工程的通知》，从此开启了我国网络课程的建设征程。与此同时，教育部还在《现代远程教育资源建设技术规范》中指出，网络课程不仅包含教学内容，更特指一种网络教学支撑环境，即支持网络教学的软件工具、教学资源以及在网络教学平台上实施的教学活动。也就是说，网络课程构筑了一种协作互动的环境，能够让教师与学生、学生与学生在协作与交流的基础上讨论学习，而非仅仅完成教学内容的传输与呈现。

（4）在线开放课程阶段

21世纪是知识经济的时代，知识是驱动经济社会发展的决定性因素，是生产力的主体，

---

① 邬美娜. 教育技术学 [M]. 合肥：安徽教育出版社，2004.

而要掌握知识就必须学习。因此，学习已经成为知识社会中人们生存和发展的第一需要。或者说，一种全民学习、终身学习的学习型社会正在形成。在此过程中，学习者、学习目的与学习组织的定义均发生了变化。就学习者而言，从在校学生覆盖到了全体社会成员。也就是说，所有的社会成员都具有学习的基本特征。一般来说，学习的目的是为掌握知识或技能，为未来融入社会打基础、做铺垫。而在学习型社会，学习不仅是为了促进学习者知识或技能的掌握，更是为了开发人的潜能，使其成为自我实现者。同时，学习组织也从单一、封闭的学校系统转变为多样、开放的学习型组织。然而，现有的课程形态（包括网络课程）具有一定的"封闭性"，难以适应学习型社会的发展要求。

在这一阶段，后现代主义知识观逐渐被人们所接受。从本质上看，后现代知识观建立在对现代知识观质疑、反思与批判的基础之上。现代知识观认为，知识是对现实的纯粹客观的反映，它是普遍的、稳定的、可被证实的。因此，"知识获得就是外部知识及其结构的简单移植，是学生记忆、理解、保存知识的过程"[1]。而后现代知识观则强调，知识是个人对客观世界的一种解释或假设，它不是纯粹客观的，而是带有个人自己的"前理解"，因此具有生成性、不确定性和境域性等特点。由此可见，知识的获得就是学生在开放的背景和动态的框架中"遇见"知识、"体验"知识和"理解"知识的过程。因此，从教学层面而言，仅仅聚焦于传递封闭的、稳定的知识是有失偏颇的，理想的情况是，在师生"对话"和"互动"的基础上共同"创造生产"新知识，从而体现教学的"动态生成"性。

随着网络技术和移动通信技术等新兴技术的不断发展，以智能手机、掌上电脑为代表的移动终端，以微博、微信、博客、维基百科为代表的社交软件，正在为知识的共享、交流、传播和创造提供跨越时空的平台和协同作业的场所。这些特性使得此类终端和软件为课程形态由"封闭"到"开放"的变迁提供了可能途径。比如，乔治·西蒙斯和斯蒂芬·唐斯创建MOOC（慕课）的初衷是"按照某种方式将校园外人员加入课程学习中，扩大课程的服务范围和辐射面"[2]，其具体做法是：只提供课程主题，不提供课程内容，课程内容主要是学生在"对话"的基础上，通过社会性软件（如微博、博客、维基百科、谷歌小组等）共同创造而逐渐生成的。

学习型社会、知识建构理论和新兴技术工具为课程形态变迁注入了旺盛的生命力，迎来了在线开放课程阶段。2011年发布的《教育部关于国家精品开放课程建设的实施意见》明确指出，开展国家精品开放课程建设工作的初衷是"利用现代信息技术手段，加强优质教育资源开发和普及共享，进一步提高高等教育质量，服务学习型社会建设"。近年来，大规模在线开放课程在世界范围内迅速兴起。在此背景下，2015年发布的《教育部关于加强高等学校在线开放课程建设应用与管理的意见》要求"主动适应学生个性化发展和多样化终身学习需求，立足国情建设在线开放课程和公共服务平台"。

当前，随着全球化信息技术革命的深入发展，云计算、物联网、大数据和人工智能已然从高度技术化与学术化的频率中逐步向外延伸，一个万物互联、万物智能的"智能化"新时代即将开启。2018年，教育部发布的《教育信息化2.0行动计划》，强调"依托各类智能设备和网络，积极开展智慧教育创新研究和示范"。同时，认识论的发展已经从哲学走向了自然主义，即认识论不仅要关注知识的哲学理论，还要注重对认知的自然科学研究。比如，

---

[1] 朱德全，彭敏. 知识观的演变与教学模式的选择[J]. 教学与管理, 2009 (10): 4-5.
[2] 王志军，陈一丽，郑勤华. MOOCs的发展脉络及其三种实践形式[J]. 中国电化教育, 2014 (7): 25-33.

大脑的知识表征、存储和提取的工作机制;如何处理人机并存、人机协同这样一种特殊的社会关系;认知、情感、社交如何积极调节和影响个体的学习活动等。另外,以智能设备、智能网络为代表的一大批智能技术也将迅速成长起来,为课程形态的进一步变迁提供技术基础。智能化时代衍生出的社会文化背景、自然主义认识论和智能技术的汇聚,预示着课程形态也即将进入"智能化"阶段,课程的个性化、自适应和境域性终将"由理想照进现实",并迎来空前发展的机遇。

2. 高职课程形态变迁的内在逻辑

一直以来技术的发展均会影响教育的发展,信息技术的发展也催生了课程形态的不断变迁。但是,在课程目标、课程结构、课程功能、课程实施等方面,信息技术并没有不折不扣地按照其"应然预设"释放出育人的"实然效能"①。因此,在技术乌托邦的笼罩下,我们更需要理性看待课程形态演变的实质——回到课程中。在信息技术的推动下,高职课程形态变迁的内在逻辑实则是满足人的学习需求。

课程的本体功能是培养人,我国学者丛立新认为:"课程是为了培养人和教育人而产生的、而发展的,培养人是课程的本体功能,一旦离开了这个本体功能,课程便不复存在……培养人是课程最根本、最重要的功能……这是认识课程功能的出发点和落脚点。"② 发挥课程的育人功能是课程的原点,离开了"人"的发展,课程形态的变迁亦失去了意义。同样,课程形态的变迁是人的学习需求的彰显。例如,在口耳相传的课程形态阶段,语言是唯一的无形的载体形式,但是其作为一种最原始的传播媒体,抽象、难以保存、近距离传播等局限性,难以满足更广泛的学生的学习需求。因此,在经典课程阶段,虽然诞生了文字、造纸术,可以使教学内容储存并流传,促进了社会进步与文明。但是,这依然难以满足提高教学效率以及追求教育发展民主平等的学习需求,因此,教科书形态应运而生。当统一的大工业满足了提高效率与民主平等之后,尊重个体差异、满足个体发展的个性化学习需求又成了人的核心诉求,而满足学生日益增长的个性化学习需求则是新技术支持下课程形态变革的根本动力——从音像制品的课程形态到数字化的课程形态,实现了从单媒体的视、听到多重感官的调动,使课程形态从单向接收过渡到双向、多维互动,从单层次的资源呈现到多层次、多维度、多样化的媒体呈现与建构,体现了对学生主体、个性化学习的尊重。

在线开放课程正是在开放教育资源环境下,随着学生学习需求不断增加、网络新技术不断发展而产生的一种新的课程形态,它以名校、名师等优质课程资源,以及完整的课程体验过程为全球范围内有学习需求的人带来了"有教无类"的学习机会,并且具有教与学互动、传播与创造的特性,是课程形态的新发展。但是,课程形态的变革从来不是课程形态的否定与更替,而是在新形势下,学习需求发生变化导致的课程形态的完善与丰富。不同的课程形态可以满足不同的学习需求,具有不同的价值,彼此并不能完全代替③。而在线开放课程以开放性过程与体验打破了课堂教学封闭性的局限,超越了时空限制;基于学习分析等新技术的个性化学习分析冲破了传统课堂标准、统一的藩篱,促进了个性化学习路径的形成;多主体的交流拆除了教师与学生之间森严的壁垒,以平等和民主实现了互动与交流;基于微视频

---

① 赵婧.课程形态信息化变革的"人学"致思[J].教育理论与实践,2016(10):51-55.
② 丛立新.课程论问题[M].北京:教育科学出版社,2000.
③ 肖占君,辛宝忠.大学生存危机来临还是高等教育普及开始——大学慕课研究与实践的转向与未来走向[J].中国电化教育,2015(3):35-38.

与交互练习的知识图谱式学习摆脱了课堂教学的"满堂灌"形式,并且让学生实现了自主选择①。这些表现无不体现了个性化的学习诉求。

二、高职在线开放课程的新形态

课程形态是为实现特定教育目标,由课程内容、教学方式、课程评价等各种要素形成的稳定的课程存在样态②。课程形态位于课程要素与课程体系的中间层次,是各课程要素的有机综合,也是构成课程体系的重要"构件"。国内高职院校在线课程经历了精品课程建设阶段、精品开放课程建设与应用以及在线开放课程全面建设应用与管理阶段,其课程形态呈现出从结构化到非结构化、从单一化到多元化、从静态传授到动态生成的发展历史。

1. 从结构化到非结构化

按照在线课程结构化的程度可以将其划分为结构化和非结构化两种形态类型。结构化的课程是指经过精心的教学设计,教师按照预定的教学结构组织课程内容,一般采用线性或层次性的知识组织方式进行教学。而非结构化课程则突出了课程教学结构的不确定性。教学结构和内容处于动态变化过程,学习资源的来源更为丰富,教学设计和教学手段的表现形式更为多元。非结构化课程并非指课程缺乏结构设计,而是指课程多以非线性或网状结构的知识组织方式进行教学。非结构化的课程对于教师而言更有利于课程的重构;对于学生而言,则更易于动态知识的生成。精品课程建设阶段由于国内高职院校在线课程尚处于建设的探索起步阶段,为了突出课程的示范引领作用,从顶层设计对课程形态进行了较为明确的规范和要求,精品课程按照统一的教学设计和标准进行制作,课程的教学交互和教学评价体系相对缺乏,由此导致课程的结构化倾向较为突出。精品开放课程为实现课程的充分普及共享,对课程的技术制作标准进行了明确界定,在一定程度上促成了课程的推广与共享。但是统一模式制作的精品开放课程仍然围于课程结构化的藩篱,给教师重组重用课程资源以及学生动态知识的生成造成了障碍。在线开放课程全面建设应用与管理阶段,学科知识的讲解逐渐聚焦于某一知识点的阐释,数十分钟的视频课程也逐渐浓缩为几分钟的较小知识粒度课程,课程形态逐渐呈现出非结构化倾向。为满足学生多样化和碎片化的学习需求,MOOC 进一步丰富学习资源的来源与渠道,形成了多元化的课程评价体系,突出应用导向的教学设计等,都使课程形态更贴合用户的真实需求,有助于动态知识的生成和高阶学习目标的实现。微课则以其"短、小、精、趣"的特质突出在线课程形态的非结构化特征,以此满足学生"时时皆能学,处处皆可学"的移动学习需求,而教师则将非结构化的课程灵活重构,并将其应用于线上、线下教学中。

2. 从单一化到多元化

国内高职院校在线课程建设的初期,教育资源的建设以超链接技术为主要手段,其实质是将已有的教学资源数字化,以实现优质教育资源的共享。郭文革将这一时期的在线课程建

---

① 刘志军,冯永华.课堂教学变革的反思与重建——"慕课"背景下课堂教学变革的思考 [J]. 教师教育学报, 2014 (3): 53-63.

② 郭晓明.知识与教化:课程知识观的重建 [J]. 华东师范大学学报, 2003 (2): 11-18, 41.

设称为把"旧内容"装进"新容器"①。精品课程建设阶段,以"标杆"为要义的精品课程以教师"讲授式"的知识单向传导方式为主,缺乏有效的教学交互。教学资源主要来自名校、名师的课程教学视频,从之前突出"教授上讲台"转变为"教授上网"。在此阶段,名校、名师、名课是在线课程显著的"精英"标签和准入条件,而在线课程用户的资源需求相对稳定单一,个性化需求被巨大的社会需求所掩盖。当终身教育、教育平等、知识公益等理念逐渐被社会大众广泛接受和认可时,在线课程用户对教学资源的个性化需求逐渐从单一化向多元化方向发展。随着媒体环境在教学资源中的大量投入,教与学过程中资源投入的不均衡性使在线课程用户的个性化需求难以满足。由此,精品开放课程面向社会突出"开放"要义,从社会中吸取满足新的应用需求的教育资源以克服教育资源单一化的限制,实现在线课程自由度的进一步扩大。随着互联网技术的不断进步,在线课程逐渐从"资源思维"转向"学生思维",课程建设也不再以内容为中心,而是形成了以"用户生产内容"以及"用户交互产生人际关系"为代表的学习社区,而教与学的双向交互也开始发生②。在线开放课程全面建设应用与管理阶段,实现教育资源共享的途径一方面是拓展教育资源的来源与途径,另一方面是缩小共享单位以突出教育资源灵活性和多样性的特点。与此同时,自媒体、融媒体时代的到来所形成的"草根文化"逐渐解构"精英文化"。在线课程资源生成与传播渠道突破了名校、名师、名课的限制,形成了"学校空间—社会空间—信息空间"的多元来源结构。通过学习社区共享学习资源之后,学生不仅是在线课程的被动受众,也是学习资源的来源渠道。另外,微课也吸引了大批青年教师和学者参与在线课程的建设与应用,在碎片化的知识服务中突破身份的限制,形成了各具特色的在线课程形态。

3. 从静态传授到动态生成

国内高职院校在线课程是依托互联网技术而产生的教育形态,其课程形态的发展必然伴随互联网技术的发展演进。互联网技术始于1969年美国的"阿帕网"。而互联网真正得以有效的应用和发展是始于蒂姆·伯纳斯·李(Tim Berners-Lee)和他的同事发明WWW(World Wide Web)技术。互联网技术发展的初期,主要应用超链接技术将文本、图片、音视频等内容组织起来,并通过网页构建内容要素之间的非线性关系。精品课程正是基于互联网的超链接技术将优质课程资源数字化并发布于互联网上。由于缺乏必要的技术支撑,精品课程的教学囿于场域和网络,教学过程中鲜有教学交互的发生,从而形成了精品课程的"静态共享",但在线课程突破时空限制的互联网基因已经呈现端倪。技术的进步使博客、维基百科、记录生活等社交软件逐渐成为互联网技术发展的核心,互联网技术的这一进步,使互联网逐渐成为连接人与人交互的有效载体,也使在线课程的教学交互实现成为可能。精品开放课程基于互联网技术的发展,课程逐步转向关注用户需求的教学交互,"教师、学生、学习资源"三者之间依托博客、维基百科、记录生活等社交软件搭建的学习社区逐步形成,互动互促的学习氛围在网络虚拟空间逐步发散。随着大数据时代的到来,在线课程打破了以专业为单位、学校为场域的教学服务模式,而形成了连接不同学习场景,满足不同学习需求的开放性教学服务模式。此时的在线课程基于互联网大数据技术,呈现出动态生成的特点。教师依据大数据所呈现的学生数据动态调整教学设计和教学结构,为学生提供特色化

---

① 郭文革,陈丽,陈庚. 互联网基因与新、旧网络教育——从MOOC谈起[J]. 北京大学教育评论,2013(4):173-184.

② 高欣峰,陈丽,徐丽倩,等. 基于互联网发展逻辑的网络教育演变[J]. 远程教育杂志,2018(6):84.

的学习服务，帮助学生实现知识与智慧的动态生成。与此同时，"互联网+"技术的发展，使在线课程的形态不再局限于平面和静态。超越电脑端的移动终端应用（App）涌现，将在线课程不断突破时空的局限，移动学习、碎片化学习服务得以更为广泛地推广和应用。虚拟现实、物联网、人工智能等互联网技术将人与人的连接拓展为"人与人、物与物、人与物"的万物动态连接，进一步拓展了在线课程教学的表现形式，丰富了教学手段，使课程形态更为动态立体。

三、高职在线开放课程的新诉求

在线开放课程作为高职教育一种新的课程形态，具有不同于其他课程的大规模、开放、在线的基本特性。大量的学生分布于网络之中，呈现出去中心化的形态；开放的课程机制使课程充满"干扰"与非预期；而网络载体使师生分离、生生分离，消解了课程开发过程中的中心性、线性以及等级性，教师本位、"教"本位难以延续，而学生的差异化、个性化更加凸显。因此，在线开放课程的独特性对在线开放课程开发提出了诉求，即需要重视建构的知识观、重视学生主体观、重视师生主体活动的交往观、重视生成的过程观。

1. 重视建构的知识观

知识观问题是课程开发的基本问题，现代知识具有客观性、普遍性和价值中立等特征。客观性意味着知识的绝对性、确定性，个人的学习履历、经验、情感被排除在外；普遍性是指"普遍的可证实性"以及建立于其中的"普遍可接纳性"，知识不会随着个人意识形态、价值观念、生活方式以及性别、种族等的改变而改变①；而价值中立性也排除了认识主体的性别、种族、意识形态、观念等。由此可见，现代知识观将主体排除于知识之外，主体建构及其价值负载，个体履历、经验、学习情境等均被排除在外。

但是在线开放课程基于网络载体，它具有开放性、非线性、分布性，消解了知识霸权，解构了中心性；同时，大部分学生具有多元化的学习背景、差异化的地域文化、多样化的学习需求。一方面，精确而客观的知识难以适应多元化学生的学习需要；另一方面，多元化学生聚集于课程之中，其互动、交流亦构成了学生基于个体履历、经验的参与过程，个人的经验化知识、缄默知识、个体追求已经融入知识创造的过程，并促进了课程的转变。因此，在线开放课程的课程开发要求注重主体建构的知识观。

注重主体建构的知识观，意味着重视学生基于学习背景、个人履历、学习情境、事件等基础之上对知识的理解、创造与生成，它是主体建构的，在特定的境域、特定事件中学生理解的知识，知识成为学生参与过程中创造性涌现、生成的产物②。它渗透了学习主体与教师、其他学生对话的过程，渗透了学生与文本、情境交互的过程，注重学生在探究、建构的过程中基于个体的理解。因此，知识具有主观性，它是基于多元化学生理解的产物；知识具有情境性，它是多元主体在特定的情境中生成、转化的产物，立足于学生真实问题的解决以及与情境交互的过程及结果；知识具有价值负载，它是学生参与的、并满足学生学习需求的产物。知识基于学生个体经验，在动态的对话、交流中不断生成与创造，成为"蕴含着语

---

① 石中英. 知识转型与教育改革 [M]. 北京：教育科学出版社，2001.
② 张良. 论生成主义课程知识观的缘起、内涵及其意义 [J]. 全球教育展望，2016（7）：33-40.

境性、历史性与具身性的鲜活的人类文化实践"①。

2. 重视学生主体观

网络载体消解了教师本位的教学实践，增强了学生的自主性。学生能够根据自己的学习需求、学习目标来选择课程内容、自定学习进度，在学习过程中表现出主动性、自主性、创造性，是能动的学习主体。学生主体性的发挥推动了动态的课程开发，而在线开放课程开发需要重视学生主体观。

重视学生主体观，意味着重视学生主体性、主动性、创造性的发挥。重视学生的学习体验、经验加工与知识建构，让学生参与在线开放课程设计、教学活动以及学习反馈、学习评价，尊重学生在自我履历上的知识再创造；鼓励学生将内部的知识建构与体验在在线开放课程学习过程中分享，促进师生之间、学生之间的交互、协作，发挥学生在学习网络中的节点作用，促进外部网络的连通，从而促进在线开放课程在持续连通中建构、生成。

重视学生主体观，意味着教师需要在在线开放课程开发中凸显"学"的中心。教师在在线开放课程设计、实施、评价过程中站在学生立场满足学生需求、发挥学生主体性，注重学生的体验。课程设计是在线开放课程开发的活动之一，但是"设计"并非教师意志对学生的强制灌输。一方面，教师能够适应学生需求，以学定教，基于学生学习背景、体验、需求进行课程初始状态设计，综合考虑学生如何学、以什么方式学、在学习中可能遇到的难点等，为学生提供学习情境。另一方面，老师还应在在线开放课程开发过程中，发挥学生主体性，推动课程目标、内容的生成，并在过程中持续激发学习动机、提供学习反馈，使学生在参与中建构自我、建构课程，从而推动课程的动态调适。

总之，重视学生主体观，实际上是对学生个体履历的尊重，也是对学生差异化体验与多元化理解的尊重，只有发挥学生在学习过程中体验、在关系中建构的主体性，在动态中推动在线开放课程开发，真正使学生成为文化创造者，才能实现在线开放课程开发的人本价值。

3. 重视师生主体活动的交往观

教师与学生构成了在线开放课程开发的实践主体。教师是在线开放课程设计者、实施者、评价者，但是大规模学生聚集于课程以及开放的网络环境，教师还应是学习的促进者、引导者、支持者。大规模的学生因相似的学习兴趣聚集于在线开放课程，其学习过程亦是主动建构、分享、协作的过程，学生构成了自主建构的主体。师生交往是推动在线开放课程动态开发的动力，处于在线开放课程开发中的师生交往超越了时空的局限，双方基于网络环境并借助媒体符号进行互动、交流。因此，教师需要重视师生主体活动的交往观。

重视师生主体活动的交往观，意味着在在线开放课程开发的实践活动中，师生双方均是具有独立人格的主体，并且地位平等，应该彼此尊重，每个主体均处于主体之间构建的交往关系之中，他们在平等对话、参与及合作中彼此理解，促进了各自对知识与技能的体验、领悟及创新，在推动文本创新与技能生成的同时，也实现教师与学生自我的超越。另外，开放的互联网环境使交互主体从知识占有、技能独得到实现开放分享，互动的过程也从双向的师生互动，到多维的师生之间、学生之间的互动，不同主体的主观能动性均影响其他主体，并对其他主体的活动、观点做出反应，借此在主体之间实现了理解、阐释与沟通，完成了主体之间的交往。

---

① 苏鸿. 课程知识的实践意蕴与核心素养教育 [J]. 课程·教材·教法, 2017 (5): 52-58.

因此，重视师生主体活动的交往观需要重视教师与学生在在线开放课程开发活动中的自主、自觉的不断自我完善与超越。一方面，教师应重视学生的自组织学习，引导学生之间的交往，激励学生主动建构、分享、交流、协作学习与反思，以关系"节点"促进与他者的沟通，建构学习网络。另一方面，注重师生之间的交往。师生交往的目的是塑造学生的生命自觉[1]，自主、自治的学习过程以及师生分离、学生分离的学习状态，更加需要教师在师生交往过程中的引导、关怀、及时反馈，持续激发学生的学习动机，引导学生实现自我超越。总之，要以师生主体活动的交往，促进师生之间平等关系的构建，在尊重学生的前提下，实现教师与学生之间、学生与学生之间的合作、沟通，促进实践主体自我超越的实现。

4. 重视生成的过程观

在线开放课程的开发置于网络空间之中，多元化的学习需求、开放性的资源、开放的注册与退出机制等，决定了在线开放课程开发中始终与外界、内部的开发过程存在信息交换，它促进了在线开放课程的开放；同时，也决定了在线开放课程开发并非事先规定结果和固定流程，而是在信息交换过程中不断生成、建构的过程。

学生与教师在在线开放课程开发中共同构成了参与者、建构者，是共同协商的主体，二者在平等对话、民主协商过程中促进在线开放课程开发。在在线开放课程开发过程中，课程与教学目标应该接纳、包容学生学习目标，并促进其在在线开放课程参与过程中实现；同时，目标也生成于在线开放课程开发过程和主体交往过程中；在线开放课程内容在主体活动的交往中不断生成、创造，以真实的学生经验丰富课程内容。所以，在线开放课程设计并非一劳永逸，而是随在线开放课程开发情境的变化而动态调整，以不断满足学生的学习需求；在线开放课程的实施过程更加强调过程性，在教与学活动中重视多主体之间的交往、学生的分享，也重视学生与教师之间、学生之间的理解、交互与协作，促进知识的建构、创新以及学习网络的形成。而评价亦是在线开放课程开发中不可或缺的一部分，应超越目标导向的结果反馈，凭借多元交互主体的参与，在在线开放课程开发的过程中为学生提供诊断和反馈，为课程开发的调适提供相关信息，以促进学生向未知领域探索，并推动课程不断生成。与此同时，课程设计、课程实施、课程评价是相互作用、相互影响，在动态中迭代、循环。

因此，注重生成的过程观，需要教师与学生发挥主体性，发挥彼此之间的主体间性（主体与主体之间的统一性），不仅有助于促进学生个人的自我超越、形成个人学习网络；而且能够促进在线开放课程开发中主体、要素、活动的网络连通，在多主体交往中、文本交互中不断丰富课程网络，在开放中实现在线开放课程开发的建构与生成。

总之，在线开放课程的独特性更加需要关注大量、多元而差异化的学生，在开放的网络环境中，不仅需要注重建构的知识观，重视学生主体观，还需要基于师生主体活动的交往，重视学习体验、学习过程，使师生在参与、分享、协作、交流等过程中培养出在线开放课程开发动态生成的过程观，从而实现学习主体的超越。

---

[1] 高成. 师生交往的现实审视及其重构——基于生命哲学的视野 [J]. 教育研究与实验，2016（4）：7-12.

第二章

剖情析因：高职在线开放课程现状分析

为更加科学、全面地了解当前高职在线开放课程存在的问题，在对文献分析的基础上，本书通过问卷调查和访谈等方式，对当前高职在线开放课程现状进行了解，以期更为客观、真实地反映当前高职院校在线开放课程面临的问题。

一、建设与应用现状调查

本次调查是在参阅大量相关文献资料的前提和基础上，结合研究目的分教师、学生设计了调查问卷和访谈提纲，通过调查问卷（网络和书面）或发电子邮件等形式开展调查研究。调查对象主要集中于湖南、江苏两地8所高职院校的学生与教师，分别从学生的在线开放课程学习体验和教师的在线开放课程开发出发，围绕学生的学习需求满足情况、微视频与学习资源、教学活动、学习互动、师生互动、学习支持、学习评价等进行问卷调查和访谈调查。

1. 确定调查问卷结构

现有文献研究对在线开放课程要素的认识有共同点。姜明文等认为"一门完整的课程包括课程目标、课程内容、课程讲授、学习活动、师生互动、练习和作业、学习评价、学习成果证明等环节……涵盖了上述各个方面"。李晓明基于课程实施过程认为，在线开放课程包括"讲课视频、作业练习、论坛活动、通告邮件、测验考试等要素"。乔纳森·哈伯也提出在线开放课程的构成要素有课堂讲授、阅读、问题探讨与学习小组、调查研究、测试评估、课程组织、毕业与学分。由此可见，学者们对在线开放课程要素的分析涉及目标、内容、学习活动、师生互动、支持与评价等维度。同时，在线开放课程涉及教师团队、学生、资源、信息技术环境等内容。在线开放课程根本属性均在于"课程"，泰勒原理作为课程元叙事，确定了在编制"任何课程与教学计划时必须加以回答"的四个基本问题（目标、内容、方法、评价），形成了课程目标、选择经验、组织经验与课程评价四个环节，提供了一种普遍意义上的课程逻辑思想方式。施良方也从课程目标、课程内容、课程实施和课程评价等维度分析课程编制原理。

综上所述，基于对开设在线开放课程教师的咨询，对在线开放课程学生学习体验的咨询，以及学者对在线开放课程、课程要素的分析，对在线开放课程开发调查研究的基本结构包括课程团队、课程目标、课程内容、微视频与学习资源、教学活动、学习互动、师生互动、学习支持、学习评价等基本维度,并根据这个基本结构分别编制教师问卷与学生问卷。

2. 编制调研问卷

本研究分别自编在线开放课程学生和在线开放课程教师的"在线开放课程团队、目标与内容设计、资源开发、实施与评价、应用与推广现状"的调查问卷。学生问卷主要包含三部分:个人基本信息、在线开放课程开发量表的设计以及个人所学在线开放课程的体验。教师问卷主要包含三部分:教师个人基本信息,教师关于在线开放课程开发的课程团队、目标与内容设计、微视频与资源开发、实施与评价、应用与推广等情况,以及教师在在线开放课程开发中的遗憾与期望。

(1) 学生问卷的编制

第一,个人基本信息。个人基本信息共包括五个题项,分别是性别、就读学校、就读年级、获得证书的在线开放课程门数。学生问卷个人基本信息如表 2-1 所示。

表 2-1　学生问卷个人基本信息

题项	具体内容
性别	A. 男　　B. 女(请勾选)
就读学校	请填写
就读年级	A. 高职一年级　B. 高职二年级　C. 高职三年级(请勾选)
获得证书课程数	请填写

第二,在线开放课程开发量表的设计。本量表设计采用主观感知方法的李克特(Likert)量表,即其中 1~6 分别代表非常不符合、不符合、有些不符合、有些符合、符合、非常符合。我们可以从 5 个维度设计在线开放课程开发量表:学习需求满足程度(W1)、微视频与学习资源(W2)、学习互动(W3)、师生互动与学习支持(W4)、学习评价(W5),旨在了解学生基于在线开放课程学习体验对在线开放课程开发的满意度。在线开放课程开发量表调查内容设计如表 2-2 所示,在线开放课程开发量表具体内容如表 2-3 所示。

表 2-2　在线开放课程开发量表调查内容设计

设计维度	设计目的
学习需求满足程度	学生是在线开放课程开发的起点和归宿,本维度的调查旨在了解个性化学习需要的达成情况及教师对学生的关注情况
微视频与学习资源	微视频与学习资源是在线开放课程内容的核心载体。本维度的调查旨在了解教师是否注重微视频与学习资源的设计,注重动态资源的生成
学习互动	学生之间的观点分享、问题解答、与人合作等是在线开放课程实施的重要组成部分。本维度的调查旨在了解学生之间的互动程度以及对知识理解的影响
师生互动与学习支持	在线开放课程的实施需要师生互动以及教师为学生提供学习支持服务。本维度的调查旨在了解教师参与课程的情况与及时为学生提供支持的情况
学习评价	评价是课程中不可或缺的环节。本维度的调查旨在了解学习评价的内容、类型与方式、个性化等的具体情况

表 2-3　在线开放课程开发量表具体内容

题号	题目	非常不符合	不符合	有些不符合	有些符合	符合	非常符合
	学习需求满足程度						
h1	课程开始学习前，有了解我学习情况的调查						
h2	根据我的学习起点能力，教师为我定制了个性化的学习路径						
h3	课程学习过程中，教师注重了解我真实的学习需要						
	微视频与学习资源						
h4	微视频时长适合我的学习需要						
h5	微视频的知识点切分合理						
h6	微视频的内容适合我的学习需要						
h7	微视频中的在线测试能帮助我及时巩固所学						
h8	我能在课程的补充材料中找到符合我认知需要的学习资源						
h9	教师曾为我推荐适合我需要的学习资源						
h10	教师注重学习过程中产生的资源的整理与发布						
h11	我喜欢微视频中老师的授课方式						
	学习互动						
h12	我经常参与课程讨论						
h13	我能及时分享我的观点						
h14	其他学生能及时回复我的问题						
h15	课程论坛的讨论氛围积极活跃						
h16	与学生的互动讨论能促进我对知识的深度理解						
h17	我会主动与其他学生合作，共同解决学习问题						
	师生互动与学习支持						
h18	教师或助教经常参与课程讨论						
h19	教师能及时给予我所需要的学习帮助						
h20	助教能及时给予我所需要的学习帮助						
h21	师生互动频率高						
h22	教师会经常组织问题答疑						
h23	教师或助教会引导、激发我参与讨论						
	学习评价						
h24	作业或测验的考查内容直接源于微视频或教学 PPT						
h25	测验或作业的题目设计能与我的生活情境相联系						
h26	测验或作业针对不同的学生设置有不同的难易梯度级别						
h27	我的同伴互评结果客观，值得信服						
h28	同伴互评的方式能够促进我在学习中的反思						
h29	学习评价能够促进我对我学习目标的检测						

第三，个人所学在线开放课程的体验情况。这部分问卷旨在了解高职院校中使用过在线开放课程的在校大学生的在线开放课程学习体验，包括学生个人的学习情况以及对课程设计、微视频与资源开发、实施以及评价的体验，主要题目涉及学生的学习目的、学习时空安排情况、是否弃课及原因，以及对在线开放课程微视频、学习资源、教学活动、交互工具、教师反馈、学习支持、测验与作业、学习评价等方面，共16个题项，其中复选题11个题项，单选题4个题项，开放性题项1个。

（2）教师问卷的编制

本研究主要从在线开放课程开发的课程团队、目标与内容设计、微视频与资源开发、实施与评价、推广应用等角度设计调查问卷，对开设在线开放课程的高职院校教师进行调研。教师调查问卷由三部分构成：教师个人基本信息，教师关于在线开放课程的课程团队、目标与内容设计、微视频与资源开发、实施与评价、推广应用等整体情况，以及教师在在线开放课程开发中的遗憾与期望。个人基本信息主要包括开设或参与讲授的课程、所在学校、职称与学历、课程团队人数、课程所属学科门类等；在线开放课程团队、目标与内容设计、微视频与资源开发、实施与评价、推广应用的整体情况主要包括教师团队成员学历结构、来源结构、年龄结构、职称结构等，教师对学生学习需求的关注情况、在线数据的使用、在线开放课程开发的时间分配、教学计划调整情况、微视频与学习资源设计、教学活动、学习支持、师生互动与指导、测验与作业、成绩构成、推广应用效果等方面。问卷第三部分围绕教师在在线开放课程开发全过程中"遗憾与期望"的开放性问题进行调研，共24个题项，包括12个多选题、1个单选题、1个开放性问题。

3. 调查问卷回收情况

调查问卷共发放3000份，回收2985份，其中有效问卷2894份，有效率达97%。本次调研问卷共设计了两类调查问卷：第一类，高职在校学生。本次调查对象为湖南省、江苏省8所"双高计划"建设高职院校在校学生。共发放问卷1600份（每所高职院校200份），回收1596份，回收率99.7%，其中有效问卷1587份，有效率达99.4%，各年级比例相对均衡，大一、大二和大三的比例分别为48.54%、35.56%和15.9%，男女生比例分别约为60%和40%；第二类，高职院校教师。本次调查共发放了1400份（每所高职院校175份），回收了1400份，均为有效问卷，回收率100%，有效率100%。其中教龄在10年以下的840人，在10年以上的560人；按职称分：中级650人，副高400人，正高290人，其他60人。

4. 现状调查结果分析

通过对在线开放课程教师与学生调查数据分析，结果显示，在线开放课程学生具有自主学习意愿；师生互动、生生互动主要以平台论坛、QQ群等工具开展；教学资源主要以知识点呈现；教学活动主要以线上活动为主；教学评价以平台自动反馈为主；课程建设主要以团队形式开展；课程推广以教师间推广为主。

（1）学生具有自主学习意愿

在线开放课程学生具有自主学习意愿的主要体现为：是否有明确的学习目的，是否有明确的学习选择，是否有弃课等行为，学生期待教师了解的学习需求。

①学生是否有明确的学习目的。调查在线开放课程学生的学习目的，其统计结果如表2-4所示。对数据统计结果总人次进行卡方检验，与现状存在显著性差异（$X^2 = 802.766$, df=11，p<0.001），表明各选项之间的差异是显著的。由统计结果可见，选择在线开放课程的学生其主要的目的是拓宽视野，扩大知识面（1468人次）；补充自己的专业需求（906人次）；出于兴趣爱好（875人次）；感受名校教师教学风采（771人次）；了解行业、产业前沿信息（650人次）；体验在线开放课程学习方式（527人次）；希望与来自各地的学生交流（392人次）；增加求职机会（270人次）；等等。

表2-4 学生的学习目的

学习目的	响应		个案百分比
	N	百分比	（N/1587）
A. 拓宽视野，扩大知识面	1468	22.4%	92.5%
G. 补充自己的专业需求	906	13.8%	57.1%
C. 出于兴趣爱好	875	13.3%	55.1%
D. 感受名校教师教学风采	771	11.8%	48.6%
B. 了解行业、产业前沿信息	650	9.9%	41.0%
H. 体验在线开放课程学习方式	527	8.0%	33.2%
E. 希望与来自各地的学生交流	392	6.0%	24.7%
F. 增加求职机会	270	4.1%	17.0%
I. 获得课程证书	209	3.2%	13.2%
J. 升学需要	198	3.0%	12.5%
K. 学校或老师的硬性要求	178	2.7%	11.2%
L. 其他	112	1.7%	7.1%
总计	6556	100%	413.1%
χ^2	802.776		
df	11		
p	<0.001		

注：χ^2为样本统计量，p为犯错概率，df为自由度。

结合人口学维度对在校大学生的在线开放课程学习目的进行卡方检验，在性别、专业类别、证书数量维度与学习目的均无显著性差异，而与年级具有显著性差异（χ^2=58.837，p=0.004），不同年级不同的差异：三个年级均非常关注"拓宽视野，扩大知识面"。此外，大一、大二更加关注"补充自己的专业需求"，而大三更加关注"升学需要"与"增加求职机会"；其次，大一更加关注"了解前沿信息"，大二更加关注"兴趣爱好"。

②学生有明确的学习选择。调研在线开放课程学生的"学习情况"，将数据统计结果的总人次进行卡方检验，有显著性差异（χ^2=262.905，df=4，p<0.001），表明各选项之间的差异是显著的（见表2-5）。从统计结果可以看到，人次最多的选项是学生"根据自己的学习目标选择需要的内容与资源"（1135人次），其次是"灵活安排在线开放课程学习时间"（992人次）、"按照自己的学习情况制定学习进度"（895人次），以及"灵活安排学习在线开放课程的地点（622人次）"等。进一步结合性别、年级等人口学变量进行卡方检验，均无显著性差异。由此可以说

明，作为在线开放课程学生的在校大学生是以个人学习目标为导向，有灵活的学习方式。

表 2-5 不同学生的学习情况

学习情况	频率	个案百分比（$N/1587$）
根据自己的学习目标选择需要的内容与资源	1135	71.5%
灵活安排在线开放课程学习时间	992	62.5%
按照自己的学习情况制定学习进度	895	56.4%
灵活安排在线开放课程学习地点	622	39.2%
在慕课学习中时常存在孤独感	173	10.9%
χ^2	\multicolumn{2}{c}{262.905}
df	\multicolumn{2}{c}{4}
p	\multicolumn{2}{c}{<0.001}

③学生有弃课等行为。调查在线开放课程学生是否有弃课行为，结果显示有 684 人次（占 43.1%）有中途弃课行为，而 903 人次（56.9%）没有弃课行为。将此统计结果结合人口学变量进行卡方检验，性别、证书数量与弃课行为均无显著性差异，而年级（$\chi^2 = 46.830$，$p<0.001$）具有显著性差异。具体的差异情况如下：不同年级学生弃课的差异情况为大学二年级与大学三年级的弃课行为多于非弃课行为；而大学一年级的非弃课行为多于弃课行为。

进一步追问学生中途放弃慕课的原因，结果如表 2-6 所示（$\chi^2 = 190.370$，$p<0.001$）。可见，选项人数有显著性差异，弃课原因是不同的。其中，基于学生自身的原因主要是"没有足够的时间"（124 人次）、"学习自制力不足"（103 人次）、"我只需要掌握课程中的部分内容"（65 人次）、"我难以适应网络学习方式"（42 人次）；基于在线开放课程因素相关的是："微视频形式单调、乏味"（72 人次）、"微视频教学缺乏吸引力"（62 人次）、"在学习中遇到困难时得不到及时帮助"（59 人次）、"师生互动少"（53 人次）、"缺乏对学习活动的设计"（43 人次）、"在学习中存在孤独感"（42 人次）、"作业难度大"（41 人次）、"课程内容与课程简介不符"（35 人次）等，进一步结合 5 个人口学变量性别、年级、获得证书数量进行卡方检验，均无显著性差异，说明高职院校学生在弃课原因上有一致的认识。

表 2-6 学生中途放弃慕课的原因

弃课原因	响应		个案百分比（$N/684$）
	N	百分比	
没有足够的时间	124	15.9%	52.5%
学习自制力不足	103	13.2%	43.6%
微视频形式单调、乏味	72	9.2%	30.5%
我只需要掌握课程中的部分内容	65	8.3%	27.5%
微视频教学缺乏吸引力	62	8.0%	26.3%
学习中遇到困难得不到及时帮助	59	7.6%	25.0%

续表

弃课原因	响应 N	响应 百分比	个案百分比（$N/684$）
师生互动少	53	6.8%	22.5%
缺乏对学习活动的设计	43	5.5%	18.2%
在学习中存在孤独感	42	5.4%	17.8%
难以适应网络学习方式	122	5.4%	17.8%
作业难度大	41	5.3%	17.4%
课程内容与课程简介不符	35	4.5%	14.8%
考试难度大	66	2.9%	9.7%
其他	49	2.2%	7.2%
总计	2262	100%	352.5%
χ^2		190.370	
df		13	
p		<0.001	

由此可见，在大学生弃课的原因中，学生自主学习意愿是重要因素，除了自身因素之外，课程因素中微视频的形式单调、乏味与教学缺乏吸引力、不能得到及时帮助、师生互动少、缺乏对学习活动的设计、在学习中存在孤独感、作业难度大等是主要原因。此统计结果也间接表明，学生学习目标、学习选择与在线开放课程开发是一种割裂，学生难以在课程实施与评价过程中获得个性化学习需求的满足，而导致中途对在线开放课程的放弃。

④学生期待教师了解学习需求。本研究在学生问卷中调查学生认为"在线开放课程需要做出改善"的方面，选项人次最多的是了解学生需求（1430人次），其次是增加微视频教学感染力（1135人次），适当运用多种教学方法（1011人次），其他从多到少依次是提供具有针对性的学习材料（871人次），合理设计微视频内容与时长（794人次），增加教师与学生互动（617人次），增加多样化、个性化的评价方式（539人次），教师及时提供帮助（438人次），增加线上学习活动（316人次），希望有线上的学习同伴（245人次），设置测验与作业难易梯度分级与设置论坛互动的激励措施（233人次）等。结合人口学变量，经卡方检验，与性别、年级、证书数量均差异不显著。可见，学习需求、教师增加教学感染力、改善教学法、改善微视频以及师生互动、教师及时提供帮助以及多样化、个性化的评价方式，均是在线开放课程学生期待改善的方面。

（2）教学资源主要以知识点呈现

调查开设在线开放课程的教师关于微视频的切分与嵌入练习情况，1310位教师能够"考虑到网络学习特性，依据知识点的切分设计微视频"（占93.6%）；647位教师在微视频中嵌入了在线测试（占46.2%），但也有305位教师依然"延续传统的教学思路，仅缩短了视频时长"（占21.8%），如图2-1所示。继续对统计结果结合人口学维度进行卡方检验，均无显著性差异，表明这一结果在人口学维度均具有一致性的比例。

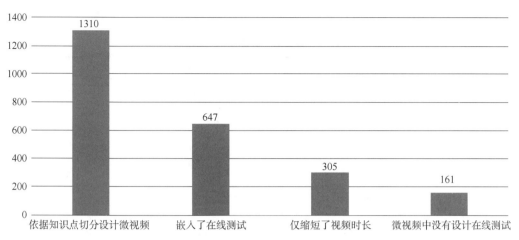

图 2-1 微视频设计情况

（3）教学活动以线上活动为主

统计开设在线开放课程的教师"是否组织线下会面"结果显示：有 1005 人选择"否"（占 71.8%），仅有 395 人选择"是"（占 28.2%）。由此可见，在线开放课程教学活动的组织以线上组织为主，将此统计结果与人口学维度相结合进行卡方检验，该结果与职称类别、助教人数等均无显著性差异。

（4）教学互动主要通过论坛、QQ 群开展

统计 1587 名在线开放课程学生"讨论交流中常用的交互工具"，在统计结果的总人次上具有显著性差异（$X^2=1438.887$，$p<0.001$），核心的交互工具是 QQ 群（1029 人次）和课程在线论坛（993 人次），二者响应百分比累积达到 80.1%。与人口学变量结合进行卡方检验，尽管与不同性别、获得证书数量具有显著性差异（参数情况分别是：$X^2=17.753$，$p=0.038$；Fisher 的精确检验，$p=0.007$）。但 QQ 群与在线论坛均为核心交互工具。

统计教师或助教与学生互动的交流工具，使用最多的交流工具是在线论坛（977 人次，占 98.7%），其次是 QQ 群（913 人次，占 16.7%），微博、维基百科、博客等选项人次较少。将此结果与人口学结合进行卡方检验，结果均无显著性差异，表明在不同人口学维度均具有一致性的分布结果。

（5）教学评价以平台自动反馈为主

当前在线开放课程测验与评价类型兼有客观题与主观题，自动评价较多，通过对开设在线开放课程的教师以及使用过在线开放课程的学生进行调查说明了这一点。

对开设在线开放课程的教师调查测验与作业的类型与方式，统计结果如表 2-7 所示。在总人次上进行卡方检验具有显著性差异（$X^2=29.356$，$p<0.001$），表明各选项比例具有差异性，具体如下：38 人次选择了"测验是客观题，作业是主观题"的选项（占 48.7%），43 人次选择"客观题采用自动评价"（占 55.1%），29 人次选择"主观题采用同伴互评"（占 37.2%）。该结果结合人口学维度进行卡方检验，均无显著性差异，则表明在不同人口学维度具有一致性的比例分布。由此可见，在当前在线开放课程的测验与作业中，多数情况是：从类型来看以测验是客观题，作业是主观题为主，评价方式中客观题以自动评价为主，该统计结果与学生问卷的统计结果具有一致性（见表 2-8）。由此表明当前在线开放课程中

评价方式自动评价更多。

表 2-7 教师开设在线开放课程的评价类型与方式

	响应 N	百分比	个案百分比（$N/1400$）
测验是客观题，作业是主观题	682	25.5%	48.7%
测验与作业均是客观题	610	22.8%	43.6%
测验与作业均为主观题	90	3.4%	6.4%
客观题采用系统自动评价	771	28.8%	55.1%
主观题采用同伴互评	521	19.5%	37.2%
总计	2674	100%	191.0%
χ^2	29.356		
df	4		
p	<0.001		

表 2-8 学生所学在线开放课程的评价类型与方式

	响应 N	百分比	个案百分比（$N/1587$）
测验是客观题，作业是主观题	905	30.4%	57.0%
测验与作业均是客观题	470	15.8%	29.6%
测验与作业均为主观题	322	10.8%	20.3%
客观题采用系统自动评价	735	24.7%	46.3%
主观题采用同伴互评	549	18.4%	34.6%
总计	2980	100%	187.8%
χ^2	120.220		
df	4		
p	<0.001		

二、建设与应用问题分析

结合教师问卷与学生问卷的调查结果，在线开放课程开发课程团队建设、目标与内容设计、微视频与资源开发、实施与评价、推广应用等方面存在着不同程度的问题。主要表现在：从课程建设团队来看，结构不均衡、合作交流少；从设计开发看，重视预设性，忽视过程性；从课程资源建设来看，资源的生成性与差异性不足；从教学实施看，实施过程缺乏关注与支持；从学习评价看，评价主体与评价维度单一；从课程推广看，推广形式单一，有效性不足。

1. 课程团队结构不均衡

对开设在线开放课程的教师调查团队成员数量情况、职称情况、其他院校人员情况以及企业人员情况，在总人次上进行卡方检验具有显著性差异（$X^2 = 31.287$，$p<0.001$），表明各选项比例具有差异性。具体如下：团队成员为1人的有89人，1~3人的有576人，3~5人的有671人，5人以上的有164人；团队成员职称中讲师占比44.1%，副教授占比31.2%，教授占比14.9%，其他占比9.8%；团队成员中有其他院校人员参与的占比31.6%，无其他院校人员参与的占比68.4%；团队成员中有企业人员参与的占比21.1%，无企业人员参与的占比78.9%。由此表明当前在线开放课程中主要以团队形式开展建设，主要职称为讲师和副教授，与其他院校合作开发以及与企业人员合作开发的占比不高。

2. 设计开发重预设轻过程

从教师对在线开放课程开发的认识来看，教师的在线开放课程开发观更加偏重静态预设，而忽视课程实施过程。

调查开设在线开放课程的教师"影响在线开放课程开发效果的主要因素"，问卷统计结果显示（见图2-2），选项较多的因素依次排列是：微视频的教学感染力（952人次）、学生需求分析（739人次）、微视频中教学方法的适当运用（537人次）、微视频知识点的时长设计（435人次）及学习资源的设计（335人次），然后才是与学生的积极互动（234人次）、及时的学习帮助（129人次）、线上学习活动、针对性的学习材料（121人次）等。

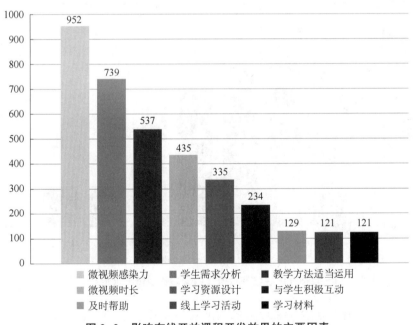

图2-2 影响在线开放课程开发效果的主要因素

由统计结果可知，在教师对在线开放课程开发的认识中，对微视频设计、资源设计的重视程度远远多于对在线活动、在线学习支持的重视程度，教师的在线开放课程开发观更加偏重静态预设，而忽视课程实施过程。将统计结果与人口学维度相结合进行卡方检验，无显著性差异，可见在不同职称类别等维度教师对此具有一致性的认识。访谈中，有的教师认为："我觉得在线开放课程的开发，内容很关键，主讲教师应该主要负责内容，而技术方面、课程实施过程中的交流等，都是助教的事情，助教是联系教师与学生的桥梁。"

3. 课程资源生成性、差异性不足

学习资源生成性与差异性不足。主要表现在：预设性资源、结构性资源远多于补充性资源、生成性资源，助教人数少的课程尤为严重。另外，资源针对性、差异性不足。

（1）补充性与生成性资源不足

分别对开设在线开放课程的高职院校教师及使用在线开放课程的高职学生调查除微视频之外的学习资源情况。

教师问卷数据结果显示，教学PPT（656人次）、书目清单（546人次）、资源链接地址（433人次）、讲义（432人次）远远多于补充性视频资源（320人次）、优秀学生作业（108人次）、补充性音频资源（107人次）（见图2-3）。尤其是优秀学生作业作为典型的生成性资源，仅有108人次选择。这一数据表明，学习资源的预设性太强，生成性不足。将此结果结合职称类别等进行卡方检验，结果均无显著性差异，则表明在线开放课程学习资源的类型在这些维度上没有差异。但是，统计结果在助教人数维度上差异显著（Fisher的精确检验，$p=0.045$）。统计结果显示，助教人数多的课程，在优秀学生作业、补充性视音频资源等生成性资源上的情况（累积128人次）优于助教人数少（累积67人次）的课程。

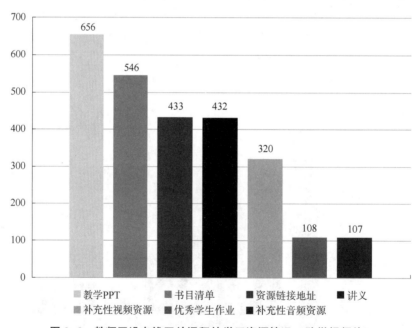

图2-3 教师开设在线开放课程的学习资源情况（除微视频外）

学生问卷的统计结果显示，课程资源的形式主要集中于预设性资源，具体来说：教学PPT（1029人次）、资源链接地址（816人次）、讲义（679人次）远高于补充性视频资源（341人次）、优秀学生作业（235人次）、补充性音频资源（121人次）（见图2-4）。结合人口学变量进行卡方检验，检验结果均不显著，则说明高职学生所学的在线开放课程中在资源类型上具有一致性的结果。因此，尽管在线开放课程资源类型丰富，但是预设性资源远远

多于补充性资源、生成性资源。

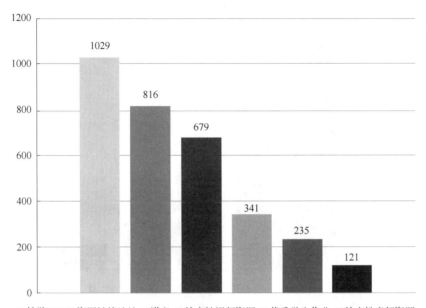

图 2-4　学生学习在线开放课程的学习资源情况（除微视频外）

（2）资源针对性、差异性不足

对教师开设在线开放课程的课程资源针对性情况的调查结果显示，663 人次选择了"学生面对的是同样的学习材料"，而能够"针对集中问题提供学习材料"以及"分层学习材料"分别仅有 219 人次和 216 人次，可见统一发布的学习资源缺乏针对性与差异性。将此结果进一步与人口学变量结合进行卡方检验，结果显示：在职称类别、助教人数等均无显著性差异。

此外，通过在线开放课程开发量表微视频与学习资源维度的均值统计结果来看，在资源针对性与生成性方面须提升。该维度均值为 34.83，略大于"有些符合"（4 分）的平均得分 32 分，但小于"符合"（5 分）的平均得分 40 分，尤其在"推荐资源"（h9）、"整理学习过程中的资源"（h10）方面满意度较低。由此可见，学生对微视频与学习资源的针对性、生成性等的满意度仍有提升空间。

4. 在线开放课程开发与学习需求不对称

本研究调研显示，学生期待教师了解个体学习需求。但是，通过统计分析教师课程设计情况及学生的学习需求情况，发现微视频设计、教师回复等与学习需求存在信息不对称。

（1）教师的微视频设计与学生需求不对称

微视频时长与每周微视频的数量与学生需求不对称。

第一，在微视频时长上需求与现实有偏差。在学生问卷中调查其"认为微视频合适的时长"情况，占比较高的两个选项是：6~10 分钟（1190 人次）与 11~15 分钟（866 人次），其次是 16~20 分钟、1~5 分钟、20 分钟以上（见图 2-5）；而教师在课程开发中微视频时长情况，占比较高的两个选项是 11~15 分钟（932 人次）与 6~10 分钟（828 人次）。

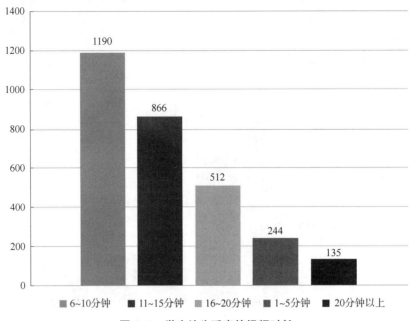

图 2-5 学生认为适当的视频时长

由此可见,在教师与学生在微视频时长的认识中,从选择频率来说均较为集中在 6~10 分钟与 11~15 分钟,但是高职学生更加倾向于 6~10 分钟,而教师的课程设计中更倾向于 11~15 分钟,说明在微视频时长上需求与现实有偏差。

由此可见,一方面,教师在线开放课程的微视频设计时长与学生需要的微视频时长有偏差;而且,学生的差异情况也表明大规模的学习群体具有多元化的学习需求;而预设性、结构化的微视频,难以完全实现学生的学习需求。

另一方面,在每周微视频数量上需求与现实有偏差。

调查每周微视频个数的情况,高职学生希望每周发布的微视频个数较为集中的选项是 4~6 个(950 人次)、1~3 个(764 人次)(见图 2-6),进行卡方检验在性别、获得在线开放课程证书数量的维度上有显著性差异(分别是 Fisher 的精确检验, $p<0.001$;Fisher 的精确检验, $p=0.07$),但是期待的微视频个数的排序均首先是 4~6 个,其次是 1~3 个。然而,在调查教师在课程中微视频的情况时,首选是 4~6 个(1028 人次),其次是 7~9 个(821 人次)(见图 2-7),且结合人口学变量进行卡方检验无显著性差异。

由此可见,教师的微视频的时长、每周数量与学生的需求的情况有偏差,而预设性设计难以满足不同学生的需求。

在学生访谈中,学生也表达了微视频时长的不足与期待:"课时时间长就很容易分神,希望课程设计更合理";"在线开放课程视频时间过长,没有集中的时间进行学习,自主性差,与老师互动少,感觉不真实,希望可以合理安排内容和时长,增加趣味性"。

(2)教师线上回复时间与学生需求不对等

调查高职学生可以接受的教师给予反馈的时间范围情况,其中 637 人次选择 8 小时以内,357 人次选 24 小时以内,298 人次选 12 小时以内,总之,在 24 小时以内累积百分比达 81.4%;而调查教师"通常给予回复的时间范围",1012 位教师有回复学生的行为,其中,能在 8 小时内回复的仅有 354 人次,12 小时内回复的仅 461 人次,24 小时以内回复的有 485

人次，与学生的期待有偏差。进一步将此结果结合教师人口学变量均无显著性差异，说明开设在线开放课程的教师在回复时间上具有一致性的做法。

由此可见，更多的学生期待教师能在 24 小时内获得反馈、回复，但是教师实际的回复情况难以满足学习需求。

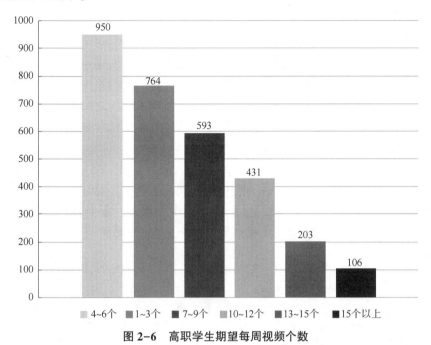

图 2-6　高职学生期望每周视频个数

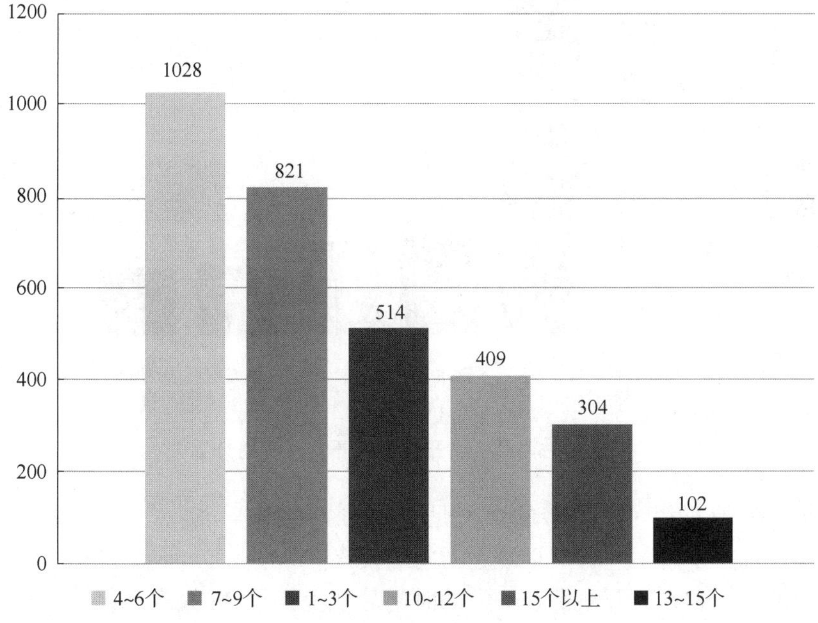

图 2-7　教师每周发布视频个数

(3) 个性化学习需求满足程度偏低

从在线开放课程开发量表学习需求满足程度维度的均值统计结果来看，3个题项的均值均小于4（4代表"有些符合"），维度均值为10.41，尤其是定制"个性化的学习路径"的均值只有3.19。由此可见，学生对学习需求满足程度的整体满意度不高，需要进一步关注学生的个性化学习需求。

5. 教学实施过程缺乏有效支持

通过对调查结果进行分析，发现高职在线开放课程的教学实施过程缺乏有效支持，主要表现在：教师对于预设过程投入较多，而忽视了实施过程的时间投入，从而影响学生的在线学习效果；在线开放课程设计调整功能未能得到充分发挥；学生之间的互动较少，有待进一步提高；教师对学生的学习支持服务不够；教学形式、教学方法、教学活动等形式单一，未能充分调动学生的学习积极性。

(1) 教师偏重预设准备，实施过程缺少时间投入

问卷统计教师在在线开放课程开发过程中的时间分配情况，统计结果显示教师在在线开放课程实施过程中缺少时间投入。时间分配从多到少依次是：录制课程视频（843人次），准备学习材料（719人次），与学生交流答疑（189人次），测验与作业设计（167人次）、了解学生的学习需求（123人次）与组织教学活动（121人次）（见图2-8）。

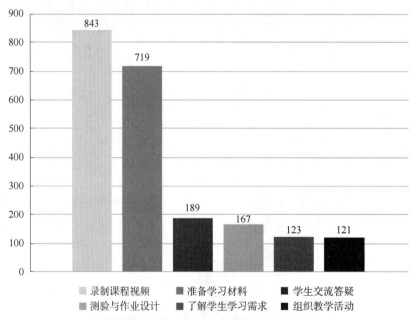

图2-8 教师在线开放课程开发的时间分配

由此可见，教师花费时间最多的环节是前期的"预设"准备，而在课程实施过程中，如交流、教学活动、了解学生等严重缺乏时间的投入。

需要说明的是，在在线开放课程开发的时间分配上，仅96人次选择"了解学生的学习需求"，尽管教师认为学习需求是影响在线开放课程开发的重要因素，但是，在实际开发过程中难以做到关注学生的学习需求，而学生对在线开放课程开发最期待此项，从侧面也显示了在线开放课程开发与学生需求的不对称。

第二章　剖情析因：高职在线开放课程现状分析

（2）在线开放课程设计调整功能未充分发挥

在线开放课程平台记录的在线学习痕迹是了解学生在线学习的重要途径之一。调查教师显示，664位教师选择使用在线数据，而314位教师不使用。对于664位使用在线数据的教师进一步追踪其用途，统计结果显示，224位教师为"下一轮的课程设计提供参考"，223位教师"作为了解学生的重要依据"；108位教师选择"课程设计的微调的依据"，仅105位教师选择"提供针对性资源的重要依据"。

统计结果表明：尽管部分教师使用在线学习的数据记录，但是在线学习数据记录并未充分发挥课程设计微调及针对性资源设计的功能，相对来说，更侧重于为下一轮的课程设计提供参考。

在访谈中，学生也表达了对在线开放课程设计的期待："在线开放课程设计最先考虑的应是学生，学习需求一定要充分了解；开发过程中，重要的是课程设计，应随时关注学生的学习进度，不断对课程进行改进。"

（3）学生之间的互动积极性有待提高

从在线开放课程开发量表中学习互动维度的均值统计结果来看，维度均值为24.18，略大于"有些符合"（4分）的平均分24分。具体来看，该维度中题项h12、h13、h14、h17的均值较低，即学生参与讨论、分享、合作及收到回复的满意度较低，4个题项的"不符合"倾向（1~3分）的累积百分比分别达到38.4%、31.1%、36.2%、31.1%；将4个题项"符合"倾向得分的百分比进行比较发现，各题项得分比例从大到小依次均是4分、5分、6分。由此可见，在学生互动方面除了对"互动讨论促进知识理解"的认可度稍高外，积极参与、分享、回复、合作以及讨论氛围方面的满意度需要提高。

（4）在线开放课程实施过程中的学习支持服务不够

第一，教师课堂引导频率不高。统计教师对学生课堂引导情况，仅有338人经常参与，有129人偶尔参与，有85人极少参与，有56人从不参与（见图2-9）。将此结果结合人口学维度进行差异检验均无显著性差异，表明不同地区学校、不同职称以及不同的学科类型在结果上具有一致性的比例分布：教师对课堂讨论引导的频率不高。

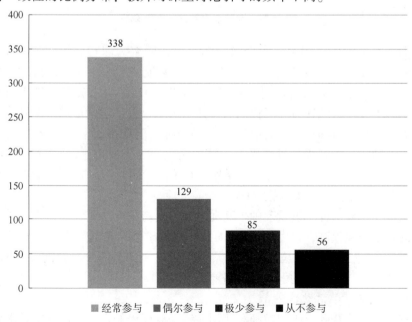

图2-9　教师引导情况

在教师访谈中也发现，教师参与互动并不多，甚至有教师将其归为助教的责任。例如，有老师认为："技术方面、课程实施过程中的交流等，都是助教的事情"，"我没有参与过学生互动，都是助教参加"，"我主要负责前期的课程结构、课程内容的设计；而互动、作业支持几乎都是由助教来完成，我不参与学生互动"。

第二，教师回复学生不及时。统计教师回复学生的情况，776位教师有回复学生的行为。其中，能在8小时内回复的仅有222人次，12小时内回复的仅310人次，24小时以内回复的有419人次，36小时以内回复的有510人次，48小时以内回复的有615人次，如图2-10所示。将此结果与人口学维度结合进行卡方检验，均无显著性差异。表明不同人口学变量的教师均难以实现对学生的及时回复。

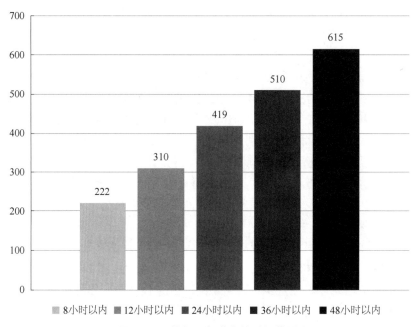

图2-10 教师回复学生的时间范围

第三，助教答疑频率需提高。根据教师的了解，助教为课程学生提供答疑的情况是：247位教师的助教能"经常参与"，422位教师的助教能"偶尔参与"，101位教师的助教"极少参与"，有74位教师的助教"从不参与"，如图2-11所示。从统计结果来看，尽管助教答疑的频率高于教师，但还有待于提高。将此结果结合人口学变量进行卡方检验，与助教人数具有显著性差异（Fisher的精确检验值为10.074，$p=0.016$）：助教人数多，则经常参与答疑或提供帮助的比例越大。具体来说，助教人数为3人及以上者其"经常参与"的课程门数为28门，高于0~2人助教人数的课程（19门）；同时，"从不参与"情况，0~2人助教（4门）多于3人及以上的人数（0）。

此外，从在线开放课程开发量表师生互动与学习支持维度均值统计结果来看，师生互动与学习支持的程度需要提高，维度均值为24.17，略大于"有些符合"（4分）的平均分24分，"不符合"倾向程度较高的是师生互动频率（h21）、助教的及时帮助（h20）等，师生互动的频率、及时性、对学习的引导等均需要提高。

(5) 教学形式与教学活动单一

分别调查开设在线开放课程的教师和使用在线开放课程的学生，以了解教学形式与教学

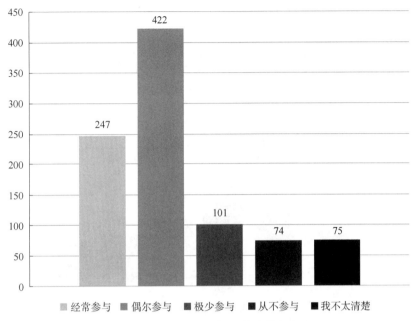

图 2-11　为学生答疑或帮助的频率

活动。统计微视频的授课形式，结果显示，教师有 876 人次选择"讲授"，远远高于讨论（215 人次）、对话（212 人次）、访谈（194 人次）等形式的频率（见图 2-12）。经卡方检验这一结果在人口学变量无显著性差异。学生有 456 人次选择讲授，远远高于讨论（268 人次）、对话（210 人次）、访谈（128 人次）等形式的频率（见图 2-13），结合人口学变量该结果与学校类别、专业类别等均无显著性差异，表明在线开放课程的微视频授课形式具有一致性分布。

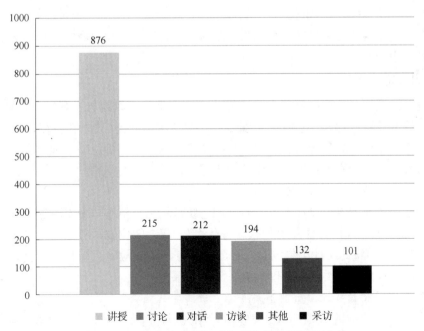

图 2-12　教师开设在线开放课程的微视频授课形式

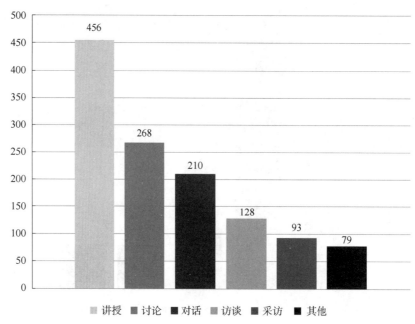

图2-13　学生所学在线开放课程的微视频授课形式

本研究通过教师与学生分别调研课程教学活动形式。结果显示，教师选项人次最高的是讲授（670人次）、答疑（566人次）、专题讨论（339人次），远高于问题探究（222人次）、小组协作学习（116人次）、学习展示（114人次）、实践调查（76人次）、闯关游戏（51人次）。学生选项人次最高是讲授（395人次）、答疑（323人次）、专题讨论（277人次）。两项统计结果进一步结合人口学变量进行了卡方检验，结果显示均无显著性差异。

由此可见，在在线开放课程实施中能够结合论坛开展答疑、专题讨论教学活动，但是，并未开展特色的教学活动。总之，在在线开放课程实施中，互动及教学互动的不足仍是在线开放课程开发中的问题。

6. 学习评价维度单一

从在线开放课程开发现状分析来看，测验与作业兼有客观题与主观题，自动反馈较多，也反映了在线开放课程评价主体单一；此外，在线开放课程学习评价还存在过度注重知识性，忽视情境、差异性的问题。主要表现是：单维度的知识评价忽略情境差异；结果与量化有余，而过程性、质性不足；测验与作业缺乏差异性是突出的问题。

（1）单维度的知识评价忽略情境差异

统计测验与作业的内容设计情况，教师问卷统计结果显示有761人次选择"测验讲什么就考什么"；549人次选择"作业讲什么就考什么"，仅228位教师考虑了"与生活情境的结合"（见图2-14）。将此统计结果结合人口学维度进行卡方检验，结果均无差异性显著，说明不同地区的学校、职称类别等维度均有一致的结果。

（2）结果与量化过程性、质性不足

调查在线开放课程的成绩构成，教师问卷的统计结果显示，870人次选择期末考试，361人次选择平时作业，252人次选择单元测验，132人次选择论坛发帖次数，75人次选择

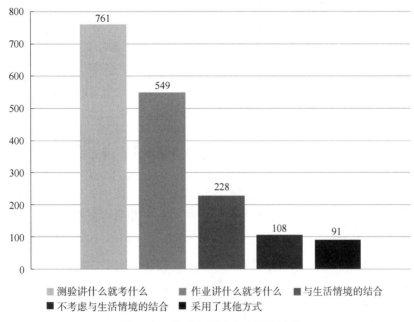

图 2-14　作业与测验内容设计情况

期中考试，而只有 68 人次选择嵌入微视频的在线测试，56 人次选择论坛发帖质量（见图 2-15）。

由此可见，成绩构成中以结果性、量化为主，而过程性、质性不足，尤其缺乏对学生积极参与讨论的激励，在体现在线开放课程学习的过程性、激励性的质性评价方式等还需要提高。

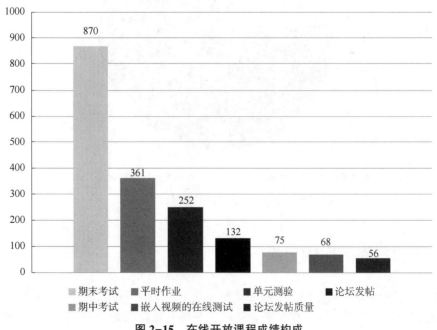

图 2-15　在线开放课程成绩构成

（3）测验与作业缺乏差异性

调查对测验与作业设计的差异性情况，教师有770人次选择"所有学生面对的是同样的测验与作业"，分别仅有213人次和111人次选择为学生"额外设计附加题目"和"难易梯度的分级"。将此统计结果结合人口学维度进行卡方检验，结果均无显著性差异。说明在不同地区的学校、职称类别等具有一致性的结果分布。此统计分析结果表明，大规模的学生面对同样的测验与作业，忽略了个体差异性、多层次性。

此外，从在线开放课程开发学习评价维度均值统计结果来看，学生对学习评价个性化、与生活情境联系的满意度有待于提高，在该维度6个题项中，满意度较低的是"测验难易梯度级别"（h26）、"与生活情境联系"（h25），学生对目标的检测、促进反思以及测验内容与教学内容的吻合程度等"符合"程度大于难易梯度的设计、生活情境的联系。所以说，在学习评价中围绕学生的个性化以及与生活情境的联系等方面均需要提高。

7. 课程推广形式单一

对开设在线开放课程的教师调查课程推广情况，在总人次上进行卡方检验具有显著性差异（$X^2=28.912$，$p<0.001$），表明各选项比例具有差异性。具体如下：选择教师间推广的占比76.1%，选择官方平台推广的占比12.6%，选择讲座等对外推广的占比6.4%，其他推广形式占比4.9%（见图2-16）。由此可见，课程推广的主要形式以教师间推广为主，推广形式较为单一。

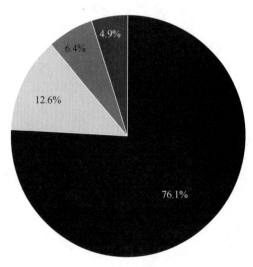

图2-16 在线开放课程的推广方式

三、主要问题的归因分析

本调查围绕在线开放课程开发中的现状与问题，继续对开设在线开放课程的高职院校教师、使用过在线开放课程的高职学生进行访谈，并结合教师问卷与学生问卷的开放性问题及相关因素进行调查追踪，以探寻在线开放课程开发问题背后的原因。综合分析，课程团队结构不够合理、协同程度不高，课程建设标准规范缺乏、方法不优，课程应用模式单一、共享不畅是导致在线开放课程问题的根本原因。

1. 课程团队结构不够合理、协同不够

从课程方案的制定、课程内容的选择、微视频与课程资源的制作，到课程实施与评价，均需要在线开放课程教师团队的参与，毫无疑问，在线开放课程建设团队构成了在线开放课程开发主体。从在线开放课程现状调研结果分析来看，高职院校在线开放课程建设基本上是项目化管理，课程团队是因课组团、临时组团，仍然存在来源单一、区域受限、稳定性不够、信息素养差等问题，没有合作单位（院校、行业、企业）成员，"单打独斗"现象比较普遍，深入分析现状可以得出，高职在线开放课程建设开发团队问题的本质是跨界性、高效性和协同性不够。

（1）跨界性不够

在线课程是在线教育教学实施的关键，课程内容应充分思考现代教育的社会目标与历史使命，结合当代技术新变革与新发展趋势，充分发挥育人功能，提升学生的综合素养。在线开放课程的构建应具有当代社会特征，培养全面发展的人。高等职业教育是高等教育与现代职业教育的结合，区别于以培养学术研究人才为主的学术型高等教育，也不等同于以基础岗位职业知识与职业训练为主的中职教育，而是面向应用职业教育领域，以高技能培养、高素养训练为主，具有高等教育与现代职业教育体系的双重特征。《国家职业教育改革实施方案》中提出"职业教育与普通教育是两种不同的教育类型，具有同等重要的地位"。高等职业教育特征明确提出要面向产业、面向职业、面向岗位，着重培育高水平、高素质且具有一定创新创造能力、职业生涯可持续发展能力的跨界性人才。这对高职课程、高职教师提出了新的要求。教师是教学的主导，单纯由教师形成的教师群已不能满足要求，为了更好地服务于学生，教师团队必须满足专业跨界、专长跨界、校企跨界和校际跨界。

对调研结果进行分析可以看出，当前高职在线开放课程的开发仍然由高职院校教师、教育专家等作为核心主体，行业、企业专家并没有真正参与到高职教育课程内容开发之中，院校教师对实际工作岗位的体验并不深刻，导致开发的课程与社会需求的适应性不强，校企跨界机制尚未真正形成。同时，调研结果显示，在高职在线开放课程的开发过程中，院校之间的交流沟通十分少见，这也就导致校际的跨界融合度低，不利于高质量在线开放课程的建设。并且，分析在线开放课程建设团队成员年龄、职称、学历、专业与专长等信息，可以看出中青年、讲师与副教授职称、硕士研究生等成员较多，且团队成员中的专业相近度高，在专长方面比较一致，这就导致在线开放课程建设难以形成跨界性、融合性的知识，不利于跨界融合型人才的培养。

（2）高效性不够

在线开放课程开发是一项系统性工程，需要有改革创新意识、较高学术成就、较强组织协调能力的团队负责人，可以带领团队成员建立共同愿景，在共同目标任务的驱动下，人人可以成为"主角"，并以此来保障团队的高效运转。

一方面，调研结果分析显示高职在线开放课程的课程负责人主要以高级职称为主，课程负责人作为在线开放课程建设的带头人，凭借自身的人格魅力以及各方面的能力组建团队。但是，仍然存在团队成员的流动性较大。课程建设是一项长期工程，成员的变动会影响团队的正常沟通交流，不利于课程建设。而且，由于课程建设动态调整团队成员的机制尚未形成，团队和课程建设的可持续性也就不强。

另一方面，从调研结果发现高职在线开放课程团队建设缺乏长远规划。部分课程负责人将课程建设看成一个短期的项目，没有长久坚持。在线开放课程建设不是一个静态的事物表现，而是一个动态的过程，需要教师参与全过程，"精益求精"，打造真正的"精品课程"。同时，在线开放课程团队建设主要定位于课程建设，而非团队建设，这也是在线开放课程团队建设存在问题的主要原因之一。高职在线开放课程团队要明确定位，团队建设和课程建设是相辅相成的，只有建设一支优秀的课程团队，才有可能建设出高质量的课程。团队成员只有避免功利性倾向，做好团队建设的长远规划，才能促进课程建设的良性发展。

（3）协同性不够

首先，团队成员的参与度较低。在团队组建的时候，因为规模较大，一些教师有能力且愿意参与课程建设却被"边缘化"，只能去做自己其他本职的教学工作。团队成员之间缺乏深入沟通且沟通次数少。编者结合访谈了解到，课程建设团队沟通的方式主要以微信或QQ为主，教师之间习惯于传统单兵作战的工作模式，并没有充分分享自己的教学经验和工作总结。

其次，团队成员的协作性较差。团队成员普遍认为课程建设是一项"非常态化"的工作，只要教师能够建设好课程，使课程正常运行即可。这种思想导致团队成员之间缺乏合作意识，还是传统单兵作战式的工作模式，大家并不会投入更多时间和精力在课程建设的全过程中。这种模式不仅没有改变传统教学"单兵作战"的方式，还违背了团队合作的初衷。

再次，团队成员的凝聚力较低。按照团队角色不同，承担的任务和总量也不一样。但是教师的时间和精力有限，大量的教学、科研任务与课程建设的工作存在一定的冲突，如果让大家全员参加反而会使整个工作体系更加混乱。凝聚力高的教学团队中，团队成员愿意为了工作付出自己更多的时间和精力，一方面是信任且愿意追随课程负责人；另一方面是自身对团队认可和接受，在团队中有自己的归属感。但是部分教师认为精品课程建设的工作是"非常态化"的短期工作，这种认识就是团队凝聚力低的表现之一。

最后，课程团队目标设置不合理。Locke和Latham在《目标设置理论与绩效》一书中界定了目标设置的内涵，认为目标设置包括目标难度、目标明确度和目标设置过程中个体的参与度三个方面。彼得·德鲁克在《管理实践》中提出了目标管理的SMART原则，即包括明确的、可衡量的、可实现的、有相关性的和有时限性的在内的五方面内容。目标的设置需要结合团队和课程建设的实际情况做出调整和预期。团队目标的制定团队成员没有过多地参与，难以激发团队成员的创造力，且难以将团队成员的个人目标整合为团队的整体发展目标。同时，课程团队的目标难以明确、量化和可操作也是一大难题。

2. 课程建设标准规范缺乏、方法不优

在线开放课程建设是系统工程，需要有系统的建设方法。在线开放课程的设计和开发既是课程建设的基础性工作，也是高职学校创建品牌专业、特色专业的重要抓手。在线开放课程设计与开发的内容主要包括课程目标设计、课程内容重构以及课程资源的开发等。从调研结果来看，当前高职在线开放课程开发过程中存在缺乏建设标准与规范、课程建设方法不优等问题，具体表现在课程目标设计精准性不够、课程内容精切性不够、课程资源精制化不够等方面。

（1）课程目标设计精准性不够

在线开放课程内容选择与组织的直接依据是课程目标，课程目标是课程的预期学习结果，是学生学习在线开放课程后应该达成的课程总体要求以及在知识、技能、素质等方面应该达成的状态。在线开放课程目标设计既关系到课程培养目的达成情况，也影响课程内容的选择、组织和实施。高职在线开放课程，无论是通识课，还是专业课，课程目标都应融合思想、知识、能力和素质，符合社会胜任力、岗位胜任力，以及技能等级证书标准等的要求。同时，相比校本化课程，在线开放课程的学习者更加多样，需求更加多元。分析调研结果后发现，高职院校在线开放课程开发中对课程目标的设计不够精准，课程目标仅以人才培养方案为依据，未充分考虑新时代社会、岗位相关能力要求，也未充分融合技能等级证书标准，导致课程目标难以适应新时代的新要求，影响了课程的内容选择与组织，使得课程内容的高阶性、实践性和职业性有所减弱，课程的知识与技能的选择与企业工作过程的知识与技能的关联度有所下降，且课程的育人功能体现不够。同时，当前高职在线开放课程目标设计仍然是基于校本化课程目标设计的思路，未充分考虑在线开放课程学习者的多样化、学习需求的多元化，导致课程目标设计较为单一，难以满足学习者的学习需求。因此，课程目标的精准设计，是高职院校在线开放课程开发过程中需要认真解决的问题。

（2）课程内容精切性不够

在线开放课程具有开放性、共享性与规模性等特征，这就决定着在线开放课程既要面向校内学习者，也需要面向校际和其他社会学习者。作为校本化课程而言，一般是通过任务训练等完成知识与技能的建构。而在线开放课程因其面向的学习者之间的差异，使各类型学习者的实训实践条件不一致，因此不能以统一的项目或任务来承载知识和技能。

通过分析调研结果发现，当前高职院校在线开放课程仍然存在着内容尚未精要贴切目标，也未能精当切合需求，具体如下：一是对典型工作岗位的工作任务要求没有进行深入分析，课程内容滞后于专业技术发展，更新较慢，难以反映整个市场对新技术的要求；二是课程内容未实现进一步解构，知识点、技能点的尚未实现颗粒化呈现，难以实现模块化呈现；三是课程内容的任务设计较为单一，难以实现多样化的知识点和技能点的项目或任务的呈现，以问题导向、任务驱动的任务设计较为缺乏；四是课程内容囿于其颗粒化程度、任务设计多样化程度等原因，难以满足不同学习者的课程学习目标、学习内容和训练任务，不能适切不同学习者的需求。因此，在线开放课程的内容设计与呈现是其开发与建设过程中亟待解决的难题之一。

（3）课程资源精制化不够

课程资源是知识、技能的载体和具体体现，既要以课程目标、课程内容为前提进行系统设计，以碎片化的资源建设为基础，以结构化的课程建设为骨架，充分发挥多媒体技术在展示资源方面的优势，开发建设以学生为中心的必要教学资源。课程资源既应覆盖课程所有基本知识点和岗位基本技能点；也要充分体现行业发展的前沿技术和最新成果，根据产业发展要求和不同用户的个性化需求，有针对性地开发资源，增强资源建设的普适性。

分析高职在线开放课程调查现状，课程资源内容以教师静态预设为主，未能考虑到学生的学习需求，忽视了在线开放课程网络特性以及开放性、过程性、情境性，导致课程资源内容难以满足学生的需求。课程资源类型主要以视频、文本、微课、图形图像、演示文稿等为主，虽然能够基本满足在线开放课程的要求，但是与行业产业发展、现代信息技术发展等要求不相符合，特别是对于高职课程而言，要充分体现课程的实践性和职业性，就需要充分利用VR、AR等信息技术来实现课程资源的实践性特征，以此来培养高职学生的实践能力。

高职在线开放课程资源在数量上能够满足学习需求，但是数量和质量的匹配度不够，存在一定程度的重视数量而轻视质量的问题。

3. 课程应用模式单一、共享不畅

在线开放课程的应用与推广是其开发的延续，也是其最终落脚点。高职院校在线开放课程的应用与推广需要与在线开放课程的教学、服务支撑和推广相结合。当前高职院校在线开放课程仍然存在着在线教学模式难以适应学生的学习需求，支持服务难以满足应用推广要求，课程推广形式单一，难以体现在线开放课程的"泛用"性。

（1）教学模式难以适应学习需求

在线开放课程的教与学均基于线上组织，包括授课、作业、答疑、考试等，是一种师生分离、学生分离的虚拟情境，与传统课堂教学模式中的面对面教学存在本质差异。但是，在在线开放课程的开发过程中，教师受传统课堂教学模式的影响，复制或模仿传统课堂教学模式并将其应用于在线开放课程开发中，导致在线开放课程开发的认识与实践存在偏差。

典型的表征是教师将微视频的发布等同于在线开放课程实施，过度重视在线开放课程实施之前的准备工作，将在线开放课程开发等同于微视频的发布、课程资源与课程测试题的上线，将传输工具的使用与教学方法、教学活动混为一谈。

微视频、资源、作业等是在线开放课程开发的一部分，为课程开发的发生提供了情境，但不能等同于在线开放课程开发。尽管微视频中的授课兼具在线开放课程实施意味，但它不能等同于在线开放课程实施，否则忽视了在线开放课程开发的在线实施过程；而基于平台支持的"听讲+测验"不能等同于在线教学活动，否则忽视了基于境遇的教学法，忽视了学习支持服务；这种认识窄化了课程开发的内涵，导致在线开放课程开发中出现了教师"与学生的互动太少""学生之间的互动太少""缺乏对讨论的激发""缺乏深度互动"等现象。

由此可见，我们需要反思在虚拟环境中应该如何认识并开展在线开放课程开发，简单的模仿或复制不仅难以适应大量学生的学习需求以及教与学环境的需求，还忽视了在线开放课程开发的建构性、过程性、情境性。

（2）应用支持服务难以满足学生学习需求

在线开放课程开发对主讲教师及教师团队、在线开放课程平台技术等提出了更高的要求，而学习支持服务与需求失衡是导致在线开放课程应用推广出现困境的原因之一。

一方面，教师团队的支持不能满足学生个性化的学习需求。在线开放课程开发不但要求在线开放课程教师能够具备一定的学术魅力、教学素养，而且对教师团队提出了更高的要求。在调研中教师普遍反映，开设一门在线开放课程从前期规划、整体设计到课程录制，再到后期制作，以及组织在线互动与问题解答等，需要投入大量人力和时间。因此，教师团队的支持不足与学生个性化学习需求之间的矛盾也是导致在线开放课程应用出现问题的原因之一。

另一方面，平台支持不能满足课程需求、学生的学习需求。当前在线开放课程讨论区不利于学生建立网络学习空间、不利于保存同伴"关系"，也影响了深度互动的发生。同时，除了学习进度记录工具之外，问卷调查也显示了其他支持工具较少。从专业角度而言，不同类型的课程有不同特色，更加需要差异的、专业性的支持工具；从学生角度而言，更加需要能够支持个性化学习目标实现、个性化路径形成的工具。因此，平台支持不足也影响了在线开放课程应用推广的进程。

（3）课程推广难以体现在线开放课程的"泛用"性

在线开放课程打破了时间和空间上的限制，连通了优质教学资源，使在线学习、终身学习成为可能。同时，在线开放课程也有利于促进教育公平，对培养高素质技术技能人才具有推动作用。相对于传统课程、课堂和教学模式而言，在线开放课程具有无可比拟的优势。因此，进一步推广在线开放课程就显得尤为必要。

当前，高职在线开放课程存在着重建设轻推广现象，没有充分发挥课程团队的优势，推广形式使用较多的仍然是教师与教师之间进行推广，推广的范围与力度较低，难以形成常态化的推广机制；尽管一部分在线开放课程团队选择以官方平台、对外讲座等方式进行推广，但推广形式仍然较为单一，难以实现在线开放课程的"泛用"性。

第三章

明理释法：高职在线开放课程理论支撑

一、高职在线开放课程的理论基础

高职在线开放课程的建设与应用涉及四个概念主体，即"高职""在线开放课程""课程建设"和"课程应用"。因此，其理论基础包括课程及其建设的相关理论、现代教育技术的相关理论，具体有人本主义理论、建构主义理论、远程教育理论、知识共享理论，以及5W传播模式理论等。

1. 人本主义理论

人本主义心理学是20世纪五六十年代在美国兴起的一种心理学思潮，强调学习形成自我，学习促进自我实现，学习是通向健康生活的钥匙，学习对于自我发展具有极为重要的作用；还强调人类学习过程中的一些非智力因素如动机、情感、人际关系等对学习的影响作用。作为与程序教学、学科结构齐名的20世纪三大教学运动之一的人本主义，其学习与教学观影响了世界范围内的教育改革①，其主要代表人物是马斯洛（A. Maslow）和罗杰斯（C. R. Rogers）。

图 3-1　马斯洛的需求层次理论

马斯洛认为，每个个体生来就具有天性，这种天性由经验、无意识思想与情感所塑造，但它不是由这些因素决定的，个体控制着自己的大多数行为。如图3-1所示，马斯洛的需求层次理论指出人的生理需求、安全需求、社交需求、尊重需求以及自我实现需求。人通常在低级需要获得满足后才会追求高级需要的满足，如果能实现这些需求，人生便能收获最多的幸福和快乐。发挥潜能和超越自我是人与生俱来的一种潜能。只有在和睦的环境下，在一种真诚、信任和理解的关系中，学习者的潜能才能发挥出来。为了使学习者健康成长，应当充分信任他们，激发他们的学习潜能，提高他们自我实现的目标，这一思想对在线开放课程建设有着重要指导价值。

罗杰斯提出，教育要以学习者为中心，在学习上要给他们以自己选择的机会，认为真正的学习是意义学习，提倡对知识的灵活理解，而不是消极地接受。意义学习的目的就是培育

---

① 杨韶刚. 人性的彰显——人本主义心理学 [M]. 济南：山东教育出版社，2009.

学生的独立性、创造性，鼓励学生自由探索，促进学生自由学习。教师重在引导学生学习，发掘学生的潜力。在教学过程中，教师的角色应该是学习的顾问，而非指导者，更非操纵者。教师要更好地设身处地为学习者着想，与学习者建立感情交流。同时，罗杰斯主张把"教师"这一角色变成"学习的促进者"。这一思想应用于在线开放课程建设中，影响着课程开发和应用者的基本理念，能够把"教学生学习"作为重要任务。

在线课程在激发学习者学习潜能、尊重学习者主体地位方面都应以人本主义学习理论为基础进行教学设计，尤其要重视学习者的需要。学习者自主选择学习材料，自主安排学习进度，都充分体现了人本主义学习理论中"以学习者为中心"的理念基础。开放的网络学习和交流环境也为学习者交互、共享提供了良好的情感培养空间。而教师仅仅是学习过程的发起者和引导者，改变了传统的教师在教学过程中的主体、绝对地位。

2. 建构主义理论

建构主义（Constructivism）是认知心理学派中的一个分支，新西兰学者诺拉（R. Nola）指出，在反对用直接教学方式以形成知识基础的原因方面，苏格拉底（Socrates）和柏拉图（Plato）是教育上最早的建构主义者。

建构主义理论的重要概念是"图式"。图式是指个体对世界的知觉理解和思考的方式，是认知结构的起点和核心，也就是人们认识事物的基础。认知发展的实质就是图式的形成和变化，受同化、顺应和平衡这三个过程的影响，同化是个体在学习过程中对刺激输入的过滤或改变过程；顺应是当外部环境发生变化时，个体的认知结构被外部刺激影响从而发生改变的过程；平衡是学习者通过自我调节机制，把认知发展状态过渡的过程。

建构主义理论就是把学习者的"学"作为中心，强调学习者对知识的主动探索、主动发现和对所学知识意义的主动建构。建构主义认为，学习者是认知的主体，是知识意义的主动建构者，教师只对学习者的意义建构起帮助和促进作用，并不要求教师直接向学习者传授和灌输知识。在建构主义学习环境下，教师和学习者的地位、作用和传统教学相比已发生很大的变化。教师不再是知识的灌输者，而是教学环境的设计者、学习者学习的组织者和指导者、课程的开发者、意义建构的合作者和促进者、知识的管理者。建构主义教学设计包括"把学习者作为中心""情境作为意义建构的重要作用""协作学习对意义建构起到关键作用""重视学习环境（而非教学环境）的设计""利用各种信息资源来支持学习者学习""学习过程最终目的是完成意义建构"等原则。"意义建构"应当作为整个教学设计过程的中心，不论是教师的辅导，还是学习者所进行的独立探索以及协作学习，学习过程中的一切活动都要从属于这一中心，都要有利于完成和深化对所学知识的意义建构①。

现代信息技术的发展为建构主义的实现提供了有利的技术条件，在线课程为学习者建构学习知识提供了良好的学习情境。它将优质的学习资源集中于网络，让学习者可以通过网络充分共享优质的教育资源。在网络学习社区中，教师是学习者建构学习知识的引导者，并以网络信息技术为载体，为学习者提供个性化、差异化的教学设计和学习支持服务。学习者在不同的文化背景和知识差异下形成学习共同体，完成自身知识的建构，并在学习社区中利用各种网络社交工具充分交流学习资源与创新思维来完成意义定制和对自身的建构。

---

① 刘力鸥. 建构主义的英语情境教学设计 [J]. 吕梁教育学院学报, 2008（3）：46-47.

3. 远程教育理论

从 20 世纪中叶以来，国内外的专家学者开展了对远程教育的理论研究。

早期，德国的彼得斯（Peters）倡导和发展远程教育的工业化理论，是在远程教育思想界有深远影响的一种理论学说。彼得斯观察得知，大多数远程教育机构的教学主要通过开发好的教学材料进行，并通过信函、学习中心进行不定期面授，还开设暑期学校等，构建交互反馈体系，师生大多数时间都处于分离状态，在此基础上提出了远程教育的"教与学的工业化形式"理论。

迈克尔·穆尔认为，在远程教育中，教学过程三要素为教师、资源和学习者，他于 1989 年提出了远程教与学的三种基本相互作用的理论，包括学习者与学习内容交互、学习者与教师交互、学习者与学习者之间交互[①]。

丹尼尔认为，学习者在远程教育系统中的活动，一种是独自进行的学习活动，一种是同其他人进行交互的学习活动。第一类活动是"独立学习"，另一类活动是"交互作用"。丹尼尔认为，巨型大学是注册在校学习者数超过 10 万人的远程教学大学[②]。丹尼尔认为远程教育可以在降低成本的同时，提高教育质量以及教育的可获得性。霍姆伯格认为在远程教育系统中，远程教育院校和教师是通过发送事先准备好的课程材料和为学习者提供学习支持服务这两种方式进行远程教学的。

霍姆伯格认为会谈是远程教育的特有活动，根据指导性会谈的理论设计、制作的远程学习课程材料，能够让学习内容呈现方式易于接受；能明确而有说服力地建议学习者去做什么，避免什么；鼓励学习者相互交换观点，提出问题；努力使学习者真正地对学科和有关问题产生兴趣；个人讲话的方式包括使用人称代词和所有格代词；改变会谈题目时，可通过明确的标志设置某种停顿。

早在 2000 年，德斯蒙德·基更（Desmond Keegan）在上海电视大学（上海开放大学）40 年周校庆时召开的中外专家学者报告会上做的《从远程学习到数字学习，从数字学习再到移动学习》主题报告指出，根据学习的形式与手段的不同，远程学习可以分为 D-learning（Distance Learning，远程学习）、E-learning（Electronic Learning，电子学习）、M-learning（Mobile Learning，移动学习）三个阶段，移动学习的发展将使学习者在远程学习上更加自由，通过无线通信连接，无论在飞机场、家里或其他任何地方，都可以学习。

因此，远程教育理论为在线开放课程建设开拓了领域，能指导课程设计与课程建设者充分理解"学习者和教师处于准永久性分离状态"，并在这一前提下设计出引导学习者的学习活动，然后开展管理、咨询、教学、小组活动、入学和评估等。

4. 知识共享理论

知识是人们在认识世界、改造世界中所获得的认知，包括积累经验的综合。知识管理权威专家托马斯 G.H.达尔波特（Thomas H. Davenport）认为，知识是一种流动性质的综合体，其中既包括结构化的经验、价值以及经过文字化的信息，也包括专家的独特意见以及为新经验做评估、整合与提供信息架构等。

知识管理是为了使组织（包括成员）采用更佳的措施与行动，更好达到组织目标，采

---

① 丁兴富. 远程教育的微观理论［J］. 中国远程教育，2001（2）：11-14.
② 丹尼尔，丁兴富. 约翰丹尼论"巨型大学"［J］. 中国电化教育，2003（10）：73-77.

用的技术与组织管理手段。知识管理对存在于组织内外的个人或群体有价值的知识进行系统定义、获取、存储、分享、转程、利用和评估,也就是作为提高组织实力采取的技术与组织手段使用。

知识不具独占性且无损耗,越共享越能发挥价值,一个人即使把知识传授给别人后,本身还拥有这种知识,甚至通过知识提供者与接收者的互动,双方所获得的信息与经验都会呈线性的增加。因此,知识分享可产生指数成长的效果,促使组织绩效能充分地发挥。

在教育领域,知识管理是应用技术工具和程序来处理存储教育领域的知识和智慧,并通过信息技术使整个教育领域的知识和经验得到传播、共享和访问[1]。在学习过程中,学生面临着浩瀚如海的信息与知识往往不知所措,如何获取、管理、利用、分享新的学习资源是每个学生都不可回避的问题。知识管理用技术帮助个人有效地管理,把个人认为最重要的且将成为个人知识库的信息进行整合,它为那些零散的、随机的信息转换成系统可利用和可扩展的个人知识提供了一种策略[2]。

上海师范大学黎加厚教授从社会和教育信息化发展的角度提出,知识管理是研究人类获取、传播、共享、利用和创新知识的活动规律,管理有关知识的各种连续过程,以促进经济和社会发展的理论与实践[3]。

在线开放课程建设经过了设定知识目标,通过知识鉴别获取学习资源与材料,利用学习工具对获取的学习材料进行组织,利用学习工具对学习资源进行分析、加工、学习从而形成对知识新的理解与建构,分享自己和别人的学习成果和学习经验,反思及评价自身的学习过程与学习成果等阶段。在智慧学习中,以知识客体转化为视角,按照学生在学习过程中掌握知识的不同状态,可以将个人的学习过程分为知识获取、知识组织、知识利用和知识共享四个阶段。

5. 5W 传播模式理论

传播模式指的是用图像形式对传播现象进行简化的描述,表明传播过程的主要组成部分以及这些部分之间的相互关系。教学活动是处于传播中,同样适用于传播模式理论。施拉姆认为,传播至少要具备信源、信息和信宿等 3 个要素。

随着时代的发展变化,传播模式出现了反映不同观点和研究方法的多种理论认识,这些理论有的侧重于传播流程,有的侧重于传播功能,有的侧重于传播效果,有的则侧重于传播中的关系。如传播学奠基人之一拉斯韦尔提出了著名的"5W"模式(见图 3-2),建立了传播学的基本理论框架与研究领域;"香农-韦弗模式"则从信息论的角度提出了传播过程的数学模式;"施拉姆模式"建立在心理学家奥斯古德的"双行为模式"基础上,并发展出了循环模式。

拉斯维尔是最早用建立模式的方法对传播活动进行分析的人,这 5 个要素后来构成了传播学研究的五大领域,即控制分析、内容分析、媒介分析、受众分析及效果分析。在5W 模式中,复杂的传播过程被分解成 5 个主要组成要素,清晰地呈现出传播的内在过程。

---

[1] GALBREATH J. Knowledge management technology in education: an overview [J]. Educational technology, 2000 (5).
[2] 甘永成. 虚拟学习社区中的知识建构和集体智慧发展 [M]. 北京:教育科学出版社,2005.
[3] 黎加厚. 知识管理对网络时代电化教育的启迪(上)[J]. 电化教育研究,2001 (8):54-57.

图 3-2 拉斯维尔的 5W 传播模式

在线开放课程是一种知识传播活动，是基于"互联网+教育"的理念，在知识传播理论的指导下，借助传播模式这一理论框架，将慕课知识传播的主体、客体、渠道、内容、效果等要素整合到知识传播模式研究中，建立突破教学改革、教育技术单一方法视域的整体框架，从而实现对慕课知识传播模式的特征、要素、效果、问题等的深入分析。

二、高职在线开放课程的内涵特征

课程是教育内容的载体，连接着教育者和受教育者，是教育活动开展的关键，提高教学质量，核心是课程建设与改革[①]。施良方曾对课程定义归纳了 6 种[②]，即教学科目说、教学活动说、学习结果说、学习经验说、文化再生说、社会改造说。根据社会对于高职人才培养的需求变化，课程的价值取向不断变化，高职课程呈现活动中心、学科中心、能力中心、问题中心等形式，并不断产生新的形式，形成了职业定向性、实践性、实用性与技术性等重要特性[③]。其改革呈现出开发主体多元化、课程结构模块化、课程过程系统化、课程内容综合化、课程实施一体化、课程评价社会化的趋势[④]。

在线开放课程是在网络通信等技术和联通主义等理论的支撑下出现的新型个性化学习方式，打破了具体的时空局限，连通了一切优质的教学资源，使终身学习和全民学习成为可能，使任何学习者和专家之间的互动成为可能，是一种颠覆了传统学习特征的学习模式[⑤]。

我国在线开放课程起步于 2002 年左右，而高职在线开放课建设经历了初步探索、发展壮大、创新研究 3 个阶段的发展历程，其存在形态主要有精品课程、精品视频公开课、精品资源共享课和慕课 4 种，其从起步到成熟，伴随许多问题的出现，实现了从无序到有序、从学校到社会、从固定到移动、从纯视频到交互、从单个学习到协作学习、从碎片化学习到系统化学习、从本地资源到云端资源、从单建到共建、从标准化学习到个性化学习。但是，高职在线开放课程仍存在以下问题：一是没有解决好个性化学习和传统教育教学的冲突问题。传统教学没有给个性化学习留出足够的时间和空间，无论是学校、教师还是社会，对通过网络学习获取的知识和文凭存在一定偏见，学校也没有制定相应的个性化学习奖励政策、创新政策以及互动平台等，从而导致在线开放课程能学到的知识有限。二是没有解决好在线开放课程的碎片化学习与学科专业的完整性学习的问题。在线开放课程知识点呈现碎片化状态，导致个性化学习也出现这一现状，但专业学科体系是一个完整的知识体系，从事专业学科研究没有系统的学习肯定行不通。慕课在这方面做出了尝试。三是在线开放课程学习和课堂学习没有很好结合，呈现分离状态。没有将线上的个性化学习区域和互动区域应用到课堂模式中来，没实现知识的有效创新。四是在线课程资源的无限性无法与个性化学习的有限性相协调。

[①] 孙青锋, 张元. 职业能力导向课程的内涵、模式与建设策略 [J]. 职教论坛, 2021, 37 (8)：88-94.
[②] 施良方. 课程定义辨析 [J]. 教育评论, 1994 (3)：44-47.
[③] 杨茜. 高等职业教育课程内涵建设的探究 [J]. 化学教育（中英文）, 2019, 40 (12)：96.
[④] 刘彦文. 国内外职业教育课程模式的发展趋势 [J]. 继续教育研究, 2011 (2)：152-154.
[⑤] 吴曙光. 在线开放课程的审视与反思 [J]. 成人教育, 2017, 37 (1)：35-38.

人的时间和精力是有限的，无法通过有限的时间学习无限的在线课程资源。因此，学习者应有效地选择学习在线课程资源，通过专业学习思维选择在线课程资源，这样可以提高学习效率。五是没有解决课程资源的来源问题，所以学习者在线开放课程学习具有很大的盲目性。

鉴于以上分析，高职在线开放课程既不同于本科在线开放课程，也不同于线下校本化课程。在高职在线开放课程中，课程是核心，由目标、内容、资源、方法和评价等构成；高职是属性，是以立德树人为根本任务，由多元主体合作开发，突出职业性、实用性和实践性；在线是条件，突破了传统课程的时空限制，满足学习者随时随地随心学习的需要；开放是特征，能促进优质教育资源应用与共享，具有共享性、规模性等特征。

1. 高职在线开放课程的目标是满足需求

（1）满足学习革命新意义的需求

互联网技术的高度发展正快速地改变学习者的学习方式，在线开放课程引爆新一轮学习革命，具有新的本质和意义。知识存于互联网上的各个节点，学习者能方便地获取学习节点上的知识，而自己的知识也可以成为节点提供给别人获取和学习。随着知识增长速度和技术发展速度的飞跃，学习者越来越无法判断和选择，所以选择知识比知识本身更重要，选择技术比技术本身更重要。同时，知识在每个解读者的推动下从结构走向解构，呈现出动态演化的样态，从而促使学习者调整或改变学习策略，以适应新知识的变化和发展。所以，学习革命对于完成社会化人格、知识的获取及实现个人价值的意义重大。学习者很容易将知识内化，将知识进行存取、迁移、修改、调用和创新，以适用新技术的应用和社会的发展。高职在线开放课程需满足学习者的个性化要求，让他们可以选择更佳学习路径，促使他们实现学习的最优化。

（2）满足思维与技术同步发展的需求

在线开放课程扩展了学习者与学习资源交互的接口，各种新的软件和硬件技术不断涌入在线开放课程和课堂，从而导致学习向深度学习发展。而当技术过于复杂时会导致学习者无所适从，给学习带来负面影响，可能会异化人的思维。著名互联网文化代言人凯文·凯利认为，技术就像一个新的物种，技术的脚步不会停止，会不断向高级发展和演化。学习者思维的速度如果跟不上技术的发展速度，就会导致学习的时序与时代错位，无法完善网络化时代的网络化社会人格。学习者应树立新技术思维，自觉学会个性化学习的各种新方法，与新技术保持同步。

（3）满足时间和空间快速变化的需求

在校学生在课堂上学习的时间相对固定，空间也相对稳定，具有很大的确定性。接收教学信息处于被动状态，与外界环境的交互有所改进，但很有限。在校学生在线学习时间和空间上具有无限性，但由于课堂时间过多而导致在线学习时间不够。学校应该压缩课堂教学时间，适当提高相应课程的在线学习时间，增加在线开放课程的比例。另外，教师也应增加时间来参与在线开放课程的建设、互动、评价等工作，学校应制定在线课程学习的各种奖励政策。教育部也要为个性化学习提供有效的学习机制，促进学习的终身化和全民化，建立健全的学习型社会。

（4）满足连通线上和线下的需求

由于课堂授课在时间和空间上的局限性，学生无法在短时间内完全吸收和消化所学的知识，在线开放课程平台为学生提供了再学习和反复学习的环境，学生可以根据自身的学习情况，合理地、有针对性地利用在线开放课程来完善知识结构，从而充分发挥自身的主观能动性，深化学习过程、扩展知识范围并提高创新意识。应该用有效方法把两者结合起来，重新补充课堂教学个性化学习的新血液。还可以利用大数据技术将在线开放课程的个性化学习者特征等数据与课堂互动连接起来，利用二维码等技术将教材和在线开放课程连接起来。

2. 高职在线开放课程的关键是精心建设

高职在线开放课程建设是满足用户需求的关键，在遵循教育性、系统性、前瞻性等原则，课程结构、课程内容满足高职教育教学需求和技术技能人才培养需要，符合国家有关法律法规，教学设计符合教育教学规律和学生学习特征，课程资源体现高等职业教育特点，表现形式凸显信息化教学特色；根据课程特点，综合考虑教师、学生和相关行业、岗位从业人员等各层面的需求，进行课程整体设计与优化，构建完整、系统化的对接岗位能力的课程教学资源；在保证课程改革成果先进性、实用性的基础上，加强信息技术与教育教学深度融合，将教学方法、教学内容、教学模式、教学管理、教学手段、教学组织等方面的最新研究成果应用到课程开发与应用中。

（1）课程内容

坚持立德树人，能够将思想政治教育内化为课程内容，弘扬社会主义核心价值观。按照课程标准要求，涵盖课程相应领域的基本知识技能及重点教学内容，还可通过典型案例、综合应用、前沿专题等反映学科专业最新发展成果和教改教研成果，体现课程专业新技术、新要求、新标准，具有较高的科学水平；无危害国家安全、涉密及其他不适宜在网上公开传播的内容，无侵犯他人知识产权的内容。

（2）教学设计

教学设计应遵循教育教学规律，体现现代教育思想，符合职业教育教学特点，符合大规模在线开放课程教学特征，以学习者为中心进行教学设计，建立教与学新型关系，形成较为完善的在线学习与课堂教学相结合的教学方案。课程应根据课程教学目标，合理、有序地设计知识单元和梳理教学知识点及技能点，按照教学单元、专题、模块、项目、任务等框架形式构建体现信息技术与教育教学深度融合的课程结构和教学组织模式，课程知识体系科学，资源配置全面合理，适合在线学习与混合式教学。

（3）教学资源

课程资源要系统完整、丰富多样、呈现有序、交互支持，与知识点、技能点相匹配且对应清晰，能反映课程教学思想、教学内容、教学设计，能支持课程教学和学习的全过程。教学资源包括课程介绍类资源、课程教学类资源、课程拓展类资源三大类。课程介绍类资源对课程的相关信息进行整体全局介绍，让学习者对课程的学习内容、考核方式等有整体印象。课程介绍类资源包括但不限于课程介绍、课程宣传片、教学目标、教学大纲、教学日历、教师团队、预备知识、参考资料、考核方式。课程教学资源是支撑在线开放课程成功实施的主干核心资源，教学类资源包括但不限于这几方面内容：教学视频、演示文稿、随堂作业、随堂讨论、习题测试、图片、动画、案例、仿真软件等。课程拓展资源指反映课程特点，应用于各教学与学习环节，支持课程教学和学习过程，较为成熟的多样性、交互性辅助资源。课程拓展类资源包括但不限于专题讲座、拓展视频、素材资源等。

（4）教学活动

要重视学习任务与活动设计，体现以学生为主体、以教师为主导的教育理念，能综合运用多种方式、多种手段开展学生的学习活动。积极开展案例式、混合式、探究式等多种教学模式的学习。通过课程平台，教师及时开展在线指导与测评，不断提高学习者在线学习响应度，师生互动充分，能有效促进师生之间、学生之间进行资源共享、互动交流和自主式与协作式学习，增强教学吸引力。活动形式包括但不限于在线讨论、笔记、信息提醒、公告、测验、教师答疑、作业、同伴互评、线下讨论、问卷、实时讨论和一对一辅导等。教师要为及时学习活动的有效开展提供有效的指导。

（5）教学评价

课程应制定专门的课程考核评价方法。线上和线下融合，课程成绩由过程性考核和终结性考核综合评定。课程要有明确、合理的考核评价策略，且考核办法要明确，具体，包括完成课程学习必需的作业、测验、讨论等各项学习活动及评分的标准、测试数量及各部分成绩的构成比例等。

3. 高职在线开放课程的核心是广泛应用

高职在线开放课程建设应边建边用，充分考虑服务对象的需要及实现可能性，根据课程需求、课程内容分步建设，边建边用，重在应用与推广。同时，应以课程团队为核心，以技术平台为支撑，设置必要的交互接口，汇聚专业及行业企业的力量共同参与建设，共享优质资源。

（1）精心组织教学活动

课程要重视学习任务与活动设计，体现以学生为主体、以教师为主导的教育理念，能综合运用多种方式、多种手段开展学生的学习活动。积极开展案例式、混合式、探究式等多种教学模式的学习。通过课程平台，教师及时开展在线指导与测评，学习者在线学习响应度高，师生互动充分，能有效促进师生之间、学生之间的资源共享、互动交流以及自主式与协作式学习，增强教学吸引力。活动形式包括但不限于在线讨论、笔记、信息提醒、公告、测验、教师答疑、作业、同伴互评、线下讨论、问卷、实时讨论和一对一辅导等。

（2）精心组织课程考核

课程应制定专门的课程考核评价方法。线上和线下融合，课程成绩由过程性考核和终结性考核综合评定。课程要有明确合理的考核评价策略，考核办法明确具体，包括完成课程学习必需的作业、测验、讨论等各项学习活动及评分的标准、测试数量及各部分成绩构成比例等，由课程负责人在开课前确定并向学生公布。待学生考试截止后及时反馈考试成绩。

（3）精心分析教学效果

课程在本校教学过程中能较好地应用，将在线课程与课堂教学相结合，完成至少两个周期的教学活动，每周期达到一定的选课规模。课程在全国性公开课程平台面向校内外广大学习者开放，共享范围广泛，至少有3所以上的选课单位，教学方法先进，教学质量高，应用模式多样，应用效果好，社会影响大。

（4）提供精心教学服务

课程设置日常维护和资源更新措施，至少每教学周期更新一次，每学年教学资源有一定的更新或增补比例。利用课程平台教学数据，课程团队成员、课程选用院校和课程辅导教师共同开展课程与教学质量分析研讨，集中或在线分析研讨每学期不少于一次，并及时改进，为学习者提供课程学习技术支持，及时解答学习者在线学习过程中遇到的技术难题。

三、高职在线开放课程的建设流程

高职在线开放课程建设应采取行政推动、教研引领、学校主导、教师自主的工作机制，采取"基本式+变式"的推进策略，利用信息化手段与互联网思维重构教学，着力于推动教学改革创新，协调激活教学要素，优化配置教学资源，系统设计教学流程，切实提高教学质效。

1. 重塑师生关系

教学要坚持"以生为本"的教育理念，要尊重、理解、关爱、信任学生，建立民主、平等、互爱、促学的师生关系。教师要成为引导学生学习的导师，学生要成为会学习的学生，重塑教学相生、教学相长的学习型师生关系。在线开放课程的建设与应用中，教师既要了解学习者的学习需求，建设与之相适应的课程内容与课程资源；也要发挥好课堂教学组织者、指导者、服务者的角色作用，了解学生学习动机，充分改革在线开放课程教学模式，激发学习者的学习兴趣。教师要关爱每一位学生，关注学生的课堂学习表现，调动学生学习积极性，关注学生身心健康发展，让学生在课堂学习中获得安全感、期待感、参与感、体验感、成就感。

2. 厘清教学目标

教学要运用教学目标设计的理论方法，从课程的核心素养、课程总目标、学业质量标准出发，系统地分解学年、学期、单元、课时的阶段性专业课程教学目标。课堂教学目标要明确具体、可检测、可评价，要体现核心素养、学业质量标准要求的导向功能、聚合功能、评价功能、激励功能。教学也要深入学习领会课程的专业核心素养、课程总目标、学业质量标准，将其贯彻落实到课堂建设与应用全过程。教学还要根据课程总目标，结合教学实践，构建课程目标、项目教学目标、课时教学目标组成的课程教学目标体系。课程教学目标互为因果，上级目标统领下级目标，下级目标落实上级目标。课堂教学既要有明确具体的课时教学目标，又要衔接单元、学期、学年教学目标以及课程总目标的育人要求，从而发挥引导学生构建知识、培养能力、发展思维、养成人格的教育教学价值。

3. 优化教学内容

课堂教学内容的组织要适度、适量，便于学生将认知内化，还要呈现具有教育意义、学习价值的教学材料，发掘教学内容的内在联系，构建教学内容的认知结构，便于学生同化学习、顺应学习、建构学习、迁移学习。要从学生的身心发展特点和认知能力水平出发，对教学内容进行"增、删、补、调、融、渗、联"，优化重组教学内容，深入挖掘思政元素，发挥课程的育人功能。课堂教学内容的组织要着眼于学生的"未来发展"，着力于为学生"搭建脚手架"，提供具有一定难度、启发意义、探究价值和过程体验的教学内容，调动学生学习积极性，激发学生学习潜能，促进学生"转识成智"。课堂教学内容的组织要结合学生生活经验和社会发展需要，对教学内容进行主题统整，建立教学内容与社会生活、未来工作的联系，引导学生从生活中学习、从经验中学习。

4. 转变教学方式

课堂教学要改变讲授式的单一教学方式，针对不同教学目标、教学内容以及学生的认知水平、个性差异，采取启发式、探究式、讨论式、参与式等多种多样的教学方式，探索促进学生互动交流、体验内化、建构生成的教学方式。课堂教学鼓励学校、教师探索创新课堂教学方式，支持发展生本课堂、学本课堂、习本课堂等多种课堂教学模式。要全面落实"先学后教"的基本理念，贯彻自主、合作、探究、体验、内化、建构的课堂教学组织方式，通过教师转变教学方式，推动学生学习方式的转变。课堂教学要组织开展项目式学习、具身学习，培养学生的动手能力、执行能力、创造能力、合作能力和领导能力。要组织开展混合式学习、体验学习，融合传统学习方式和网络化学习方式的优势，发挥教师组织、引导、启发、监控教学过程的主导作用，充分体现学生作为学习主体的主动性、积极性、探究性与创造性。

5. 重构教学过程

课堂教学要秉持"为学习设计教学"的理念，从引发学生学习兴趣和学习行为、促进学生自主学习和合作学习、达成学生学习目标和学业质量出发，设计教与学的双向互动活动过程。课堂教学活动过程要实现教师"教"的活动过程与学生"学"的活动过程融为一体、双向互动、协同共振、建构生成。课堂教学要重构课堂教学过程，坚持问题导向，注重情景营造，做到课前、课中和课后三个环节的系统谋划、整体设计和有机统一。课堂教学要在课前环节设计引导学生学习准备的前置学习方案，课中环节要设计多元对话、互动交流、展示演示、拓展延伸、启发引导、评价反馈、疑难点拨的互动学习方案，课后环节要设计引导学生进行复习巩固、作业练习、实践操作、方法迁移、问题解决、内化建构的深度学习方案。课堂教学要让学生多时空、多感官、多维度、多角度参与学习过程，有目的、有计划地将学生的学习过程转化成学进去、悟出来、写出来、做出来的深度学习活动过程。

6. 融合教学技术

课堂教学要充分利用信息化手段与互联网思维营造教学情境、优化教学内容、监控教学过程、分析教学质量，充分发挥信息技术的革命性作用。课堂教学要合理、适度地运用信息技术平台和教学技术手段组织课堂教学，创造性地运用大数据和人工智能技术分析评价教学效能，实现教学过程、教学评价运用与共享的可视化、数字化、数据化、个性化。课堂教学要加强完善"智慧"平台建设，实现全校教育教学网络管理、资源应用、质量评价、数据分析、组织应用的互联互通。课堂教学要重点推进现代教育技术与课堂教学的深度融合，加强对教师信息素养和教育技术应用能力的培训力度，提升教师课堂教学的技术应用能力和教学数据的分析评价应用能力，提高课堂教学中现代教育技术运用的普及率和适切性。课堂教学要大力推动教研员开通各学段各专业的教研工作平台，教师开通在线教学工作空间，学生开通个性化网络学习空间。

7. 变革教学评价

课堂教学评价要贯穿课堂教学全过程。要根据课程标准的教学要求、学生课堂学业质量的水平要求、每一节课的课堂教学目标，在课前设计出评价方案和评价规则，在课中适时进行评价和反馈，在课后及时进行评估质效和总结反思。课堂教学评价方案及其评价规则既要检测学生知识学习的掌握程度与问题困惑，还要检测学生学习能力、学习方法、行为习惯、情感态度价值观的进步程度与问题困惑。课堂教学评价要在课中、课后评价，要强化"为了学习的评价"，体现即时性、激励性、启发性、生成性，肯定学生的进步，点拨学生思维方法，激发学生内生动力，启发学生自觉自悟。要利用信息技术手段和大数据分析方法，建立大数据分析平台,为学生建立学习档案,全面记录学生课堂学习轨迹和学业发展状况,包括学习态度、课堂表现、学习成果、学业水平等,分析评价学生的学习动机、学习行为、个性特质和职业倾向,为学生的自主学习、深度学习、个性化学习和终身学习创造条件。

8. 营造教学环境

课堂教学要营造促感、激思、诚意、正心的教学环境。比如要营造课堂教学环境,要营造班级育人环境,要营造校园育人文化氛围。要精心设计、布置教室的物理空间。教室、实训室等场所要贯彻"6S"(整理、清扫、清洁、素养、安全)标准,使教学设备设施能够保障教学需要,要方便学生开展合作探究学习,要开辟供学生进行学习成果和学习经验展示交流的学习园地,要布置让学生感到温馨和谐、积极向上的学习空间。再如要精心营造轻松愉悦、互动促学的课堂教学氛围。要平等对待学生,关心爱护学生,尊重信任学生,欣赏激励学生,用启发、诱导、赞赏、表扬等方式调控课堂教学的节奏和气氛,把关爱带进课堂,把真诚带进课堂,把愉悦留在课堂,把真善美留在课堂。

精建篇

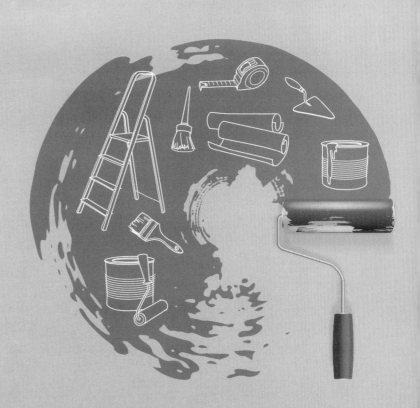

第四章

协同化：高职在线开放课程团队组建

教师作为在线开放课程开发的重要主体之一，是在线开放课程的主要建构者、是学习者的促进者。面对大规模、分布式的学习者的个性化学习需求，需要组建"多职责"协助的在线开放课程开发团队。课程团队既要树立以个性化学习为旨向的在线开放课程开发观，尊重学习者作为在线开放课程开发主体的角色定位，以个性化学习支持服务促进个性化学习体验；又要明确分工与职责，制定个性化学习旨向下的在线开放课程开发计划。在线开放课程团队主要包括四类人员：

（1）课程负责人

课程负责人重在以个性化学习为在线开放课程开发旨向负责整体的课程规划，例如以在线开放课程设计创设促进学习者个性化学习的境脉，对课程标准、课程目标、课程内容、课程评价等进行整体设计，并协调主讲教师、辅导教师等的工作，促进在线开放课程开发的动态实施与个性化的学习分析、评价；协调在线开放课程开发各活动，实现对在线开放课程开发过程的关注以及对学习者个性化学习过程的监控与指导。

（2）课程主讲教师

他们是在线开放课程开发教、学、评的主要负责人，是实现个性化学习的践行者。首先，他们与课程负责人进行协商，在尊重学习者主体、个性化学习的旨向下讨论课程结构、定位教学目标、商榷课程内容及表达形式、设计课程活动、设计测验与作业等；其次，组织并积极参与在线教学活动、学习评价，为学习者提供个性化反馈与个性化学习服务支持，促进在线开放课程实施过程中的创生；最后，在在线开放课程设计、实施、评价中动态调适在线开放课程开发，在教师、学习者、文本的交互中实现在线开放课程的动态生成与学习者个性化学习目标的达成。

（3）辅导教师或其他学习支持服务人员

一般由主讲教师或专门的辅导教师或助理教师等人员构成，他们主要为学习者提供个性化的督学、导学、助学的服务支持包括基本服务支持，如文本发布、信息推送与反馈；同时，又积极组织、参与在线活动在线答疑，以互动、交流提供问题解决支持，引导学习者讨论等。此外，基于数据的学习分析为学习者提供个性化的资源反馈、学习路径。他们在个性化的服务、互动、反馈中推动在线开放课程开发。

（4）技术支持人员

他们负责微视频及其他课程资源的制作，将内容以合适的方式进行多媒体表达；或者为学习者提供个性化的技术支持，如进行数据分析、推荐个性化学习路径等。

除此之外，在在线开放课程的开发过程中也可邀请学科领域的专家参与授课或组织、参与教学活动；或者从在线开放课程学习过程中吸纳高水平的学习者成为学习助教，以学习同伴的形式参与课程交流。总之，大批学习者需要多元化、多职责的教师团队，他们在在线开放课程开发中以促进者、指导者角色为学习者提供全方位、全过程的学习支持服务。

因此，打造优秀的课程团队是在线开放课程建设的条件和保障。优秀的课程团队需要具备以下条件：

一、团队构成：跨界性

"跨界"根据《辞海》的相关解释，本意是打破封闭，不同领域和对象之间相互融通。"跨界"是相对于隔离和分散而形成的修正性概念，既可以是地理意义上的融合，也可以是观念文化的统整。"跨界"是一种哲学性的思考与研究方式，是基于到达整体性的多元吸收并进行有序排列组合的尝试性努力。"跨界"是整体性的整合以及对文化内部壁垒的打破，在跨界过程中，形成更具竞争能力的集群。

在职业教育及其课程建设的相关研究中，"跨界"相对于职业教育及其课程建设中的"固守"而言，是对于固守的突破。姜大源在《当代世界职业教育发展趋势研究——现象与规律（之一）——基于横向维度延伸发展的趋势：定界与跨界》《职业教育必须有跨界思考》《职业教育立法的跨界思考——基于德国经验的反思》《论职业教育体制机制改革的应然之策——关于〈职业教育法〉修订的跨界思考》等系列论文中，对职业教育"跨界"含义做出了有效定义，"作为一种教育类型，职业教育与普通教育的本质区别在于，就业导向的职业教育已跨越了传统学校的界域"，"跨界的职业教育必须有跨界的思考，职业教育的发展与改革既要'跳出学校看学校，跳出教育看教育，跳出知识看知识'，也要'跳出企业看企业，跳出培训看培训，跳出技能看技能'，以逐步形成'合作办学求发展、合作育人促就业'的良性互动机制"①。

高职课程教学的"跨界"是跨越学校课程"固守"学校本身的狭小边界，一方面是从课程建设理念方面解放固守的"唯知识""唯能力""唯人格"等片面的培养思路，用"人本化、整合性"的思维观照课程建设的行动；另一方面在课程的具体分类中实现各板块"跨界"，即"人文基础课程"与"专业课程"、"理论课程"与"实践课程"、"校内课程"与"校外课程"、"线下课程"与"线上课程"等实现"跨界"。毛燕在《关于职业教育中"跨界"教学组织的若干思考》，陈克军在《"跨界"的高职课程改革与实践探索》中也对"跨界"的含义（尤其是高职课程"跨界"的含义）做出了相应的界定，力求在高职课程建构方面打通学校与外部世界的相互壁垒，走出高职课程建设的"固守"状态，实现学校人才培养与企业人才需求的双向满足，深化校企合作关系，解决职业教育人才培养的瓶颈。

高职在线开放课程团队的跨界性则需要吸引多种类型的个体参与，如来自行业企业、兄弟院校和其他单位，可提供不同的资源，且专业领域、工作经历经验等各不相同，形成互

---

① 姜大源. 职业教育必须有跨界思考 [N]. 人民政协报, 2011-01-26.

补。也就是说，应构建跨专业界、经验界和专长界的团队。

第一，院校应鼓励在线课程的相关人员参与到课程的开发之中。在线课程建设涉及企业专家、实践教学指导教师等相关人员。他们虽然不具备全面参与课程开发的条件，但与课程开发存在较为密切的关系。对此，院校可以借助网络平台实现与他们的沟通和互动，鼓励他们为院校的在线课程建设献计献策。

第二，院校应吸引更多的组织参与在线课程的建设。院校应全面了解各主体对于在线课程资源方面的利益需求，找出它们的共同点，从而调动各主体的参与积极性。此外，院校应采取各主体共同开发的模式，明确各主体参与在线课程开发的权利、责任和义务，保障在线课程开发的体制性建设。

1. 跨专业组建

院校应鼓励校内各部门的通力合作，鼓励不同学科、专业教师组建在线开放课程团队，构建涵盖思政教育、素养教育、专业教育的课程开发团队。这样有助于实现团队成员的结构互补性，能从知识、技能、专长等方面合理搭配，实现优势互补。将德育为先、能力为重、发展为本的教育理念落到实处，实现思想政治教育与综合素养教育、专业技能学习的有机统一，有力推进课程思政建设，实现课程的育人目标。

除了知识结构合理外，课程团队还需要在年龄结构、学历结构和职称结构方面进行合理配置，不应过分注重学历结构和职称结构。在年龄结构上要注重老中青"金字塔"结构建设，加强老年教师的引导作用，夯实团队的中坚力量，培养团队的后进力量。这样可以避免部分教师由于人事调整、访学、升学等缘由而不能继续参与课程建设相关工作，有助于做好人员流动管理。

2. 跨区域组建

为了扩大在线开放课程影响力和学生受益面，课程团队需要吸引不同学校的相关教师加入。

第一，跨区域组建课程团队，让来自不同地区、不同学校、不同教师的教学资源在团队内部交流、完善、共建、共享，团队的参与者皆可在参与团队公共活动中获得优质教学资源的惠泽，实现教学资源由"本地供给"转向"多元输入"。

第二，跨区域课程团队立足于互联网技术带来的资源和信息跨区域快速传输的优势，改变既往"书院式"的班级授课，转而选择"线上教学"与"线下教学（实践）"融合的方式，让教学形式由"线下主导"转向"双线混融"。

第三，跨区域课程团队是具有共同教学愿景的教学主体协作参与的教育范畴，团队的建设凝聚不同教师的教学特长，让团队成员之间相互协作、取长补短、共同进步，群策群力的教师合作实现教学主体由"单兵作战"转为"集体协同作战"。

第四，跨区域课程团队的建设让作为教学实践主体的教师不再是教学变革单向依赖他人的"旁观者"，团队建设的开放环境、科学运作、课程设计与内容让教师在团队内表达自我意愿（观点）、实现自我更新（突破），教学实践由"依赖外力"转向"自主创生"。

3. 跨校企组建

从来源结构看，在线课程团队要吸收行业企业和社会机构技术骨干、工匠大师，在组建学校专任教师、校外兼职教师构成的课程教学团队的同时，还需要组建包括教学设计专家、媒体设计专家和制作专业人员等构成的技术团队。这样可以推动高职院校与企业形成命运共同体，有利于在人员互聘、教师培训、技术创新、资源开发等方面进行全面深度合作，把产业、行业、企业的先进技术、优秀文化、产业发展等元素融入课程建设中来，发挥企业"技术型"教师优势，弥补学校"理论型"教师短处。专兼结合优化团队结构，可促进成员互学互鉴、能力互补，增强团队理论和实践能力。

把行业企业中的高级技术人员纳入课程团队，实现校内外师资力量共同发展，是我国高职师资队伍建设的一项创新。这不仅会为高职院校师资注入"新鲜血液"，也将极大限度地推动高职院校学历教育和职业培训并举的进程。

二、团队管理：高效性

在线开放课程开发是一项复杂的、系统的工程，为了实现团队建设目标，团队负责人需要带领团队成员共同努力，让大家各司其职，充分发挥个人特长，实现团队的高效运作。

1. 加强团队目标管理，树立明确发展方向

团队目标在高校在线开放课程团队建设中发挥着重要的作用，团队的一切活动都围绕团队目标而展开。明确团队目标，有利于明确团队的发展方向，增强团队的凝聚力，提高团队成员的工作效率。团队目标是团队的方向标，指引着团队的建设和管理方向，能够在一定程度上激发团队成员创造力并提高团队凝聚力。有效的课程团队必须拥有明确而合理的目标且该目标要为成员所普遍理解和接受，只有这样才能调动成员的积极性和创造性，才能保证教学团队的顺利运行及其目标的实现。在确立目标及团队运行过程中，首先，必须明确团队的共同目标，处理好总体目标与具体目标的关系，通过组织各项活动加强沟通，增强成员对共同目标的认同，促进其团结一致、共同协作努力。其次，团队的整体目标要融合成员的个体目标，必须能够激发成员的内在动力，为成员个体目标的实现提供途径，而且两者要保持高度的一致性，这样才能促使团队成员把实现团队目标内化为自身需求，愿意互相分享知识、经验并不断学习创新，调动他们的积极性和工作热情，实现团队目标与个体目标的"双赢"。

（1）以提高人才培养质量为核心目标

在教育管理领域，在线开放课程团队建设的核心目标是提高人才培养质量。有些教师反映课程建设的更新、维护不到位，例如课程录制的知识点没有根据时代的变化、政策的变化和学生的学习需求进行相应的调整，这样的课程建设不符合在线开放课程的特点。因此，在线开放课程团队目标的设置要"以学生为中心"，要考虑学生的学习特点和实际需求，合理设计课程内容，拓展课程资源，创新教育方法，这样才能达到良好的教育效果。在课程建设之初，课程负责人牵头，邀请相关专家、学者和一线教师等参与课程建设的研讨工作，论证课程建设的科学性和合理性，同时还要广泛征集学生对传统课程教学和在线开放课程建设方面的观点和看法，思考教育教学与教育技术如何完美融合；在课程运行过程中，团队成员应以课程平台为支撑，动态监测和分析学生学习课程的数据，间接了解学生的学习习惯和特点，并通过问卷法和访谈法了解学生学习过程中遇到的困难和问题，不断对课程设计进行改进和完善，建设真正的在线开放课程；在课程的后续升级过程中教学团队成员不断搜集新的素材、案例和资料，融入新的教学与科研成果，建设高质量的课程，致力于培养高素质技术技能型人才。

（2）短期目标与长期目标相结合

从时间长短的角度来看，团队目标分为短期目标和长期目标。同样，高职在线开放课程团队也需要制定短期目标和长期目标。在团队组建初期，课程负责人召集团队成员共同讨论课程建设相关工作，不仅需要做好课程规划和课程设计，而且需要明确团队目标和团队任务。课程负责人不仅要为团队建设和发展规划蓝图，也要明白自身所扮演的角色以及将要执行的具体任务，还要督促团队成员能够尽快投入课程建设工作中。由于教师的时间和精力有限，所以在保障课程质量的前提下，课程负责人需要根据团队成员的特点，按照合理的原则，做好初步的任务分配工作。在具体的实施过程中，可以灵活机动、适当调整每位成员的工作量。短期目标的制定主要以量化的形式呈现，有具体的目标考核标准，避免团队成员相互推诿，也规避了盲目纳入"挂名"教师参与团队建设的现象。短期目标的实现可以使团队工作慢慢步入正轨，并为长期目标的实现奠定坚实的基础。长期目标主要考虑课程和团队的可持续性发展，以利于将其打造成国家级精品在线开放课程，使课程开发不断精益求精，使团队建设更加高效。

（3）个人目标与团队目标相结合

在高职在线开放课程团队建设中，个人目标与团队目标相结合，体现的是个人利益和集体利益的平衡关系。结合访谈了解到部分团队过于强调课程建设的结果而忽略建设的过程，并且受到固有教育体制的制约而难以为教师的工作量和职称晋升提供保障。站在团队的角度来看，集体利益高于一切，但若过分强调集体利益而忽略个人利益，则会造成教师的工作效率低、教师积极性不高等问题的出现，最终影响团队的建设和发展。为了促进高职在线开放课程团队的可持续发展，课程负责人需要平衡集体利益和个人利益之间的关系。团队的核心目标是提高教育教学质量和人才培养质量。团队目标的实现是结果与过程的统一，也是教师个人和教学团队的统一。从团队成员的角度来看，团队成员普遍是高学历的知识分子，每个个体都有自己的任务，加入在线开放课程团队是出于自身对教学工作的热爱。这个新的工作舞台不仅可以提高教师的专业能力，还有利于实现教师的自我价值。课程负责人在团队目标制定的过程中需要对团队成员的特点有所了解，根据教师个人的发展需求制定个人目标，提高自己的组织管理能力。与此同时，还要在个人目标实现的过程中，尽量调动教师的工作积极性，为提高教育教学质量的目标不懈奋斗。

2. 建设良好团队文化，提高团队合作能力

团队文化是指团队成员在相互合作的过程中为实现各自的人生价值，并为完成团队共同目标而形成的一种文化。团队文化是课程团队构成要素之一，凝练富有特色的团队文化是课程团队可持续发展的关键。课程团队的生命力、创新的动力来自团队成员富有创造性的劳动。团队负责人要塑造有利于激发团队成员主动性和积极性的文化，团队成员要积极营造团队文化，并将其渗入教育教学的全过程，从而实现文化育人。

（1）构建沟通交流的平台，培养团队合作意识

在高职在线开放课程团队建设中，要构建沟通交流的平台，从情感沟通、思想沟通和业务沟通等方面对团队进行有效管理，增强团队的凝聚力[①]。情感沟通是团队沟通的基础，主

---

① 吴杨，刘佳琦，惠亚男，等. 沟通管理在科研团队知识转化过程中的作用机理研究［J］. 科学管理研究：2020（6）：36-40.

要表现在三个方面,即教师对教学的热爱、教师对团队或课程负责人的认可和团队成员之间的熟悉度等方面。

第一,在各方面建设条件不成熟的情况下,教师本着对教学的热爱不断摸索、适应在线开放课程建设的新模式。面对经费不足、基础设施不健全等问题,团队成员不计较个人得失,充分发挥个人能动性,依然坚守在工作岗位上,尽最大可能建设高质量的课程。

第二,在团队组建初期,课程负责人凭借自身的人格魅力组建团队成员,团队成员认可课程负责人的能力,因为有课程负责人的存在,所以愿意成为团队中的一员。

第三,课程负责人对于团队成员非常熟悉,明确每个教师的需求、优点和短板,能够增加教师的归属感。团队成员之间彼此熟悉,形成相互依赖、紧密合作的团队关系。思想沟通主要表现在教师对课程的认可。在课程建设的过程中,课程负责人首先需要做好团队中教师的思想工作,使他们在内心深处认可在线开放课程建设的模式,接受课程建设的模式并愿意投身其中。另外,课程负责人还要根据课程的特点,选择合适的团队合作模式。业务沟通主要表现在每位团队成员都是一个独立的个体,拥有自身独特的知识体系和教学经验。作为一个信息源,课程负责人可以向其他团队成员传递和分享知识和信息。团队成员之间形成相互学习、优势互补,尤其是老中青教师之间"传帮带"的机制。在具体的建设过程中,对课程规划、课程设计、教学方法的使用和教学模式的创新等方面提出自己独特的想法、观点和意见,形成思想上的碰撞和心灵上的共鸣。

综上所述,加强团队沟通有利于提高团队成员的主人翁意识和团队合作意识。

(2) 营造良好的团队氛围,促进团队共建共享

团队氛围的营造依赖于课程负责人和其他团队成员,其中课程负责人处于核心地位。课程负责人发挥好的带头作用,营造公开透明、平等参与、责任共担、荣誉共享、共同学习、共同进步、勇于创新、和谐相处的团队氛围。课程负责人应在良好的团队氛围下,给每位教师提供一个更好的发展舞台,充分激发教师的潜力,实现自身的价值。

第一,平等氛围。平等的团队氛围是团队合作的基础。课程负责人应在课程建设过程中,在具体的工作任务分配、任务承担、荣誉分享和物质奖励上采用统一的标准,以此使团队成员之间形成相互尊重和相互信任的关系。

第二,创新氛围。结合在线开放课程的特点,与传统课程的区别在于教育教学与教育技术的融合,重点突出创新。在团队合作过程中,团队成员之间分享自己在教学过程中形成的教学经验,促进知识、信息和资源的共享;对课程建设不断精益求精,提高团队的创新能力。

第三,和谐氛围。在课程建设中,团队合作难免会产生思想、观念等方面的冲突,为了形成良好的合作关系,需要建设和谐的团队氛围。建设和谐的人际关系,强化集体主义观念,重新做好角色定位工作,为课程建设贡献自己的力量。

3. 健全团队的管理机制,促进团队高效运转

(1) 健全激励机制,调动教师工作积极性

激励机制包括薪酬激励、职称激励机制、良性竞争机制和精神激励机制等几种[①]。同样,参与在线开放课程建设的教师也需要健全的激励机制,才能充分发挥教师的自主性、激

---

① 时念秋,张秀荣,冯波. 高校教师激励机制的透视及完善策略 [J]. 中国成人教育,2017 (1):42-45.

发教师的积极性、激活教师的创造力。但是,在现有的团队建设中缺乏激励机制,满足不了教师各个层面的需求。孙新波和查慧提出健全物质激励、精神激励、工作激励等三大要素相结合的激励机制,建立一个以"绩效"为主要衡量标准的激励体系[①]。《教育部关于一流本科课程建设的实施意见》(教高〔2019〕8号)中指出以教学贡献为核心内容制定激励政策。加大课程建设的支持力度,加大优秀课程和教师的奖励力度,加大教学业绩在专业技术职务评聘中的权重,营造重视课程改革与建设的良好氛围。政策激励具体实施需要学校制定科学的激励机制评价标准。

首先,完善薪酬激励机制,制定科学、动态、合理、细化的教师工作量核算办法。教师工作量核算是个难点问题,要结合建设的不同阶段和教师扮演的不同角色制定不同的奖励制度。

其次,重点奖励做出特殊贡献和教学创新的教师。鼓励教师勇于创新,促进团队和课程的可持续发展。

再次,健全职称激励机制。对参与课程建设教师的奖励与外部教育制度相结合,打破固有的职称激励机制,结合教师具体的工作业绩来增加评职称的权重,避免需要评职称的教师用不上。

最后,个人和团队激励相结合。根据教师的不同需求,制定不同的激励措施,在薪酬激励完善的前提下,逐步完善精神激励机制,提高教师的知名度和声望,并以此来满足教师自我实现的需求。

(2) 完善培训机制,提高教师综合素质

教师培训是教师专业能力提高和自我成长的过程。

首先,需要建立"岗前—岗中—岗后"全面的培训体系。岗前培训,一方面可以增加教师对课程建设的接受度和认可度;另一方面是技能培训,这样可以加强教师在课程设计、教学内容、教学方法、教学模式等方面的培训[②],促使教师迅速适应新的教学模式;岗中培训主要是为了解决教师在课程建设过程中遇到的实践问题,教育技术的操作是不容丝毫差错的,需要在实践中不断学习和总结才能熟练掌握;岗后培训主要是反馈、总结和升华的过程,这样不仅能够二次提高自身的能力,而且可以向他人传授关于课程建设方面的经验。

其次,培训内容的定制化。参与课程建设的教师是普遍具备高学历、高职称的群体,在教学方面经验丰富,主要欠缺教育技术能力。而对于新教师而言,他们所欠缺的是教学实践经验。所以培训教师时需要结合他们的需求来制定不同的培训内容,应充分利用网络技术,建立信息化的继续教育体系,从而提高培训的针对性和有效性[③]。

最后,培训方式的选择。高职院校教师的工作任务往往都比较重,可以探索网络培训与实地培训相结合的方式,集中时间对教师展开培训,这样不仅可以减少培训费用,还可以充分利用有限的时间。

4. 教师个人加强学习,不断提升自我

(1) 树立终身学习观念,提高创新能力

教师是教育活动中的主导者,是教学过程中的设计者和具体实施者,师资队伍整体素质

---

① 孙新波,查慧. 高校精品课程建设研究综述 [J]. 黑龙江高教研究,2011 (12):162-165.
② 韩筠. 以在线课程为重要抓手,促进一流本科专业建设 [J]. 中国高等教育,2019 (18):26-28.
③ 周海涛,胡万山. 大学青年教师队伍建设的难题与对策 [J]. 国家教育行政学院学报,2018 (5):32-37.

的高低直接决定了教学质量的好坏。俗话说"活到老，学到老"，作为教师更要这样。在这个瞬息万变的时代，教师（尤其是高职院校的教师）更要与时俱进，不断学习，才能与时代接轨，才能做真正学生人生路上的导师。在校企合作背景下，可以从侧面促进该方面的进行与开展。因为企业是社会活跃的参与者，是最能从社会上接触到最新的知识和信息的，而校企合作在某些程度上，可以影响师资队伍的建设。

国务院在《关于深化高等学校创新创业教育改革的实施意见》中明确了深化高等学校创新创业教育改革的目标与任务，也明确提出了"创新是引领发展的第一动力"的重要思想。高职院校教师必须首先认识到创新意识的重要性，激发创新教学激情，实现由单一的知识性教育到创造性教育转变，使学生能够成为真正高素质的技术技能型人才。在教学过程中，高职院校教师一定要坚持以提升质量、加快发展为己任，注重启发，引导学生不断学习新知识，应用新知识，培养学生思考问题和解决问题的能力。

（2）"互联网+教育"助力教师自身提高。

云计算、大数据正在被越来越多的人所接受。尤其是慕课，作为一种大规模开放在线课程模式，引发了教育界的高度关注，唤起了人们对教学模式的重新审视。

在"互联网+教育"背景下，教育活动更加方便迅速，教学理念、教学模式和手段都将面临挑战。所以说，高职教师需要更好地发挥主观能动性，树立现代教育教学理念、终身学习理念与全面学习观念，掌握现代信息和教育技术，不断完善、提高自身的专业素质和专业能力。

三、团队工作：协同性

课程团队的高水平来自所有团队成员形成的合力。没有完美的个人，但有完美的团队，教师"单打独斗"教育学生的模式已成为历史。因此，高职在线开放课程团队一定要充分发挥团队成员的结构化特点，发挥每位成员的优势和专长，建立互动合作机制，使团队形成一个既相互合作又分工协作的共同体，以发挥出团队成员的协同作用。

1. 实施基于 OKR 的目标管理模式

OKR（Objectives and Key Results，目标和关键成果"）是一种能够让企业更好地聚焦战略目标、集中配置资源、使团队上下同欲的管理方法，是一套严密的思考框架和持续的纪律要求，旨在确保员工紧密协作，把精力聚焦在能促进组织成长的、可衡量的贡献上。OKR 由目标（Objective）和关键结果（Key Results）两部分组成[①]。目标：对驱动组织朝期望方向前进的定性追求的一种简洁描述。它主要回答的问题是："我们想做什么？"一个好的目标应当是有时限要求的（如某个季度可完成的）、鼓舞人心的、能激发团队达成共鸣的。关键结果：一种定量描述，用于衡量指定目标的达成情况。如果目标要回答的是"我们想做什么"这个问题的话，那么关键结果要回答的则是"如何知道自己是否达成了目标的要求"。OKR 的挑战之处，也是其终极价值所在，即是将目标中模糊或模棱两可的部分进行量化。

作为融合了一系列框架、方法和哲学后的产物，OKR 是供企业、团队、员工的目标设

---

① ENGELHARDT P，MÖLLER K. OKRs-objectives and key results [J]. Controlling, 2017, 29 (2)：30-37.

定与持续沟通的管理工具，是通过结果去衡量目标的方法与实践；同时，OKR 还是一种能够促进员工、团队协同创新的思维模式。OKR 的特征是大家齐心协力，使从上而下和自下而上的沟通相结合，一起设定目标，共同找出关键结果。

（1）团队 OKR 的制定

基于 OKR 方法下目标实施是由下至上的特点，因此团队目标制定的方式是使用目标众筹，采取头脑风暴，开放性地让团队成员提出各自认为适合团队的 OKR，并讨论定稿，明确团队发展方向。其具体操作如下：

首先，团队负责人应该详细介绍团队在过去建设周期内取得的成绩和不足之处，并就未来规划提出对团队发展的思考建设目标。

紧接着进入团队目标众筹的阶段，团队成员（包括团队负责人）需要根据团队以往情况，未来发展方向和课程建设目标，结合自身实际情况和发展预期，如个人工作特长等，思考符合团队发展的达成目标，并最终提出 1~2 个最佳的团队 OKR。

其次，汇总全员提出的所有团队 OKR 建议，并由提交人向全员宣讲其 OKR 建议背后的原因和个人想法，解答其他成员提出的疑问。这就类似于推销自己建议的环节。在宣讲完所有建议后，进行全员投票表决，形成最终团队 OKR。

（2）个人 OKR 的制定

当团队 OKR 制定出来以后，个人 OKR 也应遵照同样的流程制定出来，即个人根据团队 OKR，结合自身在团队中的特长和兴趣，制定出个人 OKR。然后在团队范围内公开个人 OKR，再由团队主管和团队其他成员进行评论，然后根据团队成员的建议来完善个人 OKR。

另外，全员评论没有时效性要求，可在个人 OKR 公布后立刻评论，也可根据实际工作进展情况评论；同时，个人 OKR 可在工作开展过程中根据需要随时修改。

个人 OKR 要能支撑团队 OKR 的达成，最终团队、教师个人的 OKR 都能达成才是最理想的 OKR。定期对各级 OKR 进展情况进行自评并打分，每一项工作要有明确的时间节点和可量化的评判标准。整个 OKR 体系要做到保持一致性，某一个 OKR 发生变动，其他相关部分均要做出调整。

团队在设定目标和关键结果中可能会产生困惑，在执行过程中，也有可能产生分歧。所以，每阶段定期的小组会议和研讨是必不可少的。大家在轻松的氛围下，多沟通多交流，把问题公开讨论，事情就会变得容易面对。当问题暴露出来，才会有解决的对策。

对于 OKR 方法下的目标和关键成果在设定时要注意以下几个方面：

①OKR 体系要合理严谨。在明确目标和关键成果时，要做到目标和关键成果（KRs）的关系要合理严谨。先有目标再有关键成果，关键成果是服务于目标的，避免在执行过程中只见关键成果而忘记目标的情况。

②目标的设定要具体可量化。由于 OKR 方法是基于内部动机的理论，它鼓励和倡导的是激发成员的潜能，鼓励他们勇于挑战自我，承担有难度的工作，从而带来工作上的创新，因此设定的目标就应当有一定难度和挑战性，让团队成员离开舒适区，即让成员要"跳起来才能摘到桃子"，而不是"站着就能摘到桃子"。目标的达成要有时间节点和交付物。

③目标公开和可调整。在 OKR 方法下，团队和个人的目标、关键成果都是公开的，团队其他成员是可以查阅和评论的。成员之间有相互关联的 OKR 便于相互对齐。在执行过程

中，若发现OKR不符合当初预估，可以进行调整。

2. 实施协同化运行

课程团队来源结构、能力结构、教学结构较为复杂，成员知识技能、教学能力参差不齐，只有加强校内外教师配合和协作，使团队始终处于协同状态，才能达成预期目标。课程团队能否实现协同化运行，取决于子系统的协同程度。

（1）强化专兼教师协作程度

强化专兼教师协作程度有三种方法：

一是畅通教师互相交流渠道。团队建设要以目标为导向，明确专兼职教师职责任务，搭建研讨、互动、切磋平台，促进思想碰撞、技艺互补、教学相长，让每个成员充分交流，构建专兼职教师对话机制，提高团队凝聚力和软实力。

二是以课程开发为载体，促进专兼职教师取长补短、共同提高，推动课程开发与建设。

三是加强团队文化建设。由于学校与企业分属于不同主体，目标追求与价值取向不同，只有通过团队文化建设，学会跨部门沟通与合作，打造协作型团队，使彼此信任、团结协作、同舟共济成为团队文化根基，才能激发成员释放出最大潜能。

（2）推动团队各类主体深度合作

推动团队各类主体深度合作可以构建校企一体的协同建设系统，确保课程团队建设成效。

一是通过政策引领，加速行业企业、社会机构与职业院校协同育人进程，整合校内外优质资源，为课程团队营造良好的外部环境。

二是发挥行业企业的作用，促进团队建设目标更精准、路径更清晰。

四、课程团队建设探索

湖南汽车工程职业学院是国家优质专科高等职业院校、湖南省首批卓越高职院校。长期以来，学校高度重视教师团队建设，根据质量工程要求和专业发展特点，通过健全机制，建立多元化投入格局，实施"政策特区"，打造出了多个目标明确、结构合理、相互协作、成果丰硕的教师课程团队，其中"汽车运用与维修技术"专业入选首批国家级职业教育教师课程团队。下面以该团队为例阐述教师课程团队的建设实践。

1. 优化团队结构，完善管理制度

（1）突出政治建设，确保团队发展方向

将党支部建在团队上，落实"双带头人"培育工程，团队负责人既是党建带头人又是学术带头人。团队牢固树立"四个意识"，不断坚定"四个自信"，坚决做到"两个维护"，全面贯彻党的教育方针，保持社会主义办学方向，把培养社会主义合格建设者和可靠接班人作为根本任务。

（2）优化人员配备，确保团队结构合理

实施"候鸟"计划，构建市场调节、智力流动、契约式用人等人才引进模式，动态选聘大国工匠、高级技术人员担任产业导师。实施"群雁"计划，构建"人尽其才，才尽其用"的制度体系，以业绩贡献和能力水平为导向，完善年度考核、聘期考核、专业考核和部门考核制度，推进团队成员能上能下、非升即走的管理模式。实施"传帮带"行动，做好老中青三个年龄梯队教师的"传帮带"工作。

（3）健全管理制度，确保团队责任落实

把团队分为6个小组，以重大任务为牵引，明确任务分工，强化责任落实，促进交叉合作，强化标志性成果的产生与固化。以师德师风为基础，以政策法规为依据，制定适应团队高水平发展的"双师型"教师资格标准，完善校企联合培养互聘互用、专业教师定期下企业实践、教师技术技能培训、校企共建培养基地和工作站、专业教师企业兼职等制度。实施业绩导向的薪酬分配制度改革，建立以知识、技术、专利和成果等要素作为收益分配重要指标的绩效分配动态调整机制；以能力强、绩效优、贡献大为导向，建立薪酬分配动态调整机制，从而实现多劳多得、优绩优酬的原则。

2. 明确教学任务，强化育人责任

（1）对接职业标准，构建模块化课程体系

顺应全球汽车产业向"新四化"转型升级趋势，分析新业态、新模式下汽车后市场领域的岗位人才需求，按照"底层共享、中层融合、高层互选"原则，与企业和行业组织深度合作，将国际职业标准、先进企业文化和工匠精神、精益求精等职业素养融入培养目标、融入课程体系、融入课程标准、融入教学全过程，构建"模块化"专业课程体系。将工匠精神、企业文化、安全生产规范等课程思政元素充分融入课程教材建设，利用智能识别、AR/VR技术等，以新型活页、工作手册、创意绘本等多样化的方式建设教学内容、云端资源、工作场景三者融合的"新形态教材"。"解构"典型工作任务，确定基本知识点和技能点，绘制"知识和技能导图"，以视频、动画和虚拟仿真为主，开发满足线上线下学习和训练的高质量原创数字资源。

（2）推进"三项计划"，构建"三全育人"新格局

不断优化并持续实施"政治素养提升计划、政治理论课建设提升计划、课程育人质量提升计划"等三项计划，构建"三全育人"新格局，增强学生"四个自信"，厚植爱国主义情怀，突出品德修养，提升职业素养，培养有大爱大德大情怀的中国特色社会主义合格建设者和可靠接班人。

（3）构建"5A"生态，推进"课堂革命"

依托智慧学习平台、智慧教室和智慧实训室，深化信息技术与教育深度融合，应用线上线下开放课程，突出虚拟仿真技术，推动"智慧教育"，打造"5A"（Anywhere、Anytime、Anybody、Anydevice、Anyhow）级学习新生态，创造"模块化教学"新模式，深化教学方式方法改革，推进"课堂革命"，探索行动导向教学、项目式教学、情境式教学、工作过程导向教学等教学方法改革，培养学生兴趣，激发学生潜能，培养多元思维，着力培养学生的学习能力、实践能力和应用能力。

3. 深化产教融合，推进互利共赢

（1）构建协作共同体，谋划产教融合新布局

联合同类院校成立联盟，加强校际交流，增强院校之间的人员交流、研究合作、资源共享，协作谋划推进产教融合，协同开展人才培养模式改革、开发课程体系、团队建设、智慧教学、职业技能等级证书培训考核等。

（2）打造命运共同体，构建校企合作新平台

整合"政、行、企、校"资源，组建校企合作命运共同体智库，研究落实校企合作新

的路径、技术方案以及政府的支持政策，推进校企合作向纵深迈进，形成"战略共同体"；整合多方资源，构建"创投孵化"平台、"技术转化"平台、"信息服务"平台，创新"创投孵化+技术咨询+信息服务"的成效转化方式，实现成果、效益共享，形成"利益共同体"；与龙头企业深度合作，实施"双师共育"的现代学徒制、"双师共训"的创新创业能力培养机制、"双师共评"的学分互认与弹性学分制，实现"校企互通、合作共赢"，提升协同育人的成效，形成"育人共同体"。

（3）促进"双元"育人，创新人才培养新机制

完善校企合作育人的成本分担机制，推进现代学徒制人才培养模式改革，共同开发人才培养标准体系，共同建设软硬件相结合的教学资源，合作建立灵活的人才流动机制，建成"双师型"课程团队，形成完善的校企共同育人长效机制。

4. 实施四项计划，促进能力提升

①实施研修访学计划，提升课程开发能力，促使教师成"开发师"。加强与德国等"汽车强国"的交流合作，依托中澳、中德教育合作项目，留学生教育合作项目，以及政府组团赴境外培训项目，组织教师出国（境）培训研修，每年选派教师开展访学研修；开展模块化课程开发能力培训，提升团队模块化教学设计和课程标准开发能力。

②实施教法改革计划，提升模块化教学能力，促使教师成"名师"。强化专业教学法、信息技术培训，推进"课堂革命"，积极组织教法改革研讨会、校际联合公开课、参加教学能力竞赛、承担校内外师资培训等活动，倒逼团队教师迅速掌握"工单式教学""任务引领式教学"，不断提升团队教学素养和信息技术应用能力，持续提升教育教学质量，推动"双师型"教师队伍素质提升，促进教师成长为"名师"。

③实施企业轮训计划，提升实践操作能力，促使教师成"技师"。依托校企合作平台，遴选龙头企业，共建"教师实践工作站"，实施教师赴企业兼职、挂职的"轮回制"，学习先进技术，促进关键技能提升，提高实践能力和创新能力，支持专任教师获取"技师"以上技能等级证。

④实施科研创新计划，提升技术创新能力，促使教师成为"工程师"。完善并实施科研创新纳入个人和团队考核的办法，发挥品牌汽车集成中心、院士工作站等协同创新中心的"产教学研"功能，组织教师积极参与科研创新，开展技术推广活动，使其掌握专业领域先进技术，促进关键技能改进与创新，提升技术技能积累创新能力，助力团队教师成为研发工程师。

5. 完善条件保障，助力持续发展

（1）打造教师发展中心

按照"以人为本、自我发展、研究引领、实践提升"的理念，聚焦教师能力提升，搭建教师发展信息化管理与学习平台，开发教学理念、课程建设、信息素养提升、研究能力提升等系列化的培训项目，建设具备教师能力培训、教学咨询服务、教学改革研究、教学质量评估、示范辐射引领等5大功能的教师发展中心，建成示范性教师专业发展中心，依托教育部教师培训基地，将成果向全国辐射。

（2）建设一流平台

按照"集约建设、开放共享"理念，政行企校共同投资升级建设公共实训基地、生产性实训基地和校外实训基地，建设高水平产教融合型实训基地，建设协同创新中心，集聚科

创资源，打造集人才培养、团队建设、技术服务于一体的创新平台，推进技术技能积累与创新。

（3）实行"政策特区"

跳出传统管理的思维樊篱，坚持开放、共享、自治的思路，建立政府、社会、学校相结合的多元化投入格局和机制，在人才引进、队伍优化、培养培训、成果转化、经费分配等方面尽量"放权"，为课程团队建设提供先行先试、边建边改的政策环境。

第五章

精准化：高职在线开放课程目标设计

高职在线开放课程，无论是通识课，还是专业课，课程目标都应融合思想、知识、能力和素质，符合社会胜任力和岗位胜任力，以及技能等级证书标准等要求。同时，相比校本化课程，在线开放课的学习者更加多样，需求更加多元。因此，若要满足不同学习者学习需求，科学组织课程内容与课程活动，则需要"精准化"设计高职在线开放课程目标。所谓"精准"，是指课程目标精炼准确、精确到位。

一、目标设计的哲学抉择

跨越式发展是顺应时代要求，高职院校由规模扩张转向供给推动，为高质量经济社会提供一流人才，完成人才培养从量变到质变的跨越。培养一流的技术技能型人才是一流高职院校建设的中心任务，而"德"是人才的"魂"，高职院校教育本质是培养德技融合的完整的人。"德技融合"是充分体现学生主体性的教育理念，德技在学生身上是整体的而不是分裂的，是由他们内在品性外显的一种行为。由此，高职教育有必要重新思考理念、课程、课堂的旧有模式，把理念与课程、课堂的分离状态重新整合，使其回归完整的学生人格教育，从而实现德技一体、立德树人的教育目标。

高职在线开放课程目标设计的哲学抉择就是"德技融合"，必须理清新时代职业教育德技融合的深刻含义，在逻辑层面讲清楚德技为什么融合，德技如何融合。逻辑是认识的规范，逻辑不是限制认识，而是引导认识，让认识能够更好地探寻真理，合乎逻辑就是合乎道理，正确推理的意义在于发现道理，逻辑是我们针对认识进行理性思维的方式，关涉思想的正确性和有效性。应该从产业、教育、社会等三个方面来解释职业教育德技融合的逻辑意蕴。

1. 职业教育德技融合的产业逻辑：从以量取胜到以质取胜

世界各国职业教育发展的经验证明，作为与经济社会发展联系最为密切的一种教育类型，职业教育发展导向受到特定产业发展阶段的影响。职业教育发展的根本动力是技术进步与经济发展，这两个方面缺一不可。没有技术进步的经济发展只需要经过短暂培训的劳动者；技术进步没有运用到经济发展中，则只需要从事高新技术研发的人才，不需要使用高新技术的人才[①]。新时代推进职业教育德技融合，明确职业教育人才培养的基本方向，需要从

---

① 徐国庆. 从分等到分类——职业教育改革发展之路 [M]. 上海：华东师范大学出版社，2018.

产业中寻找逻辑起点。

改革开放初期，经济领域的工作重点是实现国民经济各个领域的恢复、调整与发展。相应地，在职业教育领域，我国开始调整中等教育结构，恢复举办中等专业教育与技工教育，并开始试办职业高中与职业大学。这一阶段的培养重点是为经济生产恢复与发展提供合格的技术工人。1984 年，党的十二届三中全会正式通过了《中共中央关于经济体制改革的决定》，提出了改革束缚生产力发展的经济体制，建立充满活力和生机的社会主义市场经济体制。随后，1985 年，《中共中央关于教育体制改革的决定》颁布，提出改革和调整中等教育发展结构，大力发展职业教育，实行"先培训、后上岗"制度，造就数以亿计的有文化、懂技术、业务熟练的劳动者。及至 1992 年，我国正式确立了社会主义市场经济体制。这个阶段，经济发展的主题词仍是规模式发展，"中国速度""中国制造"成为中国产业发展的缩影。这一时期，我国产业结构也发生了重大变化，第一产业比例不断降低，第二和第三产业比例不断升高，尤其是第二产业逐渐成为主导产业。在这种粗放型的经济发展方式下，经济发展更多依靠的是资源消耗、人口红利等因素，而对劳动者素质的要求并不高，以就业为导向、以服务为宗旨逐渐成为我国职业教育改革与发展的主题词。

进入 21 世纪以后，我国产业转型升级的步伐不断加快，对技术技能人才的综合素质要求不断提高。尤其是近年来，随着人口红利的消失，我国产业转型升级压力不断增大，从以量取胜的粗放型经济增长方式向以质取胜的精细型经济增长方式的转型成为一种必然。相关研究表明，我国工业向中高端迈进的态势明显，知识密集型、高附加值、符合转型升级方向的高新技术产业和装备制造业快速增长。与此同时，科学技术的持续进步推动了经济发展方式的转变。新职业不断出现，旧职业不断消失，特别是现代科学技术的广泛使用，使人的职业活动已经不再是单纯的实际操作，而是一个充满科学思维与智力活动的过程①。在此背景之下，产业升级对高素质技术技能人才的需求不断扩大。实际上，技术技能人才的这种高素质需求不仅表现为高技能，而且表现为较高水平的职业素养、职业道德，也就是所谓的"德技融合"。

在此背景之下，德技兼备的技术技能人才无疑将成为产业转型升级的"核心"，德技成为技术技能人才的"两翼"，不仅为该领域人才的快速成长提供有效的"助推力"，更成为技术技能人才日后立足于社会、服务于国家、奉献于人民的"看家本领"。国家产业的发展依托的是科技，而技术技能人才就是手握技术的"手艺人"。作为技术技能人才，"修德"无疑是成为合格"手艺人"的第一步。技求于精，丝丝入扣，才能游刃有余。技能需要不断地磨炼和提升，这就要求技术技能人才在"修德"的同时"练技"。技是"手艺人"之本，也是技术技能人才的基石，"技能"二字足以凸显出技术技能人才的专业方向，而且也是技术技能人才区别于其他人才的"标志"。因此"练技"和"修德"同样重要，二者不可分割，同时修炼方可炉火纯青。

2. 职业教育德技融合的教育逻辑：从片面发展到全面发展

作为教育大家庭中的一种类型的教育，职业教育也必然要回答教育的基本问题——我们应该树立怎样的人才观？即：职业教育应该培养什么样的人？为什么要培养这种人？以及怎么培养这种人？对此，习近平总书记在全国教育大会上特别强调了教育的全面发展理念，

---

① 张桂春，卢丽华. 职普融通的教育理念与实践：基于公民素质培养的视角 [J]. 教育科学，2014（5）：22-26.

"培养德智体美劳全面发展的社会主义建设者和接班人,加快推进教育现代化、建设教育强国、办好人民满意的教育"。我们认为,从片面发展向全面发展的转变,是推进新时代职业教育德技融合的逻辑核心。虽然,无论是普通教育,还是职业教育,我们一直在提倡全面发展,但是,在教育实践过程中,却往往很难做到全面发展。实际上,职业教育发展之所以提出德技融合,不仅是对职业教育人才培养模式的一种理想期待,而且是对现有职业教育人才培养模式的一种反思。

在《单向度的人》一书中,马尔库塞曾深刻地批判了发达工业社会的极权主义特征。所谓单向度的人,就是那种被工业社会刻画成一个"模子"、缺乏现实批判意识的人。在这种极端的社会状态中,人成为与机器无异的冷冰冰的技术人,逐渐丧失对个人生活与外部世界的基本感知与美好想象。这就意味着,教育本身除了能够让人谋得一份职业之外,还应该让人获得更体面、更美好的生活。例如杜威所言,把教育看作为将来做预备,错误不在强调为未来的需要做预备,而在把预备将来作为现在努力的主要动力①。在杜威看来,职业教育应该是教育体系不可或缺的组成部分,以职业为逻辑来组织生活,不仅可以彰显生命的价值,还可以让人的生活更加美好。否则,我们所培养出来的极有可能是"单向度的技术人",而非"完整的技术人"。对此,我国职业教育先驱黄炎培也有过类似的表述。他认为,职业教育目的有三:一为个人谋生之准备,二为个人服务社会之准备,三为世界、国家增进生产力之准备。实际上,黄炎培对职业教育办学目的的解读已经不是仅停留在技术层面,而是格外强调了职业教育独特的社会价值与人文关怀,也就是说,培养德技融合的人是职业教育义不容辞的使命。

反观现实,长期以来,职业教育人才培养为人所诟病之处是,过于注重技能教育,而对学生德育缺乏足够的重视。对此,有不少人将其归因于"以就业为导向"的职业教育办学方针。实际上,"以就业为导向"职业教育办学方针的提出,有其独特的历史背景,主要解决的是职业教育办学普通化、缺乏特色的问题。1995年,中职招生数占整个高中阶段教育招生总数的57.4%。在世纪之交,中等职业教育招生规模大幅度滑坡。到了2000年,这一比例下滑到46.5%,2001年再次下滑到41.8%。为了应对这一下滑趋势,提高职业教育的吸引力,我国逐步确定了以就业为导向的职业教育办学方针。然而,在办学实践中,不少职业院校对职业教育办学缺乏长远规划,将职业教育办成了就业教育,片面追求就业率成为职业教育内涵式发展的重要阻力。为了实现所谓的企业上岗"零试用期"目标,将职业教育狭隘地理解为以就业为目的的技能训练,对于企业所需要的硬技能反复强化训练,而缺少对学生综合素质养成等软技能教育的重视②。如此种种,极易导致职业教育毕业生在长远职业生涯发展中缺乏"成长后劲"。

那么,对于职业院校办学而言,如何做到职业教育德技融合呢?又或者,二者能否实现双赢呢?就现状而言,职业院校专业教育与德育两张皮的现象仍然比较严重。一谈到德育,不少人将其等同于思想政治教育,并将职业教育德育开展的重点放在专门课程的开设与授课上。由于课程内容与授课方式的枯燥,导致职业院校学生很难对德育课程产生足够的兴趣。为了解决上述问题,比较理想的选择是将德育课程融入专业课教学中,让学生在潜移默化中

---

① [美] 杜威. 民主主义与教育 [M]. 王承绪, 译. 北京: 人民教育出版社, 2012.
② 郝天聪, 石伟平. 就业导向, 还是生涯导向?——职业教育发展两难抉择的破解之策 [J]. 教育科学, 2017 (2): 59-65.

提高自身的道德水平、职业素养。此外,还可以发挥"第二课堂"的作用,将德育课程融入学生的课外活动、社团活动之中。如此一来,既可以凸显职业教育的办学特色,又可以提高职业教育德育课程的实施效果。

3. 职业教育德技融合的社会逻辑:从工匠精神到工匠制度

古人云:"以德立命,以德安身。"德是人安身立命的第一前提。人若是丢失做人的底线和原则,那么终究会跌入沦丧的"深渊"。古代所讲的德主要是一种"私德",这种德性可以内在地约束个体行为,协调近距离的人际关系。对工匠而言,这种对德的追求自然也会对其生产实践活动产生影响。对职业教育而言,提倡德技融合,其实质在于鼓励学生养成现代社会所需要的工匠精神,高素质劳动者不仅要有高超的技术,还要有高尚的品质。

米尔斯认为,社会科学所处理的问题关乎人生,关乎历史,也关乎它们在社会结构中的相互交织,要想充分说清我们时代面临的问题,就不能不坚持贯彻历史是社会研究的抓手的观点,既要接社会学的地气,又要有历史学的关联[①]。对于新时代职业教育德技融合要义的把握,也需要借助历史的视角来重新审视。在西方,工匠精神最早可以追溯到古希腊-罗马时期。在柏拉图看来,营利并非工匠从事生产实践活动的终极价值,对作品技艺本身的极致追求则被普遍认为是终极价值[②]。而在我国,工匠精神也有类似的含义,它意味着"尚巧达善"的工作追求。所谓"尚巧",就是在制造过程中追求技艺之巧,这是对工匠最基本的职业要求,也是工匠区别于其他职业群体的鲜明特征。《荀子·荣辱篇》中记载:"农以力尽田,贾以察尽财,百工以巧尽械器,士大夫以上至于公侯,莫不以仁厚知能尽官职。"所谓"达善",就是指工匠竭尽全力提升自身的技艺水平,从而达到一种炉火纯青的至善境界[③]。由此可见,工匠精神更多地停留在"形而上"层面,赞美的是工匠个体层面的独立人格与对作品精益求精的精神。

在新时代,我们是否需要工匠精神呢?答案是毋庸置疑的。2016 年,工匠精神作为政策话语被首次写入政府工作报告,并引发国内关于工匠精神养成的大讨论。那么,在现代产业背景下,是否仅有工匠精神就足够了呢?实际上,工匠精神的形成有其特定的经济社会背景,而且在不同行业、不同职业群体中,工匠精神的内涵也有较大差异,我们不能站在静止的立场上来看待工匠精神,而要以发展的眼光重新审视工匠精神的现代价值。在古代,工匠的生产实践活动往往是以个体为单位,不具有大规模生产的特点,且其生产经营效果往往取决于自身的道德与技艺水平。而在大工业生产时代到来之后,工匠身份逐渐为工人身份所取代。在泰勒的科学管理理念得到广泛应用之后,企业生产经营活动越来越强调"效率""规模"等理念,工人往往不再直接对产品负责,而是对上司负责。在此背景之下,如果企业本身缺乏基本的工匠精神,那么作为一线工作者的工人很难在基层践行工匠精神。

因此,我们认为,新时代职业教育德技融合的逻辑前提是,建立工匠精神养成的制度体系,培育工匠精神养成的社会土壤。从世界范围来看,我国目前所奉行的社会主义市场经济体制,更接近英美等国的自由市场经济体制,追求效率与速度是企业的基本生存逻辑。对某些行业(如互联网)而言,这一体制大大激发了市场的经济活力。而对另外一些行业(如制造业)而言,过度自由的市场经济体制带来了企业之间的恶性竞争,造成市场经济环境

---

① C. 赖特·米尔斯. 社会学的想象力 [M]. 李康,译. 北京:北京师范大学出版社,2017.
② [古希腊] 亚里士多德. 尼各马可伦理学 [M]. 廖申白,译. 北京:商务印书馆,2003.
③ 庄西真. 多维视角下的工匠精神:内涵剖析与解读 [J]. 中国高教研究, 2017 (5): 92-97.

的不断恶化。为了振兴制造业，必须重建与制造业工匠精神相匹配的工匠制度体系，建立相对协调的市场经济体制，并为技术工人提供更有保障的薪酬福利与晋升制度。否则，在职业教育办学中，如果一味强调德技融合，很容易沦为一种培养工匠精神的口号，而缺乏实质性内容。这也就是说，工匠精神固然可以通过教育来培育，德技融合作为一种职业教育的理想目标也无可厚非，但是要想在实践中真正发挥效果，必须在社会层面上建立起相应的工匠制度体系。

4. 职业教育德技融合的深刻内涵

德技融合，首先是指"德技一体"，即德育与技能教育一体化。当前对德技融合的认识囿于已有的实践模式和思考框架，把德育、技能教育视为两种并列且分离的教育，二者简单拼接就是"德技融合"。这种观点是长期固化的职业教育实践样态束缚的结果，其背后则是简单思维在作祟。正是这种观点导致"德技融合"一直沦为空洞的口号。要真正夯实德技融合，必须采用整体思维的路径去洞察其本质：德技融合应是德育融于技能教育，不能孤立于技能教育之外；技能教育则必须蕴含德育的元素，不能是"纯化"的技能训练。二者是有机的整体，不是两种原本分别进行的教育活动的生硬拼凑。德育融于技能教育之中，这一观点并不陌生，但之前没有在整体思维的框架下去界定"德""技"之间的关系，难免存在偏误。

德技融合，根本的含义是确立以德为本、以德驭技。"德""技"不是对立的关系，而应相辅相成。二者之中，"德"是根本，是学生全面发展的底蕴，是学生未来职业发展与获得人生价值的保障；同时也是技能学习的激发器，是正确使用技能的定盘星。"技"是学生发展的显明标志，是学生胜任工作的硬核本领，也是学生未来安身立命不可或缺的保证；同时，"技"是养成学生一般道德和职业道德的基本途径，也反过来倒逼德育与时俱进。德技互融互动，理论上意味着以德驭技、以技育德，二者一体化实施。然而，从长期的实践看，职业教育口头上重视学生品德与价值观的养成，也常常宣称以"育人"为最高目标，实际上却聚焦于技能形成，把德育放在最后位序，最高目标往往衰变为最空的目标，德育常常悬浮空中，或蜕变为形式化活动。针对当下存在的弊端，德技融合必须把德育置于重点位置，在所有的教育教学中应优先考虑德育，这是当下德技融合顺利落实的关键。

要实现德技融合，特别是要把德育有机融入专业课程的教学之中，不仅关涉理念革新，更涉及改变学校的组织结构与管理模式、改革课程体系、提升专业课教师的德育能力等异常艰难之事，因此德技融合注定会道阻且长。

二、目标定位的科学分析

课程目标是专业人才培养目标在课程中的体现，是学生预期学习结果的概括，是课程自身发展的产物，是各类教学活动的出发点和归宿。教学目标是课程目标的具体化。此外，课程目标是课程体系建构与课程在线教学的指导思想与行动准则，规定了课程建设的方向与路径。

1. 发展思维之内涵

发展思维是从事物战略发展的视角去思考问题、去寻求问题的解决方案。我们所处的社会是动态发展的，只有以发展的眼光看待社会的变革，才能跟上社会发展的节奏，把握社会发展的方向与趋势，并通过对事物的战略布局促进事物的可持续发展。

在线开放课程是动态发展的生命体，在线开放课程目标既是当下的教学目标，也是在线课程未来的发展目标，更是在线开放课程团队成员的成长目标。以发展的思维开展课程目标的设计，将更具有前瞻性，更能促进在线开放课程的可持续发展。

2. 课程目标之构成

在线开放课程的目标源于三个方面。一是来自专业人才培养目标的分解。课程目标服务于专业人才培养目标，其核心目标在于完成专业人才培养目标中规定的在线开放课程培养任务。二是来自学生群体性与个体性学习需求的提炼。由于不同时间、不同地域学生群体的学习需求会存在差异，因而需要在线课程教师做学习需求的权衡和取舍。三是课程教学团队对课程发展的愿景，如课程教学团队可以将在线课程建设目标定位为国家精品在线开放课程、线上线下一流课程等。不同的课程发展目标，关系到在线开放课程的未来走向和建设重点。

在线开放课程目标由三个维度构成（见图5-1），分别为需求维度、内容维度和时序维度。在需求维度上，在线课程目标由专业人才培养目标、学生学习需求目标以及课程自身发展目标共同构成；在内容维度上，在线课程目标由知识传授目标、能力培养目标、素质养成目标与价值塑造目标构成；在时序维度上，在线开放课程目标由预置性课程目标与形成性课程目标构成。

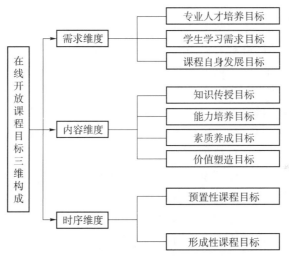

图5-1 在线开放课程的三维构成

（1）需求维度的课程目标构成

在需求维度上，在线开放课程目标是满足专业人才培养目标、学生学习需求目标、课程自身发展目标三位一体的需求。如果单纯以满足学习者的学习需求为课程目标，可能会与专业人才培养目标发生偏离；而如果单纯从专业人才培养目标的分解任务制定课程目标，专业人才培养目标与学生的实际需求容易产生偏差。比如一些会计类课程，在制定专业人才培养目标和课程教学目标时，可能依据的是旧的会计法规，但是在该课程实施教学时，新的会计法规已经启用了，则相关目标就需要进行调整，否则容易发生偏差。另外，从本质上说，专业人才培养目标也是源于学习者成长成才的学习需求，只不过专业人才培养目标更为宏观。因此，课程目标同时实现专业人才培养目标、学生学习需求目标、课程自身发展目标是必要的。

①专业人才培养目标。课程设计的目标应该符合整个专业计划对该课程的要求和设定的目标。也就是说,课程目标不是由教师随意确定的,而是专业人才培养方案的一部分,是对专业人才培养目标的解构。课程目标是专业人才培养目标的一部分,因而课程要能很好地支持专业人才培养目标的实现。专业人才培养目标是在线课程所必须遵循与服务的上位目标,是对实现专业人才培养的基本保障,也是促进各门专业课程协同一体的根本保证。

②学生的学习需求目标。好的课程设计应符合学生的学习需要和学习特征,能解决学生的学习问题和困难,能促进学生有效学习。教师上课犹如医生治病,教师开的"药方"应符合学习者的需要,能解决学生的学习问题。一旦教师忽视学生的学习需求与学习特征,学生就容易采取应付的学习态度。在线开放课程如果不能满足学生的学习需求,那么课程教学就像抓痒没抓到点子上,学生对教师的教学就不会满意。而且,学生的学习需求也是学生预期的学习结果。因此,在线课程目标一定要涵盖学生的真实学习需求,这是促进学生主动学习的基本前提。

③课程自身发展目标。课程自身在学校、学院或专业中的地位决定了课程在人力、物力方面的投入,也对最终建设成为什么样的课程起到关键作用。如果定位于学校层面的示范课,则需要在在线开放课程的资源建设与教学实施中有更高的服务与质量要求,课程目标也应高于普通课程;如果定位于在线开放课程,则需要面向全体社会成员开放,则不仅需要在课程内容上严格把关,在教学质量上严格要求,还需要在支持服务上大量投入;如果定位于专业核心课,则应比一般的课程有更高的质量与服务要求;如果将课程定位于线上线下混合型一流课程,则需要在线上线下的内容布局上充分体现出两者的协同一体。

(2) 内容维度的课程目标构成

在内容维度上,课程目标也是三位一体的,即在线开放课程目标要融知识传授、能力培养、素质养成与价值塑造目标为一体。课程目标的实现以课程内容为载体,课程目标的层级化实现依赖于课程内容的体系化建构。

在知识传授目标上,需要体现本课程预期达到的学科或专业知识目标,帮助学生掌握本课程的基础知识,培养本课程的基本素养。

在能力培养目标上,需要体现本课程预期达到的职业或生活能力目标。对于以在职人员为主体的在线开放课程,应侧重于促进对学生知识应用能力的培养,基于在职学习者的基础能力,开展高阶性的能力培养。

在价值塑造目标上,需要体现本课程对学习者的价值塑造,能够帮助学生树立正确的世界观、价值观、人生观。

(3) 时序维度的课程目标构成

在时序维度上,在线开放课程目标分为预置性课程目标与形成性课程目标。通常来说,在线开放课程目标是提前确定的,用来指引在线开放课程建设与在线教学的目标,是预置性的课程目标。但是,在线开放课程目标又是发展性的、动态性的,随着在线开放课程教学的实施,学生形成新的学习需求,新的在线开放课程目标也会随之产生,这种目标就是形成性的课程目标。预置性课程目标和形成性课程目标中,预置性课程目标是核心、是重点,也是基础;而形成性课程目标也很重要,充分体现了以学生为中心的教学宗旨,是对在线开放课程目标的修正、补充与完善;同时,形成性课程目标也是最实用、最切合学习者需求的课程目标。

3. 课程目标之发展性

在线开放课程目标自身具有发展性、动态性的特征，具体有以下四个方面：

从培养目标制定的时间看，专业人才培养的时间跨度短则 2~3 年，长则 4~5 年，处于这样长的时间跨度中，特别是在"互联网+"时代信息技术快速发展，科学技术日新月异，几年前制定的人才培养目标可能与当下社会对人才培养的要求产生了较大差异，特别是专业人才培养方案中的后修课程，课程教学实施的时间与专业人才培养目标制定的时间间隔较长。此前基于专业人才培养目标所确定的课程目标，可能已经与当下实际需要的课程目标有了较大的差距，因此，必须用动态的发展性思维去建构适合当下需求的课程目标。比如，在 4G 时代制订出的通信专业人才培养计划，到了 5G 时代，其相关课程的培养目标就应该进行相应的改变。

从课程目标内涵看，课程目标包括知识传授、能力培养、素质养成与价值塑造四个方面。随着信息技术的发展与社会对人才需求的变化，课程目标在知识传授、能力培养、素质养成与价值塑造的实现上也是动态的。比如在价值塑造方面，当前的价值塑造重点，应是通过加强课程思政建设，将践行立德树人作为根本任务，培养德智体美劳全面发展的社会主义建设者与接班人。

从课程目标的建构看，教学团队在制定课程目标时，课程目标是预置性的课程目标，是事先设置的。这种事先设置的课程目标，即使教学团队事先进行过课程调研，也不一定周全，需要在教学实施过程中，基于学习者的实际需求，动态性地调整课程目标，使得课程目标更切合学生的需要。因此，从课程目标的建构看，课程目标的建构也应该是动态的，既要包括静态的预置性的课程目标，也要包括动态的形成性的课程目标，在两者的相互结合和不断优化中，让在线开放课程目标更适合学习者的需求，更适合专业人才发展的需要。

从课程目标的来源看，课程目标包括专业人才培养目标的来源、学生需求的来源，以及课程自身发展的课程目标来源。这些来源必然会随着时间的推移产生变化，特别是学生的学习需求，既包括学生能看到的当下的学习需求，也包括基于学生未来发展的知识与能力布局的学习需求，只有承认课程目标的动态性及发展性，才能让课程目标更接近真实情景。

4. 课程目标设计之导向

基于在线开放课程目标的发展性、动态性，应以发展思维为导向引领在线课程目标设计。在线课程目标应能适应专业人才培养、学生学习需求以及课程自身发展需要，涵盖知识传授、能力培养、素质养成与价值塑造四个维度。在线开放课程目标应体现层次性，每个教学单元（或模块）均应有相应的教学目标。在线开放课程应将课程思政目标融入课程目标，坚持把立德树人作为根本任务。落实课程思政教育，注重学生德智体美劳全面发展，充分体现在线开放课程的"全员育人、全程育人、全方位育人"功能。

5. 课程目标设计之方法

基于课程目标的发展性、动态性特征，应该以发展思维引领建构在线开放课程目标。基于时序维度设计在线开放课程目标，应先设计预置性的课程目标，再设计形成性的课程目标，并在预置性课程目标和形成性课程目标的设计过程中融入需求维度和内容维度的目标。

在线开放课程目标建构的导向是聚焦预置性课程目标，兼顾形成性课程目标。

(1) 预置性课程目标的设计

在线课程目标的建构首先要立足专业人才培养目标，基于在线开放课程在专业人才培养体系中的定位与作用，围绕知识传授、能力培养、素质养成与价值塑造建构在线开放课程内容体系，并建构与专业中其他课程相互衔接的"桥梁"知识，使得在线开放课程内容体系成为专业人才培养内容体系中不可分割的有机构成。此外，还要将经过调研的学生对内容与服务的需求融入课程内容体系和课程目标中。特别是在建构课程内容体系时，既要顾及学生群体普适性的学习需求，也要顾及基础较弱学生的学习需求，还要顾及能力较强学生的学习需求。为此，应建构以普适性教学内容为核心的阶梯式、层级化的课程内容体系。每门课程都应有拓展性的教学内容，满足学有余力的学生的学习需求，同时每门课程也应有基础性的、铺垫性的教学内容，以方便基础较弱的学生弥补差距，并能实现与其他低阶课程的衔接。

预置性课程目标的设计流程为以下四个步骤：

第一，立足专业人才培养目标、学生的学习需求以及课程自身发展目标，形成在线开放课程的方向性目标。

第二，基于在线开放课程的方向性目标，分别从知识传授、能力培养、素质养成与价值塑造四个方面进行目标的分解与描述，形成在线开放课程的总目标。

第三，基于在线开放课程的总目标，从章节或知识模块入手，自上而下地分级分解课程的知识传授目标、能力培养目标、素质养成目标与价值塑造目标，形成课程的层级化目标。

第四，对层级化目标进行自下而上的整合，形成在线课程目标体系。要做到这点，首先需要在需求维度上，综合专业人才培养目标、学习需求目标以及在线课程自身发展目标，形成一体化的课程目标建构需求；其次，在内容维度上，分别建构知识传授目标、能力培养目标、素质养成目标与价值塑造目标，综合形成一体化的在线开放课程目标；最后，在时序维度上，将一体化的在线开放课程目标分解成预置性的在线开放课程目标与形成性的在线开放课程目标。

(2) 形成性课程目标的设计

形成性课程目标源于在线教学实施中所形成的新课程目标，是在教学实施过程中所产生的课程学习新需求。课程学习新需求主要来源于三个方面：一是新的学科发展所产生的新知识、新技能的需求；二是学生工作实践中所产生的对知识和技能的新需求；三是预置性课程目标本来应该覆盖，但可能遗漏了的"新"需求。

形成性课程目标的形成，关键在于对新需求的鉴别、凝练与提升。并非所有的新需求都能成为形成性课程目标，只有与课程总体目标契合的学习需求才会成为形成性课程目标。

经过实践检验的形成性课程目标可以在下一轮的课程目标设计中纳入预置性的课程目标中，使之成为其中的构成部分。课程目标也正是在这种迭代中不断地得到完善与发展。

对于以在职人员为参与主体的在线开放课程，其课程目标的设定需要充分考虑在职人员对自身职业技能提升的要求，并为在职人员职业技能提升设定合适的课程目标。在知识传授上，应主要以传授应用型的知识为主；在能力培养上，应以培养高阶性的职业技能与能力为主；在素质养成上，应综合考虑基本素养与职业素养的养成；在价值塑造上，可以结合在职人员的特点，做更多的职业操守、爱岗敬业方面的价值传导。

三、目标确定的精准把握

高职院校一流人才培养的重点就是重视信念、素养等德性的化理入心、化心为行，先把"知""意"化为"行"的原动力，再把"德"化为"技"的原动力或内隐动力，然后再由"技"外化出主体道德品性的力量。因此，要以学生高阶发展、面向"未来世界"为出发点，以"启迪智慧"为课程教学的旨归，将"转识成智"作为最高目标，促进学生工作智慧、生活智慧的生成与应用，培养学生适应未来的价值观和思维特质。在德技融合的三重逻辑以及内涵之上，以德技融合确定课程目标，深度融合价值塑造、知识传授、能力培养、素质养成（见图5-2）。

图5-2 德技融合的学习目标

1. 课程目标的设计流程

基于岗位调研和课程平台的相关数据，进行岗位能力分析，形成能力需求图谱（或能力需求矩阵表）；基于问卷调查和课程平台数据，进行学习者学习需求分析，了解不同学习者的个性化学习需求。在能力需求图谱与学习者个性化需求的基础上，进行层次分析，得出目标指标矩阵和需求指标矩阵，通过灰色关联分析来实现课程目标优化。多目标优化组合流程如图5-3所示。

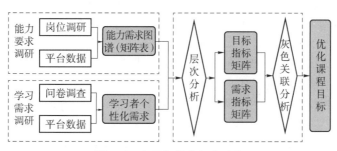

图5-3 多目标优化组合流程

（1）确定专业所面向的职业岗位

课程开发首先需要调研市场，根据地区、市场人才需求结合学校自身办学条件，筛选出拟开设专业，其次需要确定拟开设专业所面向的岗位，目的是分析岗位中的典型工作任务。确定专业所面向岗位的主要方法有：一是汇总不同企业专家对于某专业所针对职业的观点，选择其中出现频率较高的职位；二是分析该专业历年毕业生就职的岗位，为确定职业提供参考；三是以地方经济发展、学校的办学特色，以及该专业的发展方向为基础，深入思考该专业所面向的职业①。

（2）分析职业岗位的典型工作任务

典型工作任务描述中隐藏着该职业典型的工作内容。它与课程目标的确定有着直接的关系，是制定课程目标的来源，只有准确把握典型工作任务的内涵及工作过程后，才有可能科学地确定课程目标与课程内容。分析职业的典型工作任务是实现课程目标与职业能力要求对接的非常重要的环节。典型工作任务是通过实践专家研讨会的方式来获得的，主要步骤如下：

①举行实践专家研讨会。确定研讨会主要成员：实践专家与专业课教师。研讨会以小组的形式召开，各小组实践专家列举出在各自职业发展阶段中有代表性的，在其职业生涯发展过程中具有重大意义的工作任务②。之后，每个小组把本组确定的工作任务，在全体会议上介绍，接下来大家共同针对各小组确定的工作任务进行归类与分析，将确定的工作任务定义为专项任务，用字母代表小组的编号，数字代表具体任务，用它们相组合的方式命名专项任务。最后，通过讨论和整理来确定出一个完整的典型工作任务表。

②表述典型工作任务。典型工作任务的框架确定后，课程目标编制人员要对典型工作任务进行详细描述。在这个过程中实践专家负责从实际工作的角度勾勒典型工作任务的基本内容，然后由专业课教师做进一步的详细描述。

（3）分析典型工作任务中的职业能力要求

在一般情况下，一个典型工作任务对应一门专业课程。因此待典型工作任务确定后，需要对专业课程进行设计和描述，主要包括描述职业行动领域、描述学习目标、确定工作和学习内容。由于学习领域课程模式中的学习目标是用能力来描述的，主要是依据典型工作任务的核心内容用一个完整的句子来陈述的，以此作为依据来选择课程内容有一定的困难，为了解决这个问题，我们可以借鉴CBE（能力本位教学模式）课程的开发方法，继续分析胜任典型工作任务所需要的职业能力要求。以职业能力的表述为依据，编制专业课程目标。

提炼典型工作任务的职业能力要求，可以通过对典型工作任务中包含的各专项任务进行分析，从中挖掘存在于专项任务中的工作知识与技能要求，并对这些要求进行汇总，最终总结出胜任典型工作任务必须具备的职业能力，这里的职业能力要求便是"学习目标"制定的依据。正如，张利芳在其论文中谈到的，根据典型工作任务设计的课程，课程中包含着胜任工作任务的能力要求，学习者在完成课程的学习后，应能够完成典型工作任务，因此课程目标应该是根据典型工作任务的职业能力要求来设置的。

进行职业能力要求分析的具体步骤如下：

①在分析出典型工作任务中包含的各专项任务的基础上，请实践专家对各专项工作任务

---

① 石伟平，徐国庆．职业教育课程开发技术［M］．上海：上海教育出版社，2006．

② 欧盟Asia-Link项目"关于课程开发的课程设计"课题组．学习领域课程开发手册［M］．北京：高等教育出版社，2007．

的工作情境、工作过程、工作对象、工作要求和职业素养要求等方面进行描述,即要按照工作过程梳理、撰写专项工作任务的职业能力要求。

②专业课教师对实践专家总结出的职业能力要求进行记录、整理与汇总,因为各个专项工作任务分析后,必然存在相同或者相近的能力要求,这就需要对职业能力要求进行整理、汇总,然后得到"典型工作任务—专项工作任务—职业能力要求"关系表,并以此作为确定专业课程目标的依据。

在开展岗位工作任务调研的基础上,充分发挥校企合作交流平台、毕业生跟踪平台等智能化优势作用,采集与课程相关的价值、知识、能力、素质需求信息数据,以智能化手段绘制图5-4所示的能力需求图谱(或编制能力需求矩阵表)。

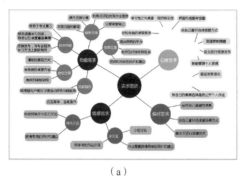

(a)图谱;(b)矩阵表

图5-4 能力需求图谱与矩阵表

(4)学习者需求分析

由于校内、校际、社会等学习者类型的多样化,使得其学习需求出现多元化,高职在线开放课程面向众多学习者提供课程学习服务,要实现高职在线开放课程的价值最大化,就需要从目标、内容、资源等全方面满足学习者的学习需求。因此,对于学习者的学习需求分析是课程目标设计中的重要内容。

以问卷调查、访谈等传统调研方式,结合大数据、人工智能等现代信息技术对学习平台进行数据分析,开展学习者学习需求调研。主要对学习者的行为特征、心理特征、兴趣趋向、社交网络、能力水平等数据进行采集与精准分析,理解并形成不同学习者的个性化学习需求,为学习者提供智能个性化的学习服务。

(5)课程目标精准确定

针对学习者的多个学习需求指标,采取科学计算方法(如层次分析法和灰色关联分析相结合),优化课程目标组合,精准确定"德技融合"的课程目标,满足学习者多样化学习需求。

一是课程目标的序化,即对已确定的知识目标、技能目标、素质目标和价值目标按照一定的逻辑顺序进行排列的过程,目的是选择一种最佳的方式来安排课程目标。

二是基于学习者需求编制课程目标,学生已有的认知结构是需要充分考虑的,知识只有放到具体的情境中才能更好地被学生吸收和掌握,即首先确定易于学生理解的目标,后续的目标建立在对前面目标知识的掌握基础上。

三是从教师角度出发,因为课程目标的排列顺序只有被教师接受,才能发挥其功用,指导课程内容的编写以及在教学中按照目标要求指引学生的学习方向。课程资源等内容也是目标排序过程中需要兼顾的一方面，比如说目标实现过程中所需要的设施设备的可用性等。这就要求课程目标编制者在对课程目标进行排序时，要综合考虑以上各种因素，力求在各要素之间达到一种平衡。

2. 课程目标的基本表述

一般而言，以"能、会、塑造、形成、培养"等开头，选择合适的认识性或者操作性动词，以一句完整的句子，把价值、知识、能力和素质等描述出来。价值、知识、素养等描述一般使用"通过……，了解……""通过……，掌握……""通过……，培养……""通过……，形成……"等。能力要求一般可使用"行为、条件、标准、结果"四个要素描述。行为，即完成某一工作任务。如"能制作……""能生产……"。条件，即完成某一工作任务应具备的条件，如资料、设备和工具及其使用方法等，包括允许使用和不允许使用的。标准，即完成某一工作任务的质量和等级等要求，如完成工作任务的速度、准确性、质量、经济性和环保性等。

——速度：如果完成某项工作任务要求的时间很重要，应确立时间因素；

——准确性：如果有必要，应提出准确性及其等级要求，包括质的和量的，如"正确操作……"或"至少××%正确率"；

——质量：如果产品质量很重要，应提出质量要求，如"按技术操作要求，误差不超过××mm"；

——经济性：如果有必要，应提出经济性要求，如生产成本控制率、投入产出比等；

——环保性：如果有必要，应提出环保性要求，如产品和生产过程的节能率等。

结果，即行为的结果，即完成的某一工作任务，如"制作了……""生产了……"。

3. 课程目标的主要类型

高职专业课程目标在借鉴布卢姆等人的教育目标分类的基础上，将专业课程目标的框架划分为价值塑造、知识、能力与素质四大类，有助于解决一些高职院校过分重视学生知识、技能的传授，忽视非智力因素的培养。明确规定专业课程目标的结构，从各个方面关注学生的发展，培养学生的综合能力。

（1）价值塑造

落实立德树人根本任务，培养社会主义合格建设者和接班人，必须将价值塑造、知识传授和能力培养三者融为一体、不可割裂。价值塑造是专业课落实立德树人最为鲜明的特征，是将价值观培养蕴含于知识传授和能力培养之中，帮助学生塑造正确的世界观、人生观、价值观①。

专业课中的价值塑造，应该做到"隐而不彰"，润物无声。如果在课程中过于彰显思想政治教育内容，加入了过多本该在思政课上出现的概念、理论等内容，挤压了专业知识的传授时间，只会让学生觉得这门专业课丧失了其本来意义，学生没有收获感，也就对课程产生厌烦情绪，这反而不利于对学生进行价值塑造。专业课程的价值塑造重在培养学生学习知识与提升能力，在学生心中逐步生长出对于学术的志趣与科技报国的情怀，这是一种隐性的教育。价值塑造对围绕某个知识点体现怎样的思政元素、进行怎样的创新训练有着明确的思路。

（2）知识传授

知识目标主要指是的原理、概念类的陈述性知识，以及关于如何操作类的程序性知识。高

---

① 教育部关于印发《高等学校课程思政建设指导纲要》的通知［EB/OL］.（2020-06-03）［2021-12-25］http：//www.moe.gov.cn/srcsite/A08/s7056/202006/t20200603_462437.html.

等职业教育培养的是技术技能型人才,其核心是职业能力,无论是知识目标、技能目标都是围绕职业能力展开的。在高职院校专业课程目标开发的过程中其知识目标同样源于对岗位职业能力的分析,将具备某项职业能力所需的能力要求转换为专业课程目标的技能目标,而掌握某项技能所需的知识,便是专业课程目标当中的知识目标。比如,能力目标要求学生"按照机械加工相关技术要求,完成零件的数控加工",学生为了实现此项目标,需要掌握的知识目标则包括"理解零件加工技术要求,了解数控机床的工作原理、结构和操作规范,掌握零件的加工工艺知识"等。在实际专业课程目标的制定过程中,对每条技能目标进行分析得出具备某项技能所需要的知识要求时,可能会出现重复的现象,这就涉及后续的目标汇总排序过程。

(3) 能力培养

能力目标指的是学生在已有知识的基础上,通过参与实践训练获得的技术技能。布卢姆教育目标分类学中的能力目标是高等职业教育专业课程目标制定尤其关注的,因为职业能力培养是职业教育的核心目标,而职业能力的获得很大程度上是通过大量技能训练来实现的。能力目标关注的是学生实际做的能力,在具体的能力目标表述中是以"能"或"会"等动词来表述的,培养的是学生未来从事某一职业所必需的能力。从能力的内容角度,包括通用能力与专项能力,通用能力包括社会能力与方法能力等内容,专项能力是指与专业岗位直接相关的专业能力。

(4) 素质养成

素质目标具体到高职专业课程目标时指的是职业态度、素养、情感和价值观等方面的发展,如"学生应能够以合作的方式完成零件的安装与调试"。高等职业教育人才培养目标明确指出应该促进受教育者全面发展,包括德、智、体等各方面,但现实中高职院校往往只重视对学生进行知识技能的传授,这样容易造成忽视对受教育者某些非智力因素的培养。当前在学生就业中,职业素养、职业道德的重要性已受到高度重视。用人单位越来越关注员工各方面素质的发展,比如独立工作的能力、团队合作能力、创新精神、认真严谨的职业态度等。因此,要使高职人才培养目标得以真正贯彻落实,课程还应该从各方面加以明确规定。

4. 课程目标的具体表达

(1) 分析由知识与技能所组成的课程内容

以工作任务与职业能力表中的工作任务为依据,分析课程内容。以"能/会"开头,按照一定的专业逻辑顺序列入表格之中,并在每一条课程内容的后面注明学习水平,学习水平分为"初步""熟练""强化"三个等级(见表5-1)。依据具体内容,分析组成内容的知识点、技能点,并描述学习水平(见表5-2)。

表5-1 课程整体内容分析

序号	工作任务	职业能力	课程内容	学习水平
1	A-1:描述任务内容	A-1-1:描述工作任务对应的职业能力	A-1-1-1:课程内容1	描述水平
			A-1-1-1:课程内容2	描述水平
			A-1-1-1:课程内容3	描述水平
			A-1-1-1:课程内容4	描述水平
			A-1-1-1:课程内容5	描述水平

注:学习水平包括初步、熟练、强化。

表 5-2 课程具体内容分析

序号	课程内容	知识点	学习水平	技能点	学习水平
1	A-1-1-1：课程内容 1	知识点 1	描述水平	技能点 1	描述水平
		知识点 2	描述水平	技能点 2	描述水平
		知识点 3	描述水平	技能点 3	描述水平
		知识点 4	描述水平	技能点 4	描述水平
		知识点 5	描述水平	技能点 5	描述水平

注：学习水平包括初步、熟练、强化。

（2）分析职业素养内容

应以表格的形式分析出素养的层次、类别和具体内容（见表 5-3）。对于通过资深企业专家获得的素养描述，教师需要挖掘、提炼和概括出具有教育意义的具体成分。

表 5-3 职业素养内容分析

素养类别	素养内容
职业道德	职业道德素养 1、职业道德素养 2……
合作意识	合作意识素养 1、合作意识素养 2……
质量意识	质量意识素养 1、质量意识素养 2……
服务意识	服务意识素养 1、服务意识素养 2……
学习意识	学习意识素养 1、学习意识素养 2……
……	……

（3）分析思政元素内容

应以表格的形式分析出教学内容中的思政元素，教师需要挖掘、提炼和概括出具有教育意义的具体成分（见表 5-4）。

表 5-4 思政元素内容分析

教学内容	思政元素
A-1-1-1：课程内容 1	思政元素 1、思政元素 2……
A-1-1-1：课程内容 2	思政元素 1、思政元素 2……
A-1-1-1：课程内容 3	思政元素 1、思政元素 2……
A-1-1-1：课程内容 4	思政元素 1、思政元素 2……
……	……

第六章

精切化：高职在线开放课程内容重构

现代课程理论之父泰勒（R. W. Tyler）认为，课程与教学的基本原理是确定教育目标、选择教育经验、组织教育经验和评价教育经验。其中的"教育经验"就是"教学内容"，高职教学内容包括知识和技能，以及职业态度、职业情感和价值观等。教学内容设计是解决"教什么""学什么"的问题，是以高职院校教师和行业企业专家为主体，根据技术领域和职业岗位（群）的任职要求，参照相关的职业标准，突出培养学生的职业能力，在进行充分调研和论证的基础上，根据科学的筛选和组织方法进行编制并对其价值和科学性进行评价与不断修正的循环过程。

校本化课程，一般是通过任务训练完成知识和技能的建构。然而，在线开放课程相较于校本化课程而言，其面向范围更为广泛，包括校内、校际和其他学习者，这些类型的学习者所处的实践训练、实训环境等条件各不一样，不能以统一的项目或任务承载知识和技能，因此需要设计模块化课程内容来精切化地重构高职在线开放课程内容（见图6-1）。所谓精切化，是指课程内容要精要贴切课程目标、精当切合学习者的学习需求。

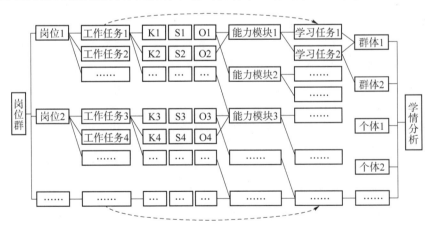

图 6-1　模块化课程内容设计示意

一、设计颗粒化知识点和技能点

颗粒化是丰富、多样、繁杂课程内容的外在形式，是基于高职学生的学情特点与学习需求而设计。颗粒化的课程内容并非散、杂的形式，而是围绕教学的重点、难点，在知识讲授、技能培养方面形成系统、规范、合理的设计，促进学生系统持续的课程学习。以能力需求图谱为依据，设计"解构工作（活动）"，设计颗粒化（微小单元）的知识点、技能点，并挖掘相关的思政和素质元素。

1. 颗粒化课程内容的基本属性

（1）相对独立性

相对独立性是指教学颗粒具有独立性，同时也相互联系。一方面，教学颗粒具有独立性，体现在两个方面：一是每个教学颗粒是课程建设的基本对象，包含基本的教学要素；二是教学颗粒也是课堂教学的基本单元，包括讲授、练习、实训、评价等教学步骤。另一方面，教学颗粒的独立性又是相对的，教学颗粒之间又存在某一形式的联系，经过适当地组合可以形成教学任务、教学项目，乃至整门课程。

（2）可扩展性

可扩展性是指教学颗粒可根据教学目标的变化、教学内容的更新对颗粒的内容进行适当修改、增加或删减以适应新的教学需求，提高教学资源的质量和教学效果。

（3）可移植性

可移植性是指一门课程的教学颗粒经过一定的调整后可移植到另一门具有相同或相近内容的课程中，成为其他课程资源库中的教学颗粒，从而实现不同课程资源共享，提高课程资源建设的效率。

2. 颗粒化教学资源的内容选择

（1）内容选择

① "生产什么"的内容。狭义的产业技术侧重于企业生产层面的描述，其职能是生产新形态的产品或服务。围绕着特定产品或服务的生产，产业技术通常被划分为产品技术形态与生产流程技术形态两大类[1]。产品技术是生产目的的技术体现，实现的是"生产什么"的职能。产品技术可以是物质的，也可以是观念的，分知识（观念）形态、实物（或物质）形态、使用形态三种存在方式[2]。知识形态的产品技术是尚未物化的技术，由个体大脑产生创意、构想等。实物（或物质）形态的产品技术是知识形态的产品技术物化的结果，如具体的装置或设备等。它也是一种人所操作的可能客体。材料或物质、结构、外观是衡量产品技术的重要指标。使用形态的产品技术是现实的技术，会产生定向作用，其存在就是被使用的过程，为使用者提供一定现实意义的功用。三种形态的产品技术融合在构思、设计、实现和运作中，转化为课程内容。

② "如何生产"的内容。生产流程技术形态是生产手段的技术体现，实现的是"如何生产"的职能，需要一定有物质技术的参与。具体生产技术操作包括技术规则和技术情境[3]。首先，技术规则是规定劳动者如何去做的法则或规定，它是对个体如何行动的规范或指令[4]。技术规则是人制定的，被人所遵守执行，但它不是约定俗成的，以技术规律为充分

---

[1] 王伯鲁. 产业技术结构分析[J]. 经济问题，2000（7）：9-12.
[2] 罗天强，邓华杰. 产品技术分析[J]. 科学技术与辩证法，2005（2）：71-74.
[3] 徐国庆. 实践导向职业教育课程研究：技术学范式[M]. 上海：上海教育出版社，2005.
[4] 张苗. 技术规律与技术规则[J]. 淮阴师范学院学报（哲学社会科学版），2005（4）：440-443.

依据。技术已经成为企业运转的潜在规则，进而演变成具有深刻影响能力的优先、首要规则①。技术规则的具体实施依靠技术操作来实现，包含三方面内容：人对自然的操作方式和程序、被操作的自然之物、预设的操作结果②。其次，技术情境凸显主体思维取向，强调技术场域的生态状况、资源丰富度以及目标指向下的人为规划，它将技术活动的目的、需要、资源、现状呈现在技术主体面前③。技术情境与个体技术知识建构密切联系，有利于技术主体的技术认识水平提高和技术能力生成。技术情境为问题解决能力的生成提供了设计空间，"设计空间形成了问题求解过程"④。技术认识的过程就是技术问题的形成、展开和解决的过程⑤。再次，从广义范围看，"如何生产"的技术还包括管理层面，对人、材、物的优化配置，以企业高效率运转。最后，无论生产结果是有形产品还是无形服务，"如何生产"的课程内容表现出明显的程序性。以更换汽车轮胎的程序分析（见图6-2）为例，可以明显看出如何生产的程序性。

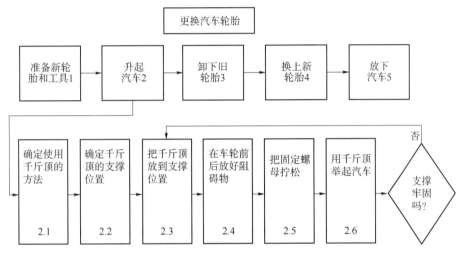

图 6-2　更换汽车轮胎的程序分析

③ "强"与"弱"的内容。生产技术可分为两类，一是各类产业特有的或专有的作为标志的技术，比如采煤技术、炼铁技术、发电技术、水稻杂交技术等，其他产业并不使用，陈昌曙教授将其名之为强对象化技术⑥；二是通用的、起支撑作用的技术，陈昌曙教授称之为弱对象化技术。这两大类产业技术决定了两大课程内容，强对象化技术和弱对象化技术分别决定强对象化技术和弱对象化技术的课程内容。也可以将前者称为专业方向课程，后者称为技术平台课程⑦。以电气自动化专业为例，其专业课程分为技术平台课程和专业方向课程。技术平台课程包括电气技术基础、电控与PLC应用技术、电气绘图与电子CAD、电力电子技术、自动化检测技术电工电子基本技能、弱电工程技术综合实训、电气控制实训等部

---

① 王丽. 技术规则理论评析 [J]. 科学学研究, 2002 (2): 118-122.
② 潘天群. 论技术规则 [J]. 科学技术与辩证法, 1995 (4): 52-55.
③ 王丽, 夏保华. 从技术知识视角论技术情境 [J]. 科学技术哲学研究, 2011 (5): 68-72.
④ [英] 约翰·齐曼. 技术创新进化论 [M]. 孙喜杰, 曾国屏, 译. 上海: 上海科技教育出版社, 2002.
⑤ 程海东, 陈凡. 解析技术问题的认识论地位和作用 [J]. 东北大学学报（社会科学版）, 2012 (1): 1-5.
⑥ 陈昌曙. 关于技术、工程与工程技术的提纲 [C]. 大连: "全国工程科学与技术哲学研讨会"会议论文. 2001.
⑦ 邓泽民, 陈庆合著. 职业教育课程设计 [M]. 2版. 北京: 中国铁道出版社, 2011.

分。专业方向课程分为工业电气与自动化、楼宇自动化、过程控制与自动化仪表、照明电气自动化技术五个专业方向。专业方向课程内容是由不同产业的特有产业技术决定的。有多少特有产业技术，就有多少专业方向课程内容。我国提出在九大重点产业培养技术技能人才，包括现代农业、制造业、服务业、战略性新兴产业、能源产业、交通运输业、海洋产业、社会建设与社会管理、文化产业。这些不同产业的"强""弱"专业课程内容是不一样的。当前，共性技术与行业技术标准构成产业主流技术形成的重要基础。共性技术指能够在很多领域内共享的一类技术，其研发成果已经或未来可能被广泛采用，能够对一个产业或多个产业产生深刻影响。如纳米技术、光电技术等。有些行业没有设置国家标准而又需要在全国采取统一的技术要求，国务院有关行政主管部门制定行业标准，分为强制性标准和推荐性标准。共性技术与行业技术标准也是专业课程内容的一部分。各国政府的技术标准竞争越来越激烈，已经由企业主导的企业技术标准之争转变为政府推动下的产业技术标准竞争。

（2）内容筛选

从演变历史看，课程内容是发展的。在工业革命前，学校教育的主要目的是宗教救赎，教育内容集中在培养学生的读写素养以及传承教师或父母的技能、手艺上。随着工业革命的推进，公共学校教育开始将教育中的宗教和职业内容分开，因为学生需要获得谋生所需的实用技能。技术越来越先进，机器设备越来越复杂，学生要掌握机器运作的原理，掌握更多的理论知识[①]。课程内容演变历史说明，不同历史时期，课程内容是不同的，具有不同的选择标准。

①内容选择的关键。首先，课程内容是否体现了课程设计的价值取向？回归技术世界、技术与人性相结合、"设计导向"三大价值取向，能够帮助课程设计者从哲学层面审视课程内容，确保不偏离将产业技术设计为专业课程这条主线。其次，课程内容是否以技术为核心？"生产什么"与"如何生产"、"强"与"弱"的课程内容之间是否获得平衡，保持适当的比例？职业教育专业课程的内容选择，单独偏重某一类技术的做法是行不通的。最后，课程内容是否关注的是课程设计而非教学设计？前者是将要讲授的东西，后者侧重如何去讲授。

②目标的筛选功能。以目标为导向选择教学内容，如"样板制作过程"，其课程目标是熟悉模具制作工艺，掌握公司新产品样板生产、检验。课程内容包括样板制作准备，样板外协加工，样板制作的生产过程和生产协制管理，样板检验，陈列样板管理。课程内容包括填写领料单，领取原料或零部件；利用专业设备、机器生产零部件；监视设备运行状况，及时排除设备故障，保养设备；样板检验：检查、测量生产出来的零部件规格；验收或提交完成品。以上课程内容仅仅以行为目标为筛选标准，接下来还需要按照展开性目标、表现性目标、创新性目标进一步加以筛选和细化。但精确地确定具体课程目标到底应该筛选、囊括多少课程内容，是一件不容易的事情。

③内容呈现的均衡性。首先，"生产什么"与"如何生产"、"强"与"弱"的课程内容之间的均衡设置，是生产技术种类的选择和平衡问题。由于职业教育专业课程往往偏重于来自"如何生产"和"弱对象化技术"的课程内容，即使有意识做出调整后，如何保持它们之间的平衡也是一个难点，当前看似实现了均衡，明天却可能不均衡，课程内容一直处于

---

① [瑞典]T.胡森，[德]T.N.波斯尔斯韦特.教育大百科全书：职业技术教育[M].张斌贤，等译.重庆：西南师范大学出版社，2011.

动态调整中。其次，实用性课程内容与发展性课程内容的均衡设置，反映的是社会中心论和个体中心论两种课程观点。实用性课程内容以企业为中心，从企业实际需求出发，注重实际生产问题，锻炼学生动手能力，"企业需要什么，我们就开设什么"是对实用性课程的典型描述。功利主义实质上是效用主义①。课程内容注重将学生培养成能为企业高效工作的机器，忽视了人性。因此，应有意识地增加学生自身发展性课程内容。

3. 颗粒化课程内容的主要类型

不同种类的知识是课程设计的依据②。职业教育专业课程内容是一个以技术知识为主体的、多元化的知识系统③。课程开发应寻求、确定课程内容的中间区域④，在中间区域里不过分强调某种哲学思想。课程内容的中间区域就是技术知识连续体，包括技术理论知识、技术实践知识、技能知识。与我国学者黄克孝将职业教育课程内容概括为知识、技能、态度三要素⑤有相似之处。

①技术理论知识。技术理论知识，而非科学理论知识的选择和确认，是专业课程内容选择的重要理论依据。洛克维诺夫（I. Logvinov）将科学内容的构成分为三种成分，即理论框架、方法和应用。技术理论知识是技术知识连续体的理论框架，它有一套符号化的信息，包括名称、绘示、描述等信息。技术理论知识属于学科知识，提供系统的概念、原理、规则，为许多技术任务提供理论的坚实基础。专业课程不应排斥学科知识，深度教授一些学科知识，对课程和教学有重要意义⑥。技术理论知识有两个来源：其一，来自科学知识。技术是相对于科学的独立领域，但两者并不是对立关系。科学主要是一种符号系统，其功能在于理解；技术知识主要是一个行动体系，其功能在于行动。当前，人们普遍接受科学与技术一体化的观点，两者是共生的和相互培育的关系⑦。其二，来自个体的认知结构。从学生的观点看，科学的形式是将来可能达到的理想状态，而不是现在的出发起点。具有完备技术理论知识不是生成职业能力的唯一，对一般学生而言甚至是绊脚石。技术理论术语不是经验中的直接应用的事物，它能够使知识从纯粹的个人经验和直接经验中解放出来，分离出来，起到抽象作用。技术理论知识是真理的存在方式。技术理论知识由个体认知结构派生而成，代表认知系统中的抽象事物。

②技术实践知识。技术具有鲜明的实践性。技术实践是实践的基本形式，是马克思主义技术实践的观点⑧，也是理解历史和现实的出发点。有别于科学实践，技术实践是包含制度、文化、物理在内的多维度活动⑨。实践是职业教育课程的逻辑核心，因此技术实践知识

---

① ［英］穆勒. 功利主义 [M]. 徐大建, 译. 上海：上海人民出版社, 2008.
② 丹尼斯·劳顿. 课程研究的理论与实践 [M]. 张谓城, 环惜吾, 黄明皖, 等译. 人民教育出版社, 1985.
③ 王玉苗, 庞世俊. 职业教育课程内容的透视：知识观的视角 [J]. 河北师范大学学报（教育科学版）, 2008(11)：109-113.
④ ［美］奥恩斯坦, 等. 当代课程问题 [M]. 余强, 等译. 杭州：浙江教育出版社, 2004.
⑤ 黄克孝. 职业和技术教育课程概论 [M]. 上海：华东师范大学出版社, 2000.
⑥ ［美］布兰思福特, 等. 人是如何学习的：大脑、心理、经验及学校（扩展版）[M]. 程可拉, 等译. 上海：华东师范大学出版社, 2013.
⑦ ［美］约瑟夫·C. 皮特. 技术思考：技术哲学的基础 [M]. 马会瑞, 陈凡, 译. 沈阳：辽宁人民出版社, 2012.
⑧ 于春玲, 闫丛海. 技术实践：哲学的观照及嬗变 [J]. 东北大学学报（社会科学版）, 2013（5）：446-452.
⑨ 张成岗. 理解"技术实践"——基于科学、技术的划界 [J]. 安徽大学学报（哲学社会科学版）, 2009（6）：11-15.

是职业教育专业课程的基本逻辑核心。这个结论在历史上被遮蔽了[①]，一直隐藏在科学知识的光环之下。技术实践知识表征个体实际掌握知识的过程，技术实践知识是一种"行动中的知识"。在反对传统的技术理性和实证主义知识观的基础上，萧恩提出实践认识论，极力提倡"行动中的知识"概念，即个体需要反思自己的各种经验，在反思中作为一个实践者构建知识，生成"行动中反映"的能力。"行动中的知识"概念是一个自组织框架，目的、规划、目标先于行动且产生于行动中[②]，提出该概念的主要目的是用其消除理论与实践的分离。个体的知识不能脱离属于自己的技术实践经验，脱离自身经验的理论知识是抽象无用的。整合知识的纽带并不是知识本身的逻辑，而是技术实践活动[③]，专业课程内容重点传授技术实践知识，即实践性技术知识[④]。徐国庆主张以工作知识为主体的课程内容体系[⑤]，工作知识是技术实践知识体系的一部分，技术实践知识由显性知识和隐性知识构成。

③技能知识。如果将技术看作一种外在于人的客观力量，技能就是一种内在于人的主观能力，就是个体掌握的技术，或者说技能是具身的技术。熟能生巧，"熟"指技能的纯熟，巧就是指技术。《现代汉语词典》的解释是："技能是应用专门技术的能力"。从横向分类角度分析，技能知识分为不同种类：其一，专业课程中的技能知识分两类，动作难度大的技能和知识含量高的技能[⑥]，两者并非层次关系，是同层中两个不同子类[⑦]；其二，技能可分为四类，认知技能，是思维技能；动作技能，主要是心理动作技能；反应技能，是对照价值观、情绪情感对事物、情境或同事做出反应，大体指态度；交互技能是指人与人之间相互影响、沟通、接纳、说服等，也被称为管理他人的技能。其三，分再生性技能和产生性技能。有些技能带有重复的性质，在各种工作情境下没有发生多少改变，称为再生性技能；还有一些技能需要做出一定的计划、运用某些策略做出决定、执行过程中体现出相当的灵活性，称为产生性技能。从纵向习得角度分析，技能的逻辑起点是经验，它的习得是一个自下而上、反复训练的、归纳的、经验的过程，最终能够经技术上升到科学知识。技能来自技术任务解决的实践过程。从等级评价角度分析，技能知识可分为六级，分别是：

技能等级一：能圆满完成此项技能的部分内容，在现场的指导下，能完成此项技能的全部内容。

技能等级二：能圆满完成此项技能的全部内容，但偶尔需要帮助和指导。

技能等级三：能圆满完成此项技能的全部内容，不需要任何指导。

技能等级四：能高质、高效地完成此项技能的全部内容。

技能等级五：能高质、高效地完成此项技能的全部内容，并能解决遇到的特殊问题。

技能等级六：能高质、高效地完成此项技能的全部内容，并能指导他人完成。

以上横向分类、纵向习得、等级评价三个角度，均可作为专业课程内容的技能知识的描述维度。

④技术知识的文化维度。技术的人文性表明，经过文化嵌入、文化资本、文化再生产三

[①] 冯永琴. 技术实践知识的性质与学徒学业评价 [J]. 中国职业技术教育，2009（33）：20-26.
[②] [美] 多尔. 后现代课程观 [M]. 王红宇，译. 北京：教育科学出版社，2000.
[③] 徐国庆. 职业知识的工作逻辑与职业教育课程内容的组织 [J]. 职业技术教育，2003（16）：37-40.
[④] 黄艳芳. 职业教育课程与教学论 [M]. 北京：北京师范大学出版社，2010.
[⑤] 徐国庆. 工作知识：职业教育课程内容开发的新视角 [J]. 教育发展研究，2009（11）：59-63.
[⑥] 张振元. 技能分类若干问题新探 [J]. 职业技术教育，2007（28）：5-10.
[⑦] 姜大源. 当代世界职业教育发展趋势研究 [M]. 北京：电子工业出版社，2012.

个过程，技术内聚了人文性。学者佩斯明确指出技术实践概念内在含有文化维度，具体包括目标、价值观、伦理规范、对进步的信念、意识和创造性等①。将技术知识的文化维度设计为专业课程内容，可归纳为职业态度和职业道德两部分内容。首先，职业态度指人们对自己从事的职业所持有的评价和行为倾向，具有主观性特点。个体对所从事职业的主观喜好、积极或消极评价都直接影响职业能力形成或产品（服务）生产能力的高低。职业态度与职业能力二者是一种互补共济与良性互动的关系，前者是后者提升的助推器②。其次，职业道德属于职业群体的集体意识③，具有一定的自觉性、强制性，是个体成为专业技术人员的必备因素。按照涂尔干的理解，职业道德有助于个体成为法团的一员，从而顺利纳入专业人员组成的社会结构中。职业道德具体包括团队合作精神、产品质量负责精神、对技术的执着、为社会其他成员创造财富等。技术知识文化维度可以体现在专业概论课程中，更多蕴含在专业课程实践中，作为一种实践理性而存在。围绕技术任务的"做中学"本身，即闪耀着技术知识的文化光辉。

二、设计多样化承载项目和任务

学习任务的设计是课堂中的重要细节之一，很多时候，学习任务会有所重合，多个学习任务也会同时存在并行，这是课堂常见现象。当把课堂上应解决的教学问题嵌入多种学习任务情境中并以依此驱动学生通过学习任务学到隐藏在任务背后的相关知识、技能等时，便把课堂还给了它真正的主人。把学生的学习作为中心，以学习任务驱动为动力，立足于学生的发展，提升学生的学习素养，这样的教学才是有效的，才是学生真正所需要的。

高职在线开放课程因学习者规模大，学习者的学习需求多元等特征，需要在学习任务设计中充分满足学习者的学习需求。因此，需要以工作任务（生活活动）为依据，设计多样化的、可承载相应知识点和技能点的项目或任务，实现以问题为导向、以任务为驱动。学习任务设计包括五个基本要素：任务目标、完成任务的基本条件、实现任务的方法和手段、任务承载的知识与技能点、任务考核方式。因此，需要依据全局观、目标感和结构意识等原则，设计多样化的承载项目和学习任务。

1. 学习任务设计原则

（1）设计学习任务要有全局观

所谓全局观，是指需要在更高的层面设计某个具体的学习任务。绝大部分学习任务都是具体呈现在某个知识点或者技能点之中。因此，在设计学习任务时不能只是为了设计而设计，而是首先要弄清楚知识点和技能点的重点和结构，然后再从这样一个结构中来设计某个具体的学习任务，设计时需把握整体教学背景。

首先，要明确课程内容在整个课程及专业中的地位和作用是什么。有些课如果我们单独地来看，似乎是学习要求不高，学生只要基本了解即可。但事实上，如果这节课的内容学生

---

① PACEY A. The Culture of technology [M]. Oxford: Basil Blackwell, 1983.
② 王浪，高涵. 职业态度与职业能力关系之辨——基于结构功能主义理论的分析 [J]. 职业技术教育，2010 (13)：9-13.
③ 渠敬东. 职业伦理与公民道德——涂尔干对国家与社会之关系的新构建 [J]. 社会学研究，2014 (4)：110-131，244.

没有深入掌握，后面的学习就会无法进一步深入。所以，就需要在一些看似没有必要的地方，下大量的功夫，设计相对深的、费时的学习任务，让学生对于这个问题进行深度学习。相反有些课单独看，貌似内容很多、很深，其实重要的知识点都扎根于其他课上，也就不一定非要在这节课上把学习任务设计得深奥和复杂。

其次，学习任务相关教学内容的分布情况和难度又是怎样的？一般来说，课程内容大致可分为三类：难以理解的内容（学生探究，教师讲解）；原有知识拓展加深的重点内容（学生探究，教师点拨）；非重点内容（学生自学为主）。根据三类内容的分配情况，就可以大概知道，某个具体的学习任务需要设置成怎样的难度，需要的时长大概是多少。

（2）设计学习任务需有目标感

课堂教学中学习任务的设计是促进学生进行有效学习的需要，是提高学生自主学习能力、培养探究能力的重要前提。它既能展现知识目标，也能体现能力和情感态度价值观目标。学生通过参与互动、交流合作，提升了自身的认知能力和创造能力，将"学为中心"的教学理念展现无遗。高质量的教学，必须要有目标意识，不能是为了任务而任务，也不能觉得哪个任务有意思就设计学习这个任务，而是要围绕着学习目标。在设计学习任务时，课程标准应是最基本的依据。此外，也应根据学生实际情况做出具体调整。教师在设计任务之前，一定要明确学习任务的目的是什么。总体而言，是要学习的过程还是结果？是让学生经历一种体验，让一个看似浅显的知识真正内化？抑或是让学生学会或者熟练掌握一种知识技能？

当然在操作中学习任务也可进一步具体化，即设计这样的学习任务是希望具体解决什么问题，是解决兴趣问题，还是为了使学生将知识与现实结合起来，从现实问题中提炼出理论问题，还是将两个易混的概念弄清楚，等等。

学习任务的设计不能仅限于课堂，也要延伸到课堂之外，不要局限于教材，要充分留出想象和创新的空间。教师在设计学习任务时，也应时刻关注人文性。教师所选择的学习任务应尽量与学生的生活方式、价值观念等文化背景相关，这有益于学生对人文的理解，也能够提高学生的综合素质，提升学生的情感、态度、价值观。

（3）设计学习任务应有结构意识

相信所有教师都一样，通过自己的教学实践，或者通过观摩别人的课堂，或多或少积累了一些比较好的教学经验，可以为学生设计合适的学习任务。但在课堂上又经常想不起来用，或者想起来了也忘记了怎么用。看到别人用了，觉得挺好，但就是奇怪自己当时怎么想不到。造成这种情况的原因很多，但其中一个很重要的原因就是没有把自己所知道的这些常用的任务设计以及相应的实用情况进行梳理总结，没有形成一个整体的结构。因此，建立学习任务分类框架结构非常必要，具体如下：

①列举型学习任务的设计。所谓列举，是指罗列1个以上可不进行深入解析的例子或对象。这类学习任务主要应用于掌握浅显易懂的基础知识时，多由学生自己完成。

②比较型学习任务的设计。比较是指对比几种同类事物的异同和高下。这类学习任务主要是让学生找出事物或现象的相同点和不同点，增加其对教学内容的理解。在学习理解相似的概念时，设置此种学习任务颇有效果。这类学习任务要求学生有细致的观察力、缜密的思维能力和出色的口头表达能力。学生完成学习任务的过程，也是一个锻炼发展自己能力的过程。

③创造型学习任务的设计。创造是在自己创新的基础上制造新事物、产生新想法，具有

探索性和开放性的特点。不同的学生对相同的事件或现象会有不同的看法,这类学习任务能充分发挥学生的想象力,锻炼其思维能力。

④合作型学习任务的设计。合作是指要求学生通过讨论、协商后达成基本一致的意见,这类学习任务通常是针对一些学生难以理解的无法独立解决的教学问题而设计的。

⑤实践型学习任务的设计。实践型学习任务是指要求学生根据自己的知识和能力,用专业知识解决现实生活中可能遇到的问题。这种学习任务既锻炼了学生的能力,又在实际解决问题的过程中由学生自己完成情感、态度、价值观的提升。

2. 学习任务设计方法

(1) 聚焦任务,完成训练

面向职场完整任务开展教学,任务形成系列,为学生提供完整的知识结构体系。课程中的真实任务是把教学内容转化成典型的工作任务,以促进学生职业发展为基石,以提升学生职业能力为归宿,积极适应社会和地方经济发展需求。

一是要转化学生对课程理念的理解,将基于学科知识体系的课程设计转化为项目和任务为载体的基于职业能力培养的课程设计。二是要以"聚焦完整任务"为宗旨,即教师先将学习内容统筹分类,打破以前的章和单元的知识结构,按照企业需求和从业人员真实工作过程中的任务,重新组织教学内容,从简单到复杂,从易到难。教师可以让学生在模拟真实环境中,聚焦具体任务,通过教师讲解分析、案例示范,学生模拟练习,任务训练,教师通过巡视,了解学生完成任务的具体情况,而学生通过练习,可以掌握与任务相关的完整的知识和技能。

(2) 激活旧知,示证新知

根据完整任务对知识结构和职业技能重新分类,通过教师布置的序列任务夯实学生以前所学的理论知识和实践技能,可以加深学生对原有知识的掌握和记忆,锻炼他们举一反三的能力。

以完整任务为中心的课堂教学模式是一种"整体化设计"的课堂模式,既关注技能的讲授、演示、练习、运用和迁移,又兼顾每种技能之间的相互联系和综合运用,注重设计能力训练项目,突出培养学生职业能力。通过案例分析、操作讲解、模拟训练、视频分享、调查剖析等多种教学方法,教师详细介绍、示范各项技能和相关知识。在这一阶段,经过教师的讲授、演示,以及自己的理解、演练,学生能够基本掌握完成任务所需的基本技能。

综合学习的整体化教学设计模式旨在"整合"陈述性学习、程序性学习(包括感知和心理动作技能)以及情感性学习(包括愿意在知识、技能和态度等各个方面不断学习、与时俱进的素养)。因此,将现在的"技能分解训练模式"转化为以完整任务为中心的课堂教学模式,综合学习设计模式能帮助学生建立整合的知识基础,提升实现学习迁移的可能性。

(3) 应用新知,融会贯通

根据完整任务和子序列任务,并依据任务所需的相关知识技能和资料让学生进行相对应的练习,秉承从扶到放的基本定律,慢慢放手。任务按照时间长短内容的专业程度等关键因素从易到难递进,学生综合运用所学的各项技能来完成每一项任务,进行自评和同伴互评。最后教师布置某一项基于工作职场的仿真任务,学生在没有教师帮扶指导的情况下,根据完成任务所需要的技能,独立完成该任务。学生通过完成一个个小的任务,既练习和巩固了技能,又对各项技能进行实践应用和迁移,培养了学生搜集、加工和处理信息的能力;通过总结完成每一项任务的经验,学生在提高单项技能掌握能力的同时进一步增强多项技能的职业能力。这样,学生就能主动地摸索自己怎么样才能做好需要做的事情,以提升自主学习能力和分析问题、解决问题的能力,从而将内化为主的课堂转向外化为主的课堂,实现从专业技能训练走向整体性技能培训,将职业品质和职业精神外化为职业能力和职业行为。

当学生能够自己评价自己的学习成果、看到自己取得的进步后,学习的主动性和自信心就得到了促进和激励。通过科学的教学设计和课堂教学改革来减弱或者消除学生的畏难和抵触情绪,学生就可以变被动学习为主动学习。教师在教学过程中注重学生自主学习能力、沟通能力的训练,可以更好地培养学生的职业素养,并提升学生的职业能力。

(4) 教学评价,教学反馈

以完成任务为中心的课堂教学模式的考核评价方式多样而立体。

第一,学校考核。包括学校的期中考试和期末考试,以评价学生综合知识的技能为目标。

第二,教师考核。包括平时的基础训练环节、专项操练环节等,以评价学生职业能力、表达能力、信息收集、处理和加工能力为目标。

第三,学生自评和同伴互评,以评价学生团队协作和自主学习能力为目标。这一环节是三者之中最为重要的。通过学生自评和同伴互评,学生在每一次任务完成之后可以更好地了解自己对知识和技能的掌握、运用和迁移的状况,并且通过行动计划思考改进方案,这样能够促进学生在第二次完成任务的时候做到有的放矢。通过试卷、平时练习和完整任务等多种形式,通过学校、教师、学生本人和同伴多方位的评价,教师能够更客观、立体地检验学生的学习效果。

三、适切多元需求的组织和结构

教学内容是教与学的重要介质,是符合人才培养目标和课程教学目标要求的一系列比较规范的知识、活动和经验体系,其选择直接决定着高职课程教学的最终效果,但是在教学实践中,内容设计面临着许多现实困境。高职在线开放课程需要根据不同学习者的课程学习目标,为其提供相应的知识点、技能点,以及相关的思政和素质元素。同时,针对有条件的学习者,引导选择不同的训练任务,实现"理实结合"重构课程内容体系。

1. 内容组织科学化

在如何组织课程内容上,泰勒提出了三大准则:连续性、顺序性、整合性。美国经验主义教育理论认为在课程编制过程中,课程内容是围绕"Scope"(领域)和"Sequence"(时序、序列)两个单词展开,前者表示空间维度,后者表示发展维度。也有学者认为课程组织者需要聚焦七项因素,即范畴、顺序性、继续性、统整性、均衡性、衔接性和学习脉络。借鉴以往学者的观点,本书提出专业课程内容组织科学化,应遵循连续性、整合性、系统性的三大原则。连续性即深度或垂直组织,整合性即广度或水平组织,系统性即构型或空间组织。史密斯、斯坦利和肖尔斯认为,学习内容的安排有四个原则:从简单到复杂的学习原则、预备学习原则、从整体到部分的学习原则、按时间顺序的学习原则。这四个原则与连续性、整合性、系统性三大原则的机理一致。

①连续性原则。连续性指课程内容的纵向联系或垂直组织,直线式陈述主要课程目标和

课程内容，而且在不同阶段予以重复的组织方式。

首先，技术知识按复杂程度连续排列。加涅认为，人类学习的复杂程度的演进规律是一样的，即由简单到复杂依次推进。基于以上认识，他提出累积学习模式，分为八个层次。技术知识的复杂程度和学习模式也按照复杂程度排列，分为简单技术知识、中等技术知识和复杂技术知识三个难度等级。

其次，技术知识按照构成产业技术空间发展体的三个维度展开，即结构技术指标、技术发达程度指标、技术装备程度指标。技术知识沿着三个维度连续延伸，表征着技术知识的深度、专业性从低到高的演进。

再次，技术知识按照学习主体的成长规律连续排列。从初学者到专家具体在技术技能型人才的成长路径是技术工人、技术专家、实施专家、战略专家。最后，课程知识选择的逻辑起点总是在企业、学科和主体之间摇摆，难免顾此失彼，形成头痛医头、脚痛医脚的状况[1]。连续性原则不是在三者之间独断地取舍，而是在三者之间找出一个平衡点。

②整合性原则。整合性指课程内容的横向联系或水平组织，以帮助学生获得技术知识的统一观点，并把主体行为融合在课程内容中。首先，技术理论知识和技术实践知识进行整合，由原来理论与实践分离，整合为理实一体化课程内容，形成一个有机整体。其次，康德认为，知识分先天知识和经验知识两种。对于技术知识体系而言，来自科学的技术知识属于康德所说的先天知识，依据科学概念获得；来自生产实践的知识即经验知识，依据感觉的综合获得。经验内容的整合是通过"直观中感知""想象力中再生""概念中认知"三重综合实现的。相比初学者，专家知识围绕重要观点或概念来组织，这意味着课程亦应按概念理解的方式组织。初学者的经验知识按照三重综合组织在一起，需要转化为按照科学概念的知识组织方式。许多课程设计的方法使得学生难以进行有意义的知识组织，通常在转入下一个主题前，只能触及一些表面性的事实知识[2]。再次，学科知识与技术任务的整合。来自技术世界的具体项目或任务被抽象为构思、设计、实现和运作，进而与学科知识相联系。学科知识也需要被解构，重新整合在构思、设计、实现和运作中，让由于彼此竞争导致的碎片知识重新组合为一个整体。

③系统性原则。《教育大百科全书》对设计与开发的系统性进行了论述：自觉运用系统分析和系统设计的技巧，努力识别和解决学习或教学系统中的复杂问题。这种方法的组成要素包括确定系统边界，识别系统所有输入与输出，并分析系统内的相互作用。用系统性原则组织课程内容的目的，是将课程目标和课程内容在纵向和横向两个方向上同时取得平衡，生成专业课程方案。系统性原则把专业课程方案作为一个整体来看待，这个整体是按照一定互动方式组织起来的结构、功能集合体。多元与整合已经成为现代课程价值取向演变的趋势[3]。课程目标和课程内容来自产业技术，系统性原则让专业课程方案重新构型，以保证与产业技术结构的同源性。巴纳锡[4]、赖格卢斯[5]等从系统观点出发，强调当人类的活动系

---

[1] 郝德永. 课程研制方法论 [M]. 北京：教育科学出版社，2000.
[2] [美] 布兰思福特，等. 人是如何学习的：大脑、心理、经验及学校（扩展版）[M]. 程可拉，等译. 上海：华东师范大学出版社，2013.
[3] 付安权. 论课程价值取向研究的传统与变革 [J]. 西北师大学报（社会科学版），2013（3）：64-69.
[4] BANATH B H. Designing education as a social system [J]. Educational technology，1998，38（6），51-55.
[5] REGELUTH C M. What is instructional-design theory and how is it changing [M]. // REIGELUTH (Ed.), Instructional-design theories and models: a new paradigm of instructional theory, Volume 2. Mahwah: Lawrence Erlbaum Associates, 1999.

或社会系统发生重大系统变革时，作为子系统的教学系统也必然要以相应的方式经历重大变革以维持自身的生存。来自剧变技术世界的产业技术结构的调整，势必要求专业课程方案的同步动态调整。系统论原则让课程内容的组织水平取得长足进步。亨利·哈拉普将20世纪30年代的课程编制系过程称为"婴儿期——它还不到十岁"。从20世纪60年代开始至80年代早期，随着系统论在教育中的应用，课程设计水平早已取得长足进步。课程设计不再是简单线性的重复活动，它甚至将设计者自身纳入自身系统中。巴纳锡将一般系统论应用于教学设计研究，将它们分为四种设计方式：按照指令设计、为决策者等的设计、一起进行的设计或设计者指引的设计、置身于其中的设计。课程设计也存在以上四种设计方式。其中，第四种设计方式逐渐成为当前系统设计专业课程时的主要设计类型。人的活动系统必须由那些处于其中的人、利用这些系统的人以及这些系统所服务的人共同来设计。这其实等于设计者被纳入自己设计的活动中，或者说属于个体能动性/结构问题。

2. 内容结构有序化

根据职业能力培养的需要选定的必需够用的知识点，它们还只是一个无序的集合，还不能直接应用于教学，必须按照一定的规律来组织或序化，使之符合教学的需要，从而保证职业能力培养的落实。工作过程导向课程的知识点排序不同于传统学科体系下的构架，它应该基于工作过程的相关性，并按照学生的认知规律和职业成长规律，按照由易到难、由简单到综合的顺序来排列。在宏观层面，根据学生的认知心理规律并结合职业活动顺序，以学习情境为单元构建课程内部结构，将学习与训练的内容按由易到难、由简单到综合的顺序做串行安排。每个学习情境就是一个完整的工作任务，而完成这个任务需要知识点的支撑，这样就把相关的知识内容融合在相应的情境中了。因此宏观层面（即课程层面）按情境的递进顺序来序化知识。

序化是按照一定规律或逻辑对事物的排序，从而形成一定体系或系统。在泰勒三原则里属于顺序性原则，是指强调每一后继内容均以前面的内容为基础，进而更加深入。

（1）序化标准

课程内容的序化标准，既有主观标准，也有客观标准。职业教育专业课程内容序化标准是主观标准和客观标准的混合，充分考虑"知识本性本身"和"认识者本性"最优化的序化状态。

①主观标准。主观标准来自学生自身的发展逻辑，即技术工人、技术专家、实施专家、战略专家四个连续发展阶段。四发展阶段并不意味着随着年龄的增加而自然上升到某个发展阶段，每个阶段的提升需要个体付出时间、精力以获得技术技能的质的改变。由于个体的努力程度或发展机会存在差异，有人即使一辈子从事某一职业，也没有达到较高层次。但职业教育专业课程应公正地为所有学生提供体验技术工人、技术专家、实施专家、战略专家四个连续发展阶段的机会。按照心理逻辑组织课程内容也属于主观标准，杜威对此进行了一些探索，他坚持将课程教材"心理化"，尝试在课程教材和心理之间建立联系。随着心理学理论的蓬勃发展，认知心理学逐渐发展为建构心理学，为专业课程内容"心理化"的组织提供理论阐释。

②客观标准。客观标准来自技术世界，与技术知识、项目或任务有关。学者徐国庆在其项目课程理论中，提出了一种以项目为单位组织内容并以项目活动为主要学习方式的课程模式，这是一种典型的依据客观标准组织课程内容的模式。波斯纳等为课程选择序列探索了一

个客观的分类框架，包括：第一，与世界有关的：空间、时间、物理属性；第二，与概念有关的：类型相关、建议相关、辩证、逻辑前提；第三，与探究有关的：探究逻辑、探究方法；第四，与学习有关的：经验前提、相似、难度、兴趣、发展、内化；第五，与应用有关的序列模式：程序、预期使用频率。

③主客观混合标准。完全按照主观标准，或者完全按照客观标准序化课程内容，都属于认识上的独断论，对于职业教育专业课程设计而言皆是死路一条。主观标准或者照客观标准，并非必然要二选一。杜威认为，两者都陷于同样的根本性错误，他的分析是有道理的。课程内容组织的主观标准注重"认识者本性"；客观标准注重"知识本性本身"。下面先来看看杜威是如何处理"知识本性本身"和"认识者本性"的。他极力批判了组织课程内容的两种不同派别，即学科逻辑派别和心理逻辑派别。传统学校课程教材的问题是只强调经验的逻辑方面，而忽视了经验的心理方面。在传统学校中，每门学科代表许多独立的门类，而每一门类又有自己的独立编排规律。这种内容编排的弊病非常明显，让知识变成了机械的、文字性材料的堆砌。另外，杜威也给出了教材心理化的解决方案①，为课程内容的组织方法提供了新思路。职业教育专业课程内容序化标准位于主观标准和客观标准中间的某一点，处于动态微调中。从高等职业教育完整学习周期看，最初，学习阶段的专业课程内容序化偏重客观标准，也有一小部分主观标准；中期学习阶段的序化标准位于主观标准与客观标准之间；后期学习阶段的序化标准偏重主观标准，也有一小部分客观标准。

（2）序化程序

教育至少应排除某些缺乏自觉性和自愿性的传递程序。彼得斯（R. S. Peters）提出程序原则概念，认为真正指导教师从事教育活动的各种价值体现在他所从事的教育过程本身之中，而不是在他想要的结果之中。课程内容的组织也是如此，课程内容序化过程中传递了一些价值信息，这是至关重要的。序化程序分为三个步骤：

①确定课程内容的复杂程度。复杂程度并非技术难易程度，而是构思、设计、实现和运作的复杂程度。复杂程度低的课程内容被序化在前列，反之被序化在后列。复杂程度是课程内容系列化的确定标准。课程内容按照从简单到复杂的典型产品或服务为主线展开。

②选择序化类别或形式。课程内容结构分为四大类别或形式：分割、分层、单线和螺旋。螺旋式是当前专业课程内容序化的主要类别，它其实是对分割、分层、单线的超越和扬弃，包含了分界、循环与融合。

③呈现序化结果。以往课程内容序化结果大多以图表形式呈现。技术世界的产业技术空间发展体沿三个维度（结构技术指标、技术发达程度指标、技术装备程度指标）展开。来自产业技术的专业课程内容也在三维空间螺旋展开，形成彼此复杂联结的多样性场域，凝练为专业课程体系。

（3）螺旋式序化

螺旋式课程理念是布鲁纳在1960年提出来的，基本假设是所有教材可以用某种合理形式教授给不同发展阶段的儿童。螺旋排列方式按照学习巩固性原理，在相邻的两个单元、主题或阶段中安排内容相同但深度或广度不同的课程内容，螺旋上升。布鲁纳的螺旋式课程属学科中心课程，围绕学科知识的基本概念和基本原理设计而成。布鲁纳的螺旋式指的是学科

---

① [美]杜威. 学校与社会. 明日之学校［M］. 赵祥林，等译. 北京：人民教育出版社，2005.

的基本概念和基本原理，以后在更高级阶段不断重复它们，直到学生掌握整个学科知识为止。拉盖、谢菲尔德、福谢也对螺旋式课程进行了研究。福谢说，"螺旋型课程是设计来让学生随着不断的成熟，在其学习过程中逐步深入"。螺旋式序化中的"螺旋"指构思、设计、实现、运作四个阶段，从低级阶段到高级阶段都在不断重复它们，逐步深入。螺旋式课程可通过深度、广度、应用三维度完成。其中，深度指螺旋式序化的主轴；广度指不同种类课程内容；应用指以技术任务为序化的基础。螺旋式序化围绕的主轴，即技术工人、技术专家、实施专家、战略专家四个连续发展阶段，表征技术技能人才成长的规律性和阶段特点。将螺旋式上升划分为不同水平或空间，在这些水平或空间里，以难度不同的技术任务为基础，融合技术理论知识、技术实践知识、技能、技术知识的文化维度五部分课程内容。相邻水平或空间之间存在许多重叠和相互渗透的行为场域，它们遵循各自的特殊发展动力，螺旋上升。课程内容在螺旋上升的同时，也发生着载体循环、认知结构循环、抽象域与具象域的循环，而双元经验也随之螺旋上升。借助这些螺旋或循环，知识得以生成，主客体得以统一。布鲁纳主张，重视知识形成过程的，才算是好的螺旋式课程。专业课程内容的序化既有形式的螺旋，也有知识的生成，基本达到了布鲁纳衡量标准。课程序化的教育学思考强调学生对知识的建构过程。相邻的课程内容螺旋式序化构成了一个个知识体。专业课程是按照循序渐进的理念对课程内容进行组织而形成的完整知识体，其中的每一个知识体就是一门课程，如图6-3所示。

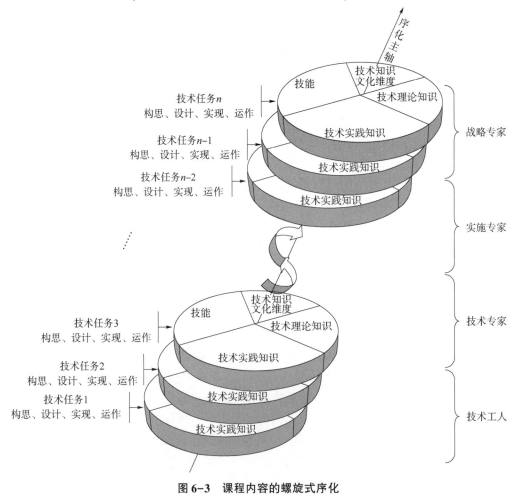

图6-3　课程内容的螺旋式序化

职业教育专业课程内容螺旋式序化与布鲁纳螺旋式课程相比较，存在三个区别：

第一，这里的螺旋指构思、设计、实现、运作四个阶段，而布鲁纳所说的螺旋是学科的基本概念和基本原理。

第二，本文的螺旋式序化发生在产业技术空间体系，天然联系着技术实践活动，而布鲁纳螺旋式课程基本停留在理论知识层面。泰勒选择课程内容（学习经验）的原则之一："学生应该有机会循序渐进地从事大量实践活动，而不只是简单重复。"构思、设计、实现、运作四个阶段在螺旋循环中提供了充足的实践机会。

第三，螺旋过程中的知识生成也不同。本书认为，知识生成于四组"融化—冷凝"和分界、循环、融合中，而布鲁纳认为知识生成于三级螺旋中。三级螺旋具体是，第一级螺旋：动作式认知的维度；第二级螺旋：图像式认知的维度；第三级螺旋：符号式认知的维度。布鲁纳的三级螺旋大体描述出了个体学习由客体到主体的单向内化过程，但还需要进一步细化。

第七章

精制化：高职在线开放课程资源开发

课程资源是为保证教学顺利而进行的各种资源或准备性材料，是用来构建教学环境的。课程资源要以满足线上和线下混合式教学为出发点，以满足教师灵活搭建课程和学生自主学习的需求为根本，以碎片化的素材资源为基础，进行资源"精制化"建设。"精制"是课程资源精心设计，精良制作。知识管理理念认为知识（由知识、技能、素质等构成的广义知识）包括显性知识和隐性知识，与传统学习流程不一样，在线开放课程学习通常是"翻转"，是"获取—内化—迁移—创新"的过程，依据学习资源生态理论①，实践开发"学材+习材+创材"并设计"研材"，创设不同的场景（见图7-1）。

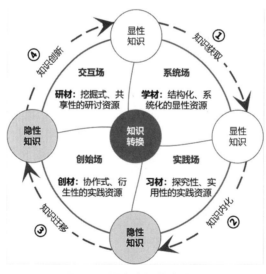

图7-1　课程资源构成关系

①开发"学材"，创设"系统场"。知识获取是学习者获取知识点、技能点等显性知识，并进行系统化和结构化的过程，"学材"是该过程所需的学习资源（材料）。

②开发"习材"，创设"实践场"。知识内化是学习者将显性知识，运用于项目任务训练中，实现显性知识内化为个人思维方式、动作技能、工作经验、情感态度等隐性知识，"习材"是该过程所需的习题集、任务集、实训硬件、虚拟仿真等探究性、实用性的实践资源。

---

① 彭红超，祝智庭. 面向智慧学习的精准教学活动生成性设计［J］. 电化教育研究，2016，37（8）：53-62.

③开发"创材",创设"创始场"。知识迁移是学习者已获得的思维、经验、技能、态度等隐性知识应用于具有创造性特征的拓展任务训练中,促使学生积极主动地去探索新知,"创材"是该过程所需的任务库、软硬件等协作式、衍生性的实践资源。

④设计"研材",创设"交互场"。知识创新是学习者对拥有的隐性知识通过参与课堂活动深入挖掘和分析,并表达为概念、词语或者图像等,外化为新的显性知识。

课程资源应该遵循一体化资源体系设计、基于学生角度选择资源内容、基于深度参与丰富资源形式等策略,围绕"学材+习材+创材"进行开发,围绕"研材"进行设计,主要开发文本、音频、视频、动画等形式的预设性资源和 VR/AR 虚拟仿真等实践资源。

一、课程资源建设策略

1. 一体化的资源体系设计

课程资源设计是在线开放课程设计中很重要的一部分,包括视频、文档、富文本等多种类型的资源。资源的设计应该遵循以学习者为中心的理念,满足学习者的需求,尽可能为学习者提供优质的课程资源。课程资源的设计一般都是将课程内容细化到具体知识点,再以某一知识点为一个任务或者主题进行设计。设计之前要对学习者特征、教学目标、重难点等有准确的把握,再进行下一步的教学设计、脚本设计,同时课程设计者应该提供给学习者一些和课程内容相关的辅助性材料,使得教学资源更加丰富。在资源的设计中应该增加测验部分来帮助学习者了解自己的学习情况,有效掌握学习内容。在资源设计完成后,教师可以结合多媒体素材和信息化教学资源工具,选择合理且符合学习者特征的最优化呈现方式将教学内容可视化地表达出来。在线课程教学资源多数以 PPT+录屏的形式呈现,在视频录制完成后,还需要进行合理的剪辑,如添加配音、动画、特效等。

2. 基于学生角度选择资源内容

资源内容是资源设计中的关键部分,而线上资源具有知识点碎片化的特点,这就导致课程内容的完整性、连贯性、系统性、层次性以及难易度区分都受到了很大影响。相比于传统教学,在线课程内容设计应具有更高要求,不应是对传统教学内容的生搬硬套,而应对标"两性一度"(高阶性、创新性、挑战度)要求,内容设计应体现先进性,应同时着眼于学习者的学习兴趣与需求,有助于学习者理解掌握基础知识,并在此基础上实现迁移应用。先进性是指内容与时俱进,实用性是指选择贴近生活实际的教学内容,二者相结合,集有用与挑战于一身,可以激发学生的学习兴趣。

资源开发必须基于两个基本前提:学习时间的有限性和学习能力的有限性,鉴于职业教育的类型特性,资源内容选择要以会用(学得会)、实用(用得上)、够用(可持续)为准。这些要求反映在项目设计实践中就是精简内容、降低难度、巧设情境、突出应用。因此,资源内容选择上至少应突出"两个衔接",一是与学生现有水平相衔接;二是与学生未来职业需求相衔接。前者解决"学得会"的问题,即学而能用;后者解决"用得上"的问题,即学以致用。另外,在此基础上,还要兼顾学生未来发展的"持续可用"目标。这样,选定的项目内容就体现了以应用为导向的职业教育特色和承前启后的教育基本规律。

3. 基于深度参与丰富资源形式

资源内容的呈现应充分考虑学习者风格，媒体形式可以是视频、文本以及图片等，资源形式多样，能够吸引学习者的学习注意力和维持学习动机，使学习者积极、专注地投入学习，实现深度参与。因此，在对资源内容进行设计时，课程设计者也应尽量将课程内容精简化，所谓的精简化并非单纯删减课程内容，而是充分利用信息技术以及多媒体可视化相关理论将知识可视化，完整并突出显示重点内容，达到效果好、效率高的在线教学。徐宏卓提出，在线课程设计的策略之一就是学习资源"一体化"，即将一段学习资源根据课程逻辑分为若干个知识点，每个知识点以若干种学习资源（如视频、文档、图片等）呈现。课程设计者应关注学习者的学习兴趣和需求，为学习者提供自主、合作、体验等学习方式，引导他们进行自主建构。

二、微课资源开发流程

在线开放课程资源开发的流程具有一定的系统性和结构性，开发之前需要做的工作有对学习者的需求分析、学习者的特征分析、教学目标的分析、教学内容的详细分析等一系列工作。它的开发过程要根据不同的教学资源选择不同的开发方式，视频开发方式有课堂实录式、PPT录屏式等。此外，还有一些文本资源的开发，其中包括搜集并整理素材，编制要呈现的资料、后期加工处理等。待制作完成后再进行后期加工、编辑、包装等一系列处理，检查无误后则可以将其上传发布到在线学习平台，经过不断的测验和反馈后，再根据具体情况对存在问题的部分环节不断修改，从而使整个流程得到完善。

1. 前期准备阶段

（1）教学资源的准备

①多媒体素材资源的获取。优质的素材能够让视频的呈现更加多样化、可视化、形象化，所以在视频制作的前期很重要的一个工作就是搜集大量的优质多媒体素材。在多媒体素材搜集的过程中，需要特别注意的是版权问题，未经过版权所有者同意的素材不可以在课程中使用，如有相关网络资源需要对其注明出处。

一是文本素材准备。首先对课程内容进行分析，根据课程内容的特点，确定素材的准备应从哪方面入手。如果有相关内容方面的固定教材则可就地取材，将教材内容进行归纳、筛选、总结，最终形成文字稿本类素材，如果是纸质文本素材，则可以通过文字识别软件扫描或者拍照的方式转为电子版，将文本快速地提炼出来。如果课程内容无固定教材时，可以通过相关学习网站搜集专家相关研究文献或者已有的电子教案等。

二是图片素材准备。图片在一定程度上能直观地呈现一些难以用文字叙述清楚的问题，或者图片能辅以文字更好地理解和解释。图片素材的搜集要求高清晰度、高分辨率，切勿使用杂乱、低质或影响观感的图片，网络上很多图片带有水印，在使用时要将水印去除，巧妙使用各大搜索引擎的"以图搜图"功能，均可搜索到更多尺寸和分辨率的素材。图片素材资源的相关网站有百度识图、必应、别样网、Pngimg等。

三是音、视频素材准备。教学课程内容相关的音频文件多指背景音乐，背景音乐的选取最好是一些节奏舒缓的轻音乐或者钢琴曲，此类型的音乐可以使人感到心态放松、精神愉悦，有利于课程内容的学习。相关网络视频资源的获取可以通过浏览器自带视频下载插件、硕鼠、维棠等视频下载工具或者录屏软件获取，但要记得注明出处。音频资源的相关网站有：网易云音乐、落网、音效网等，视频资源的相关网站有 TED、Pexels、VJshi 等。

②制作微课所需的硬件、软件工具准备。在设计和制作微课视频之前，开发团队应准备好一系列的相关硬件和软件设备，硬件设备如平板电脑、手写板、麦克风、摄像头、笔记本电脑、视音频线等。如果团队没有相关硬件设备，则需另行购置，购置时要遵循通用性原则、便携性原则、自助性原则、整合性原则。教学工具的作用主要是辅助教师教学完成教学的实施，如 PPT、录屏类软件、后期剪辑软件等。设备的差异性取决于视频设计制作的目标、类型和用途，如果是 PPT 录制型微课，教师只需要准备带有摄像头、麦克风的普通笔记本电脑，再播放 PPT，辅助教师完成。

（2）开发人员的组成

微课开发是一个团队共同承担的合作性工作。其主要由授课教师、课程设计者、开发者、助教等人员合理分工、同心协力，共同完成课程的设计开发工作，帮助教师进行教学设计，排除技术难题。

2. 课程制作与录制阶段

（1）脚本的编写和技巧

在教学视频的开发制作之前需要提前准备授课的脚本[①]。脚本设计就是对整个教学环节的实施做一个详细的安排，包括每一步呈现的内容、形式等多方面。脚本编写是微课视频开发环节中任务比较繁重的一部分。每个视频的时间一般是 5~15 分钟，教学视频中每一种元素的呈现时间、内容都要有一定的精确性。脚本设计是后续制作实践阶段顺利完成的必要条件，需要课程主讲教师、开发团队、助教等人员共同协商完成[②]。在进行脚本编写时，设计者要将知识点的逻辑整理清楚，还要适当考虑学生的兴趣点。

在脚本设计时要考虑到学生能够最大限度地获得面对面讲授的感觉，让他们觉得不是在看视频学习，而是仿佛真的置身于生动形象的课堂之中。比如有一些基本要求：学习者可以清晰地看清楚 PPT 内容、看清相应的技术操作过程等重要内容，这些要求应是微课授课视频的设计要点[③]。另外，脚本的设计还应考虑教学内容呈现方式的合理性和要达到的效果等，这些都需要脚本设计者反复琢磨[④]。

（2）微课的设计与制作

通过在网络课程平台上学习，可以发现在线开放课程中的微课视频开发大多是用 PPT 的形式呈现，所以 PPT 课件在在线开放课程视频中就扮演了相当重要的角色。开发人员需要大量地制作 PPT，课件的设计水平和美观程度，会很直接地影响到学习者对于教学课程内容的学习兴趣。呈现方式单一、动画效果缺乏的 PPT 会让学习者觉得沉闷，导致无法完成教学目标和预测的教学效果，故要基于清晰和美观等原则制作出契合课程内容的有特色的课件。

---

① 楚云海. 从问题出发驱动微课教学——例谈任务驱动式微课教学设计 [J]. 中小学数字化教学，2018（1）：26-28.
② 曾丹. 基于 SPoC 的翻转课堂教学设计与实践研究 [D]. 杭州：浙江工业大学，2016.
③ 陶金. 基于 MOOC 理念下微课程教学设计与实践 [D]. 重庆：重庆师范大学，2015.
④ 王茜. 浅谈微课程脚本设计的技巧 [J]. 课程教育研究，2017（45）：245.

微课的教学设计是微课的精髓，可以说是一种思维模式，或者说是一种心智思考的过程。微课教学设计应该考虑微课讲授知识时要高聚合、低耦合的特点，遵循微型化、以学习者为中心、实效性和易懂性的原则，如此才可以制作出优质微课。微课教学设计模板如表 7-1 所示。

表 7-1 微课教学设计模板

章节名称				
视频时长		录制时间		
教学目标				
本视频的主要教学目标				
教学重、难点				
列举 1~3 点				
教学策略设计				
开门见山式、情境式、探究式、抛锚式、理实一体式等				
教学内容分析				
微课内容的确定				
授课方式	讲授型	视频课程类型	PPT+摄像	
教学资源选择				
教学资源采用什么多媒体资料				
教学过程				
教学环节	教学内容	设计意图	时间	
导入环节：如问题引入	举例：图片、动画 教学方法：引导启发法 教学资源形式：视频等	问题引入，引发思考		
知识点 1	……			
知识点 2	……			
知识点 3	……			
总结回顾	……			
分析评价				
教学评价以及教学过程反思	教学目标的达成等方面			

（3）录屏与音频的操作与处理

在线课程建设中，视频录制是核心内容，视频的作用就是把教材上的知识经过凝练、精简后，以解读和解析的方式搬到屏幕上，所以视频中呈现的内容要求可视化、结构化和清晰化，特别是晦涩、枯燥以及纯理论的内容要形象化、简单化、通识化和动态化，以此来达到降低学习者的认知难度、提升学习者的学习积极性和能动性，实现知识传播的目的。因此，在视频的制作过程中，应尽量选择多种媒体资料，比如表格、图形、三维动画等可视化效果好的媒体。视频录制模式包括叠加式，授课教师和含有课程内容的背景叠加，全程出现在教学视频中，这种模式应用较多；全屏式，根据教学内容采取部分时段全屏 PPT 或者动画，部分时段出现讲课老师；动画式，通过卡通角色、文字特效等讲述难解知识点；实景式，老师到实验室、野外、工厂等现场进行课程录制；访谈式，通过采访、对话或者座谈的方式讲授专业知识。另外，其还包括情景式、虚拟仿真式等。教师可以根据课程内容、课程性质以及讲课风格自行设计录制模式。视频录制中，由于没有听众或者说只有摄像师一个人在听在看，所以教师可以自然地把摄影师和镜头当作学生，模拟正常表述和交流；在讲授知识点前和讲授完知识点后，教师需要各有几秒停顿，没有任何语言和动作，以保证视频效果的美观。片头片尾是视频编辑的重点工作，也是在线课程吸引学生的一个重要部分，为了避免教学视频开始与结束显得太突兀，可以选择 PPT 中精彩的图片作为片头片尾使用，也可围绕教学内容自行设计，或者结合专业特点及学校标志等制作片头片尾，但注意时间控制在 5~10 秒。另外，后期视频制作也很重要，主要应从美化、过渡、音效等方面入手，教师也可在视频中添加自制的动画及与课程相关的网络视频等。

无论是音频还是视频录制，最重要的是保证周围环境的安静，教师声音要洪亮、断句要合理，切勿平铺直叙，在重要的知识点部分可以适当加强语气，并控制解说速度。录制的音频通常会有噪声，在录制完成后，制作者可以用 Adobe Audition 或 Camtasia Studio 等软件进行降噪处理。

微课视频录制的方式有：DV+白板，手写板+PPT+录屏，PPT+录屏软件等多种方式，本书仅简单介绍在线开放课程中最为常用的 PPT+录屏软件的录制方式。首先，查找与内容相关的多媒体资源，进行内容设计，待设计完成后，利用 PPT 将其可视化；其次，教学资源制作完成后利用相关软件进行录制与编辑，录制者可以进行配音讲解，也可以为视频添加适宜的动画效果，录制完成后可对录制的声音和视频进行剪辑和降噪等一系列处理；最后，对录制好的视频进行编辑和包装。

在视频的录制过程中需要注意几个常见问题：

①语言要通顺流畅，因为录制的视频是应用于教学，不能出现语言科学性和逻辑性错误，尽量避免口头禅和语气词的出现。

②如果出现口误，无须多次重复录制，可以停顿几秒钟后再继续讲解，这样有利于后期剪辑。

③应尽量采用比较专业的麦克风录音，这样录出来的音效比较好，录音时要与话筒保持合适的距离，避免出现"喷话筒"的现象。

④背景音乐的选择要恰当合理，太过于嘈杂往往会喧宾夺主，故讲课音量的大小要合适，以免影响整个教学视频的效果呈现和学习者的听觉体验。

3. 后期剪辑阶段

（1）视频的编辑

后期的编辑流程为：导入课程资源素材→声画同步→粗略剪辑→精确剪辑→制作特效→添加字幕→校正资源→渲染输出→流媒体转码。使用的后期编辑软件主要有 Adobe After Effects 和 Photoshop CS 等，这些软件除了编辑功能外同时还具有制作动画和添加各种效果等多种功能。视频课程的后期编辑就是将视频素材导入编辑软件中进行剪辑与特效处理。首先准备好多媒体素材，打开视频编辑软件，新建项目工程文件，设置视频课程制作要求的参数；其次将素材分别导入编辑软件的各个轨道上进行编辑处理；剪辑过程中可以进行添加标注等操作；待编辑完成后，让授课老师和专家检查核对视频，对视频课程进行分析和评价，开发者从专家那里得到众多的建议后要进行反复的修改，直至实现教学资源预期的效果[1]。

(2) 视频的包装

在线开放课程视频的包装是为了使课程更加的精美和完善，这一环节主要的工作是为课程制作符合主题的片头并添加字幕。可以利用如ProShow等动画制作软件进行片头设计与包装，片头的制作要求结合课程内容有效地展现课程风格，特效制作风格要求具有一定的严谨性，而且要以简单精美为主。视频的包装还应包括授课教师、课程名称、开发人员等与课程有关的信息。如果视频中需要呈现字幕，则可以选择一些淡入淡出的特技效果来呈现，但要注意符合人的心理特征和视觉注意特征，从而避免分散学习者的注意力。

三、虚拟仿真资源开发

虚拟仿真技术是近年来较热门的技术，目前广泛应用于教育信息化及高职院校实践教学领域。虚拟仿真资源具有沉浸性、交互性和构想性等特征，虚拟仿真资源设计需要在具身认知理论、情境认知理论及建构主义理论指导下，一方面遵循"共研共建、虚实结合、拓展共享"三大设计理念；另一方面设计架构"'一体两翼多平台'的资源建设体系、'多维度'的虚拟仿真实践教学体系、'多向度'的虚拟仿真软件和产品"三个模块，按照确定资源类型、细化设计脚本、编写设计说明书、设计实施与开发四个环节进行设计架构。

1. 虚拟仿真资源设计的指导理论

(1) 具身认知理论

具身认知观认为，环境是认知过程必不可少的部分[2]，人的认知是身体、环境、活动三者协同作用的结果[3]。基于此，虚拟仿真资源设计应将技术置于整个人类实践的境脉中考察，探索如何将技术用于扩展人类的认知系统并付诸实施，在此过程中，技术从"可见"走到"隐形"[4]；同时需要将虚拟学习空间和现实世界有机结合起来，提供学习者实践参与的、个性化、高互动的学习环境，即使学习者能够在技术支持下创造属于自己的学习环境，学习在一个合作共变的过程中得以发生。在该过程中，技术及其支持下的学习环境不再是外在于学习者的系统，而是内化为学习者认知系统的一部分[5]。

(2) 情境认知理论

在情境认识理论中，情境认知由实践共同体的边缘者逐渐成为积极主动接触实践共同体文化的核心，并在实践共同体协助下完成知识的意义组建[6]。情境认知理论强调，教学设计

---

[1] 胡进. MOOC背景下网络视频课程的设计与开发研究 [D]. 沈阳：沈阳师范大学，2015.
[2] 李海峰，王炜. 基于具身认知理论的教育游戏设计研究——从EGEC框架构建到"环卫斗士"游戏的开发与应用 [J]. 中国电化教育，2015（5）：50-57.
[3] 叶浩生. 认知心理学：困境与转向 [J]. 华东师范大学学报（教育科学版），2010（3）：42-47.
[4] 陶侃. 数字游戏中的学习脉络与场域生态 [J]. 中国电化教育，2011（9）：75-79.
[5] 王靖，陈卫东. 具身认知理论及其对教学设计与技术的应用启示 [J]. 远程教育杂志，2012（3）：88-93.
[6] 刘革，吴庆麟. 情境认知理论的三大流派及争论 [J]. 上海教育科研，2012（1）：37-41.

的理论应与实践相结合,通过真实的情境进行教学。知识通过情境获取,影响着虚拟仿真资源的教学系统和学习环境的设计与开发①。因此,运用虚拟现实技术构建虚拟教学情境,应从学习者的认知心理出发,掌握学习者已具备的知识和对情境的理解,使得新旧知识顺利衔接,形成自己的认知结构,提高认知能力;并将学习资源通过超级链接的形式添加到场景中,充分发挥学习者的自学能力②。

(3) 建构主义理论

建构主义理论认为,理想的学习环境包括情境、协作、交流和意义建构四个部分,情境创设是教学设计中最重要的环节③。虚拟现实技术的沉浸性、交互性和构想性,使学习者能沉浸其中,形成具有交互效能多维化的信息环境,把新旧知识联系起来,达到知识建构的目的。借助虚拟现实技术构建逼真的虚拟环境,能够解决学习中的情境化及交互性的问题,激发学生的求知欲,加深对知识的理解。虚拟仿真资源情境的创设多种多样,可以借助语言描述、图画展示、视频、多媒体设备创设。

2. 虚拟仿真资源的设计理念

为了创造有价值的虚拟仿真资源,使之在创新型人才培养、虚拟仿真实训教学中心建设中发挥重要作用,应建立资源融合、多方协同的合作模式,构建出技术先进、功能多样、近似真实、高效管理的虚拟环境。因此,虚拟仿真资源必须理性设计,应遵循三大理念,即共研共建(牵手行业顶尖公司、共研虚拟仿真资源)、虚实融合(虚拟资源远程控制、传统实训和虚拟实训无缝对接、开放融合)、拓展共享(重视实训教学、拓展资源共享)。这三种理念共同指导高质量虚拟仿真资源的设计与开发过程。

(1) 共研共建——牵手行业顶尖公司,共研虚拟仿真资源

虚拟仿真资源在设计过程中,应坚持开放共享,突出实训资源的"高精尖""现代化"和"职业化",与国内顶尖公司共同研发虚拟仿真实训系统与软件,结合实体实训教学资源,与国内外多家大型产业基地合作,形成"一体两翼多平台"的实训教学体系,借助虚拟场景制作仿真实训软件,让学习者参与各类仿真实训和场景实训。唯有如此,才使开发的资源具有不可替代性和可移植性,才能延伸实训的空间性和实践性,提升学习者的学习兴趣和能力,提高实训的效果和效率。

(2) 虚实结合——虚拟资源远程控制,虚实结合开放融合

虚拟仿真资源可以把实训成本高的大型综合训练项目,以及环境、硬件、安全无法保障的实训项目,通过虚拟仿真实训教学完成;大型昂贵的实体实训一般在共建的产业实践基地完成;基础性的实训、一般性技能训练,则通过校内实训中心的实体进行实训。部分虚拟仿真实训资源,可以通过相应网站的开放共享实训课程实施远程操作,达到与实训室操作同样的实训效果。同样,学习者可以借助课程资源共享平台或手机微信公共号与实践指导教师交流,得到实时指导。虚拟仿真资源容易远程操作,其建设应遵循"能实不虚、虚实结合"的原则,促进其可持续发展和良性循环。

(3) 拓展共享——重视实训教学,拓展应用领域

虚拟仿真资源设计应以单元集成、自主研究和开发、校企合作开发、虚拟仿真技术研究

---

① 巩子坤,李森. 论情境认知理论视野下的课堂情境 [J]. 课程·教材·教法,2005 (8):26-30.
② 赵玉英. 基于虚拟情境的教学资源的开发与实践 [D]. 石家庄:河北师范大学,2011.
③ 傅伟,赵淑兰. 从建构主义视角看现代教育技术 [J]. 中国教育学刊,2014 (5):72-76.

成果转化、典型工程项目转化为主；强调实践教学的重要作用，结合实训教学实际，关注虚拟仿真再现工作，并将其设计为虚拟实训资源。同时，注重校企合作、资源共享，通过校企合作共同开发实训软件，形成"产学研"一体化的实践教学体系；采用科研成果和校企合作开发，使资源具备良好的科学性、前沿性、实用性，保证资源的先进性、创新性。因此，虚拟仿真资源设计应体现实训资源整合、教学科研结合、校企联合的"三合"理念，使得资源真正共享、全面共享成为可能，进而推动资源的开放及推广应用。

此外，虚拟仿真资源设计也体现在3个"1+1"模式上，即"课程+项目、创作+竞赛、虚实+基地"。其中"课程+项目"是精心设计实训资源，结合研究课题和教学创新实践，全面提高实训的针对性和技能掌握的实用性，开发出针对性强的资源。"创作+竞赛"是实训资源在技能实训的同时强调整体创作训练，鼓励学习者利用各类专业竞赛带动科研创作与实践技能的提升。"虚实+基地"指设计的实训资源，强调理论与实践融合、校内与校外兼容、校企兼容、专业互补等；同时，通过校外创新实践基地进行全方位的实体体验，从而达到"虚实相应、协调互补、全面提高"的实训效果。

3. 虚拟仿真资源的设计框架和内容

新一代虚拟仿真技术注重学习者的主动参与，使虚拟仿真资源发展转向"理、虚、实"一体化方向，即将"有限的物理空间"拓展成"无限虚拟空间"，实现多地、多校、多专业的资源整合和共享，形成虚实结合、师生互动、自主学习的虚拟环境。目前，将仿真平台和各种教学资源融为一体，实现教学内容立体化、教学过程和管理现代化，并通过平台实现在线教学管理、学习指导、成绩考核等，已得到广泛应用。

虚拟仿真资源作为虚拟仿真实训中心建设的重要组成部分，目前还缺少成熟的设计理论和开发过程模型。虚拟仿真资源设计应充分考虑信息特点，采用面向对象设计方法，遵循模块化设计理念，各资源模块应划分清晰、相互独立、具备高内聚、低耦合的特点。为此，基于对虚拟仿真资源的认识及实践经验，研究构建了虚拟仿真资源的通用设计框架，该框架包括四层，即理论指导层、模块要素层、资源样态层和资源管理层。

虚拟仿真资源设计在具身认知、建构主义和情境认知理论的指导下，由实现虚拟仿真教学系统所需的多类资源组成，主要包括仿真软件和产品、教学素材资源、相关平台和实践教学体系。其中教学素材资源是资源库建设的核心任务，网络平台是资源库运行的关键要素，实践教学体系提供了支撑架构。教学素材资源主要建设虚拟实验、课件、图片、视频和动画等素材，为学习者提供设备、操作练习及实验案例等资源，如虚拟实训开发、教学课件、教学动画及教学录像等；同时，还要设计出满足实训教学、互联网教学、课堂教学的仿真软件和产品，开发出不同形态的资源。此外，虚拟仿真资源还应加强管理，如O2O、仿真创新活动等。

（1）"一体两翼多平台"的资源建设体系

虚拟仿真资源设计应以"虚拟结合、资源共享、开放融合"的理念，构建"一体两翼多平台"的资源建设体系。"一体"指实训资源体系，"两翼"指实体实训资源和虚拟实训资源。实体实训资源即传统的实训平台资源，虚拟实训资源包括"虚拟场景制作仿真实训""特殊虚拟仿真实训"等资源。实际上，实体实训为虚拟实训提供内容资源和实训目标，虚拟实训则通过高效、便捷、低成本的方式成为实体实训的重要支撑。

（2）"多维度"的虚拟仿真实践教学体系

虚拟仿真资源设计应着眼于社会需求和未来发展，紧密联系实体实训和理论教学，构成

"虚拟、实体、理论"三位一体的课程体系，将虚拟实训分为基础实训、技能训练、综合实训三个层面，强调与理论、研究成果、企业、实体实训的融合，打造"产学研"一体化的资源建设模式，如常规实训、实训仿真（教学、培训）、科研服务实训项目、虚拟仿真实训项目演示、实训课程和实训项目的多媒体课件演示。通过观看实训视频或课件，可以了解实训过程，完成部分虚拟实训操作，提高学习的主动性、获得更好的实训效果。

(3) "多向度"的虚拟仿真软件和产品

虚拟仿真资源的实践教学应用主要体现为：课堂教学（多媒体教室+互联网）、实训室教学（局域网络版）和互联网教学（在线教学平台，如笔记本、iPad、手机等）。但目前高职院校的虚拟仿真资源多存在知识点掌握度不够、规范操作意识薄弱、实践能力差等问题，虚拟仿真资源设计需要遵循"虚实结合、相互补充、能实不虚"的原则，需要开发面向不同学习者的虚拟仿真软件，需要和企业合作开发虚拟仿真产品。

4. 虚拟仿真资源设计的流程

虚拟仿真资源是根据用户需求开发的仿真资源，包括系统和设备的三维模型、相关视频和动画、操作流程、典型案例等。目前，国内对虚拟仿真资源设计的具体流程还处于探索阶段，大多是对虚拟仿真实训教学中心的设计和研发。为实现优质资源的充分共享、满足专业建设和现实发展的需求，研究提出了虚拟仿真资源设计的通用流程，包括：确定资源类型、细化设计脚本、编写设计说明书、设计实施与开发四个环节。

(1) 确定资源类型

传统的实训设备和技术条件有限，集成度低，完成的实训功能单一，因此虚拟仿真资源设计首先要明确资源的类型，提供资源设计指导书、设备图片、示意图或视频（展现或说明设备的结构、原理、使用过程）等必要的说明材料。如虚拟仿真资源平台应具有丰富的网络实训教学资源，包括基础实训、实践培训、实训项目介绍、部分虚拟仿真实训项目的演示视频、课程和实训项目的多媒体课件等。通常，虚拟仿真资源主要包括实训教学类、实践培训类和科研服务类等资源，这几类资源应满足学校、企业、地区的虚拟仿真实践教学需求，实现校内外、本地区及更广范围内的资源共享。

(2) 细化设计脚本

脚本应包括虚拟仿真资源涉及的实训项目、实训软件、仿真环节等设计、展示形式、实训的方法和步骤、实训数据分析方法及标准等。其中，"教"的环节主要涉及教学流程、实验注意事项等文字、视频或语音的介绍；"学"的环节需要展示相关内容，如观看实训步骤、了解实训设备结构及操作方式等；"练"的环节主要是进行实训练习、模拟演示、实训操作等；"考"的环节主要描述实训数据的分析、处理方法，得出实训结果，对使用者的演示、操练过程进行评价等。

(3) 编写设计说明书

虚拟仿真资源设计需要依托虚拟现实技术、360度全景展示技术、网络通信技术和人机交互技术等现代技术手段，以实现多种功能为主；同时，通过情景再现，为实训提供支撑和数据支持。虚拟仿真资源设计需要编写"设计说明书"，介绍制作软件、注意事项以及操作使用方法（如相应设备、仪器、仪表、工具等的图片或录像）。

(4) 设计实施与开发

虚拟仿真资源是多种教学资源的融合，需要构建技术先进、功能多样、贴近实际的虚拟环境，为学习创造有利条件，使资源建设促进教与学模式的变迁。因此，在脚本设计基础上需要对虚拟仿真资源进行虚拟场景、三维模型的搭建，制作相关视频、动画、演示操作等。此外，设计虚拟仿真资源时还需考虑操作场景模型，按照虚拟教学训练平台要求设计仿真资源包，而且视频和动画制作还要根据制作脚本整理、制作、输出素材。

5. 虚拟仿真资源设计实践

下面以湖南汽车工程职业学院汽车技术与服务虚拟仿真实训资源开发为例，进行详细讲解。

（1）开发实训模块化的教学资源包

按照汽车技术类专业群内的专业课程资源共建共享原则，依据专业教学标准和岗位标准，以虚拟仿真实训基地建设为依托，以智慧实训云平台为主要平台，整合学校和企业的优质资源，针对各个实训教学模块初步构建包含"教、学、做、评"的教学资源包。为学校师生、企业员工和社会学习者提供课前、课中、课后所需的教学大纲、课程标准、教学设计、教案教学案例、课件（PPT）、课中测验、电子工单、习题库与答案、拓展案例等文本资源以及 AR/VR 辅学资源、新形态一体化教材（视频/动画）、汽车 VR 智慧教育教学平台（虚拟实操/数据记录）等虚拟仿真资源。实训教学资源包示例见表 7-2。

表 7-2　实训教学资源包示例

环节	文本资源	虚拟仿真资源	实训设备
课前	教学大纲 课程标准 教学设计/教案 教学案例	AR/VR 辅学资源 新形态一体化教材（视频/动画） 汽车 VR 智慧教育教学平台（虚拟实操/数据记录）	开放共享智能实训设备
课中	课件 PPT 课中测验 电子工单 教学案例	AR/VR 辅学资源 新形态一体化教材（视频/动画） 汽车 VR 智慧教育教学平台（虚拟实操/数据记录）	开放共享智能实训设备
课后	习题库与答案 拓展案例	AR/VR 辅学资源 新形态一体化教材（视频/动画） 汽车 VR 智慧教育教学平台（虚拟实操/数据记录）	开放共享智能实训设备

以目前已经开发完成的汽油发动机虚拟实训模块教学资源包示例。该模块旨在帮助学生理解掌握发动机的结构与工作原理，锻炼学生拆装发动机及其零部件的动手能力，使学生具备融会贯通、独立思考的素质，成为从事汽车相关工作的技能型专门人才。针对该实训模块，我们开发了教学大纲（含课程标准）1 套、教学设计/教案 1 套、PPT 课件 18 个、习题库与答案 1 套、案例 1 套、动画 20 个、视频 12 个、AR 辅学资源 1 套、AR 辅学手册 1 套、GPT 1 套、AR 平台（App）1 个。其中，虚拟仿真辅学资源里包含四大模块：发动机拆卸、发动机安装、发动机结构展示和发动机原理展示，如图 7-2 所示。

发动机拆装实训（包含四大模块中的发动机拆卸、发动机安装）。拆卸实训子模块（见图 7-3）中模块包含发动机整体、正时机构、气缸盖、气缸体拆装，且具有工具箱、零件箱等功能板块；软件提供一个高自由度拆卸环境，每一个零部件拆卸都要求给出一个镜头特写。拆卸演示效果要求简单、逼真。拆卸步骤要求按实际工业机器人拆卸工艺过程进行。拆卸实训内置三种模式分别为引导模式、实训模式、考核模式。

图7-2　发动机VR实训系统

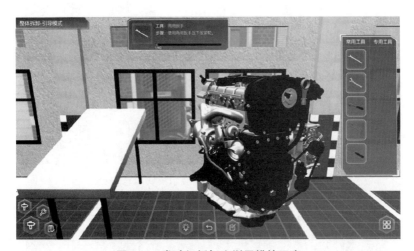

图7-3　发动机拆卸实训子模块示意

发动机结构展示。发动机结构展示模块（见图7-4、图7-5）内部可实现模型的透视、隐藏、爆炸功能，通过按钮和图标可以实现选中零部件的透视以及零部件的隐藏，可以进一步方便学生查看相关零部件的装配关系和位置。

发动机原理演示。发动机原理展示模块（见图7-6）内置四冲程发动机的原理展示，这样可以方便学生查看发动机内部的运行状态。

（2）开发"1+X"课证融通信息化资源。

为深化复合型技术技能人才培养培训模式改革，还研究了"1+X"证书制度实施，推进课证融通，以岗位技能认证能力目标，将初、中、高级职业技能等级标准融入在线课程，建设了"1+X"信息化资源，构建培训考核功能，通过电子化任务工单、维修资料、实操视频、模拟考核、过程记录等提升职业能力，如图7-7所示。

图 7-4　发动机结构展示模块示意

图 7-5　发动机结构展示模块示意

图 7-6　发动机原理展示模块

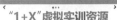

图 7-7 "1+X" 课证融通信息化资源

四、虚实资源深度耦合

随着虚拟现实（Virtual Reality，VR）、增强现实（Augmented Reality，AR）、大数据、云计算、人工智能、5G 等新一代信息技术的广泛应用，人类的学习环境由以计算机投影为基础的多媒体学习环境逐渐发展为以虚拟现实技术为基础的虚实耦合的学习环境。虚实资源是虚实耦合过程中的核心内容，如何实现虚实资源深度耦合是高职院校虚实耦合的重中之重。基于课程教学的角度，可以从虚实耦合的课程资源环境以及学习活动设计等方面促进虚实资源的深度耦合。

1. 虚实耦合的课程资源环境

在众多的实训课程教学环境当中，编者尤其关注了虚实耦合实训教学环境。对于虚实耦合，不同的学者有不同的定义。编者结合技术发展的趋势，给出了虚实耦合实训环境的初步定义：为了达成实训课程教学目标，由实体性设备与数字化资源组成，通过传感、互联等技术将现场环境与虚拟环境有机结合在一起，能支持系列化、弹性化实训教学任务的生成，促进学生的知识技能学习并整合形成职业能力与综合素质的一类教学环境。

（1）基本特征

相对于传统的实训教学环境，该环境具有以下三个方面的基本特征：

①技术特征：多种技术的渗透与耦合。虚实融合实训环境的最大特征在于"技术性"。分析发现这类环境的创设一般是基于技术的运用，其核心基础是计算机技术，以及与计算机技术高度关联的"虚拟现实技术""机电一体化技术"与"物联网技术"，在实际的应用当中，这些技术本身又在不断相互渗透与耦合。

技术实现的一般路径是"以实引虚"。即在一定的"实"的环境基础上引入"虚物""虚像""虚景"以及"虚的信息"等等，从而促进"物""像""景""信息"等的有机结合或耦合。正是因为这种"技术性"，虚实耦合的实训环境往往由专业公司经过专门的设计，虚实耦合的载体多表现为一种"器具"或是"教学平台"。虚实耦合的实训环境可以通过这种技术特征进行识别，识别的标志是环境中的要素，即与计算机技术相关的技术参与，以及虚实结合或耦合的程度。

②结构特征：多层次的结构与丰富的连接。虚实耦合实训环境不是简单的"技术组合"，而是作为"教学环境"经过了专门的设计与开发，因此其结构更加丰富与完整。表现在环境要素上，既有支持操作体验的各种"器具"与"物品"，也有支持"教"的各种设备；既提供了支持学习者之间交流的网络空间，也提供了现场学习的职业情景以及企业文化渗透的各种标志物。在层次上表现为支持操作的"器具"，支持教学的"设施"，支持交流的"空间"与"平台"，支持信息流动的"网络"（物联与互联），以及作为文化心理层面的职业情景以及文化渗透。这种层次性与传统的实训环境之间存在重要区别，它不仅支持技能的习得，也表现在支持职业情景下的全面学习。

在要素与要素之间、层次与层次之间，虚实耦合的实训环境内部存在多种连接，有物理性的连接，即"器具"当中软、硬件之间的各种接口，器具之间的连接，即通过传感技术、互联网以及物联技术的各种连接。除此之外，还有作为环境氛围的各种人际间的连接。多层次的结构与丰富的连接在理论上使虚实耦合环境在"内部相洽"的同时，又对"外部开放"。

③功能特征：全面支持学习者的"学习产出"。虚实耦合实训环境因为其较完备的结构，因此，潜在地具有对教学的多向支持功能。从大的方面看，既可以支持问题解决，也可以支持非正式学习，打破时空限制，实现自主学习等；从具体的学习产出角度看，学习者通过与环境中的"器具"互动获得"知识与技能"，在相对真实任务的完成过程中获得能力，在职业情景下获得情感发展，同时提升相应的素养。与一般的教学环境相比对，虚实耦合实训环境充分方便了学习者与资源之间的互动，即在环境的支持下，师生协同，生成虚实耦合的教学任务，学习者根据任务与环境展开互动，产生体验性学习，最后体现在学习者身上的，也就是学习产出的"虚实耦合"，其中既有知识技能方面的产出，也有情感、态度与价值观等方面的产出。

因此，虚实耦合是一个"自下向上"的发生过程，正如一根拉链，从下端开始结合，一直拉到上端。而在这个过程中，虚实的内涵也发生了变化，从具体技术层面上升到教学活动层面，再上升到人的素质发展层面。

（2）虚实耦合实训教学环境的典型结构

实训教学环境具有复杂性，它既有可视的显性结构，更具有抽象的隐性结构，要发现隐性的结构，并抽象出合理的模型需要从不同的视角出发，从三个不同的视角研究其结构问题，一是现场调查，从物的视角分析；二是课堂观察，从活动的视角展开；三是互动分析，从信息流动的角度研究教学过程中教学环境作用发生的机制。

通过现场的调查以及教学活动分析，发现该实训教学环境结构层次丰富，同时还发现它的另一个特点，即它的内部要素之间的联系更加紧密，不同物品之间、物品与学习者之间都有更加丰富的联系。

①虚实耦合实训环境的四层级结构。虚实耦合实训环境具有特定的结构，一般而言，虚实耦合实训环境具有四层级结构，外显的结构表现在实训室当中，即操作层与展演层；还有两层是既处于实训室之内又处于实训室之外，与外显的结构之间形成互补关系，定义为交流层以及支持层。上述不同层级在功能上存在重叠。例如交流层，载体表现为课后的讨论区，基于网络的班级交流区，基于资料的资源等。支持层主要由企业提供教学支持，如技术保障、教师培训、活动组织、教学指导，当然也提供各种层次的交流。四个层级都有信息交流

的功能，只是交流的层次与内容不同而已。

②层级之间的连接与传导。需要进一步关注的是四个层级之间的连接与传导。这种连接是虚实耦合的，实的连接通过数据连接、互联以及物联等手段实现的，虚的连接是通过人际关系实现的。从信息流动的角度看，不同层级之间又是平行的，任意两个层级之间都存在信息流动通道，也存在信息流动。在实际教学的过程中，信息流动得越通畅，表明教学中的互动性越好，可以支持取得更好的教学效果。连接是为了传导，如果没有传导，连接的功能得不到实际的发挥。在操作层产生的数据，如何有效传导到展演层，需要教师的控制，可见传导的开关控制在教师的手里，仔细分析教学发生的过程可以发现，不同的教师对于信息源的利用情况不一样，这就反映了其对传导开关的控制不同。

（3）虚实耦合实训教学环境的主要功能

虚实耦合实训环境具有四个层级结构，各个层级之间具有丰富的连接，形成一个联系紧密的整体。正因为如此，虚实融合实训环境具有更加强大的支持教学的功能。它的功能主要分为五种，这五种功能相当于五个支柱，对实训教学活动起到支持和促进的作用。

①支持任务生成。虚实耦合的实训环境，具有一定的"智能性"，因此能够帮助生成教学任务。事实上，许多虚实耦合的实训环境其构成的主要设备是操作平台，这样的操作平台本身就是一个"任务生成器"，目前大量的技能考核设备就是因为能生成各种虚实耦合的任务而在实训以及技能的考核与比赛中得到了广泛的应用。虚实耦合环境下生成的教学任务往往是"虚实耦合"的，虚实耦合就是要把虚的变量与实的变量的优势都加以充分发挥，克服相对的弱点，这在理论上是可能的，在实践中是有价值的。"虚"可以实现大尺度的变量：虚拟加工中的零件直径，可以远远超越真实的车床；模拟驾驶中的道路，可以无限延长；企业经营中的资金，可以无限增长；等等。由教学环境生成的任务是对真实任务的教学化改造，其挑战性可以控制，即任务的难度是可以设置与控制的，一般通过参数设置的方式实现，在模拟驾驶中可以通过参数的控制来设定难度的系数。

②支持操作体验。实训的过程在本质上是一个学习者自主行动与体验的过程。虚实耦合环境提供了学习者自主操作与行动的巨大可能性，学习者在与环境的互动中模拟生产与服务的过程，这种体验是虚实耦合的，至少有以下三个层面：

一是感官体验。虚实耦合的实训环境提供了各种经过设计的"器具"与"情景"，供学习者操作体验，学习者在与器具互动的过程中获得各种感官的刺激，这种"操作"保留了比较多的"实"的成分，或是通过引入"虚像"等做法，从而增强真实感。本质上，虚实耦合的实训环境提供了模拟真实生产与服务的可能性，在减低成本的情况下尽可能产生各种相对真实的体验，让多器官参与学习。

二是情感体验。情感体验是实训教学中更复杂的部分，在各种感官体验的过程中，必然同时或是延时伴随着情感的体验。这种情感的体验是多样的，如任务之难易，快乐与忧伤，兴奋与沮丧。情感的体验具有学习个体的差异性，对于同样的任务，在完成的过程中不同的个体体验差异巨大；情感体验会对学习产生不确定的影响，可能促进学习，也可能抑制学习。

三是认知体验。虚实耦合的实训环境支持体验性学习，在操作体验的过程中自然形成情感体验，随着情感体验强度的增加以及积累，会产生新的认知体验，这是学习产出中的最重要部分，这样的认知对学习动机与工作动机都会产生正面的影响。

③支持多向互动。虚实耦合的实训环境因其层级丰富以及相互之间的紧密联系，扩大了环境的内在时空范围，因此具有支持多向互动的功能。这种多向互动表现在以下几个方面：

一是"学习者与器具"。实际的虚实耦合环境中多存有一种产品性设备即器具，学习者与器具之间的互动是方便的，而且还可以做到半智能化，在这样的环境中，学习者可以实现相对自主的学习。器具的背后是资源，虚实耦合的实训环境一般与相应的"资源库"连接，因此，学习者可以方便地查找相应的资源，这等于在一定的程度帮助学习者进行了导航式或是补充式学习。

二是"学习者与同伴"。首先学习者与学习者之间的丰富互动是虚实耦合实训环境的重要特点，环境设计一般会考虑学习者进行角色扮演的问题，因此，学习活动的组织多是分工协作式的，学习者之间必然存在多样的互动；其次，由于虚实耦合环境扩大了学习时空，学习者之间的互动可以延伸到课外，学习者也可以由同组延伸到班际，甚至是校际。

三是"学习者与教师"。虚实耦合的实训环境支持任务生成，学习者在一定的程度上可以自己选择任务进行操作，具有自主性与弹性，因此在实训的过程中会产生更多的具体问题，由此引发一种新的互动需求，即学习者向教师提出问题并要求其提供帮助，而不是教师向学习者提出问题，再要求其解答，这样的互动有助于学习者进行深度学习。

四是"学习者与自己"。由于虚实耦合环境下的实训具有丰富的体验性，在操作与行动的过程中，学习者需要进行自我决策，这是一个行动改进的过程，需要反思与跟进。虚实耦合环境下的教学在一个阶段结束之后，一般要求学习者进行总结与反思，并作为档案资料保存。因此，这种教学形式能促进学习者与自我的互动，有助于开展反思性学习。

五是"学习者与企业"。虚实耦合环境把互动的视角引向了企业，一方面，这是由于企业的主动性以及培养市场的需要引起的；另一方面，这也是由于学习者的内生需要唤起的，当与企业的产品、技术建立起连接之后，学习者与企业之间的互动就能帮助学习者更早地了解企业文化，为职业生涯做好准备。

④支持过程记录。支持过程记录是虚实耦合实训环境的最显著功能之一。在虚实耦合环境的开发过程中，计算机与信息技术总可以被充分运用，因此，虚实耦合实训环境与一般的教学环境不同，具有支持过程记录的功能，并且这样的功能随着技术的发展越来越强大。从已存在的实训环境来看，过程记录至少有三个层次：

第一个层次是操作结果的记录，与任务的设定相匹配，对于每一个学习者的每一次操作都记录相应的操作结果，并可以自动给出评价，这种记录可以帮助教师对学习者的操作情况做出评价，因此，可以大量应用于实训、考证等环节。事实上，各专业公司开发的虚实耦合实训设备都实现了这一层次的过程记录。

第二个层次是操作过程的数据化，即整个过程是以数据化的形式来呈现的，学习者操作时的每一步，每一个参数都可以被实时记录，一些先进的虚实耦合装备甚至实现了操作过程的可视化，还可以回放。操作过程的大数据记录对教学的支持作用表现在多个方面，它可以帮助教师提取相关的信息点进行集中的点评，可以帮助教师对教学的过程与效果做出评估，更可以帮助学习者自己进行回顾性反思。

第三个层次是学习过程的综合记录。就整个虚实耦合的实训环境而言，由于存在一个交流层，并在其上建立了相应的实训学习交流区或是网站，学习者上传用于交流的总结体验报告等便是一种更加综合的过程记录。这类记录有两个明显的特点：一是它与前述的系统自动记录的数据之间形成互补，可以相互说明、相互解释；二是它具有系统记录或是机器记录不具备的优点，即可以记录感受、心情以及收获等，而这些都是教学活动的结果也是教学成效重要的影响因素。无论是通过技术的数据记录，还是通过网络平台保存与呈现的书面记录，都是在虚实耦合实训环境下提供的，在本质上都能帮助学习者获取更加充分的信息，获得激励，实现反思性学习，找到改进路径等，有助于能提升学习效果。

⑤支持素养提升。学习者在与环境的互动中获得学习产出。因此，学习环境的丰富程度在很大程度上决定了学习产出的丰富程度，也决定了产出的综合程度。虚实耦合的实训环境提供了经过"放大"的学习时空，因此有可能帮助学习者获得更丰富的学习产出，并有助于他们最大化地提升能力综合。这类记录有三个明显的特点，具体如下：

一是促进知识与技能的融合。一般的实训环境支持技能学习，学习者在与"器具"的互动中，经过反复的训练，形成技能。虚实耦合的实训环境是一种更加综合的环境，它在支持技能学习的同时，还通过各种层级之间的联系，获得知识性的资源，即学习者的技能习得与知识学习是同步的，这就有可能促进知识与技能的融合。

二是促进能力综合。虚实耦合的实训环境提供职业的情景，学习者一般采用角色扮演的方式，在职业情景下，开展体验式学习。在学习的过程中，学习者之间依据角色分工相互合作、不断协调，可以帮助学习者学会处理工作中的各种关系。虚实耦合的实训环境支持职业情景下的角色扮演与合作学习，在较高的层次上再现了真实的生产与服务，因此学习者可能习得职业能力，并且可以将其迁移与运用，这就等于把技能学习提升到了能力的高度。

三是促进素养提升。虚实耦合的实训环境一般由相应的企业与公司开发，因此，其天然具有企业的属性，实训环境中无处不渗透着职业的文化，从环境中物品的摆设、环境的布置以及操作的规程，都会对学习者产生浸润式的影响，这在无形当中会帮助学习者提升职业的素养。

这几方面的因素综合在一起，即把学习者置于一个更高的要求中，学习者的习得就会沿着环境支持的通道从技能习得上升到能力获得层次，然后再上升到职业素养的形成层次。当然，这样的上升过程是潜在的，需要教学活动与组织活动的进一步保证。

2. 虚实耦合的学习活动

学习机制是建立在学习者元认知水平基础上的认知发展过程。若要理解虚实耦合环境下学习的发生机制，则需要分析该环境所能提供的学习经验及其学习发生的过程。为了更好地发挥虚实耦合学习环境在促进学生学习方面的优势和潜力，有必要对该环境下的具身学习活动设计进行深入研究。具身学习活动是基于具身认知理论设计的学习活动，其目的是激发学习者全面参与的热情，具有"情境化""做中学""身心协同"等特征。根据具身认知理论，学习是需要学习者身心共同参与学习活动，以行为促认知，以认知促行动的有意义加工的过程。它不是简单、机械的动手操作，也不是纯粹的头脑想象，而是"理解性"学习的过程。基于此，提出面向虚实耦合环境的具身学习活动设计框架。该框架包括确定期望结果和评估证据、分析学习者特征和学习内容、设计学习活动和指导、基于虚实耦合环境的课程开发、课程评价及修正6个部分，共有10个步骤。此框架以提升学习者的"核心素养"为目标，并通过目标、评估、活动三者的内在一致来保证教学方向的正确性。

（1）确定期望结果和评估证据

根据教学设计框架，在设计具身学习活动时应首先确定期望的结果，也就是教学目标。

教学目标的确定要以学习者的"理解"为核心，这里的"理解"是建立在具身基础上的意义建构的过程。在以"理解"为核心的基础上，再结合国家课程标准、人才培养目标、学科特点和学习者的自身特点，制定切实可行的具体目标。明确期望结果之后，再确定相应的评估证据，评估证据要能反映预期结果。评估证据应以绩效任务为主，从解释、说明、运用、转换观点、同理心、自我评估6个方面评估"理解"，即学习者可以用自己的语言来解释概念、原则和过程；能够通过图像、类比、故事和模型来说明数据、文本和经验；在新的复杂环境中能有效运用和调整已有知识；通过观察大局和认识不同的观点来展现视角；通过敏感地感知和换位思考来表现共情；通过表现出元认知意识、反思学习和经验的意义来获得自我认识。这6个方面没有等级区分，且具有具身性的特点。在实际确定评估证据时，需要根据培养目标和内容性质选择其中相应的方面。除此以外，其他任务也可以提供佐证，如传统的测验、测试、观察和工作样本等，亦可以通过多方面立体化的评价来更准确地评估学习者的学习效果。

（2）分析学习者特征和学习内容

由于虚实耦合环境下的学习需要学习者参与密切交互活动，并以此来获得具身学习体验，因此需要根据学习者特征进行有针对性的设计。分析学习者特征的工作主要从认知能力、知识基础、共同特点和个体差异等方面开展，是后续学习任务和活动安排、学习媒体和策略选择的依据。根据皮亚杰的认知发展理论可知，学习者的认知发展水平存在差异。因此，进行教学设计时需要针对不同认知发展水平的学生安排适当程度和复杂性的具身学习活动。除此以外，还要考虑学习者的知识基础、共同特征、个体差异等因素，如针对体育生的教学，可以设计较高身体参与程度的活动，针对残疾人群的教学要设计符合学习者条件且能弥补其身体不足的学习活动。另外，不同学科或主题的教学也需要考虑对应的具身设计要求。

（3）设计学习活动和指导

为了达成学习目标，还需要根据期望结果和学习内容细化学习任务、活动和资源。由于以"理解"为核心的教学需要给学习者更多主动建构的机会，因此，教师在设计学习活动和指导时应适当留白，并尽量提供知识迁移所需的支持。

①根据学习主题设计系列学习任务。学习任务的设计应注重真实性、目的性、活动性和教学性。在根据主题安排系列学习任务方面，可参考杰罗姆·范梅里恩伯尔等人构建的4C/ID模型。该模型将复杂的学习项目分解为4个相互关联的基本要素，即简单学习任务、支持性信息、程序性信息和部分任务练习。教师在以此为基础设计虚实融合环境中系列学习任务时，可以先根据学习主题，将复杂任务细化为一系列难度递增的具体任务，再设计相应的支持性信息和程序性信息，从而为学习者提供合适的"脚手架"。当学习者完成整个学习任务后，教师可根据学习情况为其安排不同类型、不同程度的部分任务练习，以增强学习者对部分技能的掌握和运用能力。整个设计过程需要注意任务的连贯性和难易度。

②根据学习任务设计学习活动序列。根据学习任务选择学习活动时，不仅要考虑学习者特征、具体的学习任务和媒体的特性等因素，也要考虑该学习活动是否有助于学习者建立社会联系和认知联系。社会联系的建立可通过小组合作、集体探究等方式进行，既能使学习者在观察模仿中获得认知的发展，也锻炼了学习者的表达能力、沟通能力等社交能力。认知联系的建立需要将知识放在更广泛的环境中来理解，通过与学习者过去已有经验或现实世界建

立联系，使学习者的认知图式更加完整和立体。但无论是社会联系还是认知联系的建立，都需要与所要学习的知识密切关联，并以知识逻辑来建立内在联系。学习活动的组织可按照 5E 模式教学，即先将学习者已有的相关经验引入新知识，然后在虚实耦合环境下组织学习者参与活动探究新知识，接着展示讨论学习结果，教师引导学习者，帮助学习者进行知识迁移，并将评价贯穿活动过程。

（4）媒体和环境设计

根据约翰·布莱克的具身教学框架，学习者具身认知的发生必须首先通过物理方式（直接、替代或增强实施方式）作为一种完整的感知体验，然后通过想象的实施方式维持学习活动，最终促进学习迁移发生。因此，在传授新知识时，教师除了联系学习者已有的知识经验外，也要适当利用物理、虚拟或信息空间的媒体和资源为学习者具身经验的产生营造条件，然后通过想象具身实现认知建构。

在选择和设计各类学习媒体时，主要需要考虑学习活动的特征与性质，如自然观察类活动可以通过物理空间直接观察或虚拟现实技术模拟观察以获取经验，实验操作类活动以在物理实验室动手操作或在虚拟实验室模拟操作为主。除此以外，还要综合考虑空间限制、学习效果、价格、危险性、操作难易等多种因素。由于在物理、虚拟和信息三元学习空间中，各类教学媒体导致学习者的身体投入程度不同，其具身程度也不同，这就为各类媒体的选择提供了更多依据。物理空间的媒体交互涉及身体的不同投入程度，包括学习者头部的五官和大脑感知、上肢的手部动作、全身运动或实验，以及研学旅行、多媒体环境下的活动等多种交互方式。信息空间的媒体交互主要通过学习者的头部和上肢完成，如信息获取通过学习者头部的大脑、视听感官参与交互，而信息查询则通过上肢操作鼠标或触屏交互。虚拟空间的交互同样需要身体不同程度的参与，只是利用虚实融合技术替代了现实中的设备或环境，如用体感游戏代替真实操作。

泛用篇

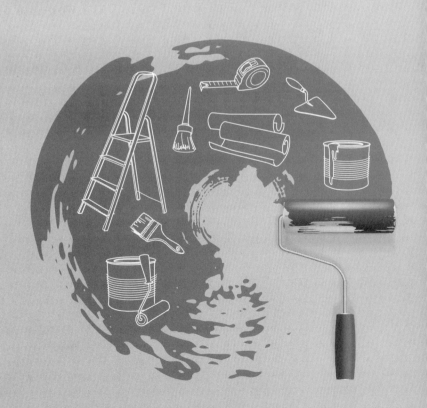

第八章

创新模式：在线开放课程的应用策略

一、课程搭建定制式

资源建设中，系统知识被人为"拆分"，配套资源之间的知识关联被割断，虽然带来了碎片化学习的便利，但获取的大量堆积信息，无法满足学习者全面成长的需求。因此，定制式搭建课程是在线开放课程应用的基础，适应广泛的应用需求。

1. 定制式搭课内涵

在线开放课程的建设过程要梳理出各种需求之间的关系，将繁杂的课程归类、简化，建立逻辑清晰的课程体系，服务学习者的个性化发展。定制式搭课并不否定群体性选择的价值，它既包括面对全体学习者共需的"课程超市"，也包括面对群体学习者需求的分类配置，更包括针对个体学习者特需的定制服务。定制式搭课是以学习者需求为导向，遵循"满足共需、服务特需"的基本准则，通过开放教育空间，创新课程形态，提供匹配性课程资源和选择性活动模块为学习者群体或个体量身定制学习内容，促进学习者的个性化发展。具体来讲，定制式搭课包含四个核心元素，即需求导向、资源匹配、定制服务和个性发展。

①需求导向是定制式搭课的逻辑起点。有学者认为，"学习者是课程内容的决定者，他们不仅决定课程内容的性质，而且决定课程内容的数量"。学习者是课程开发的重要一维，是课程价值彰显的承载者。但是，在具体的课程设计中，我们通常都把学习者当作一个抽象的名词，只进行共通性分析，而缺乏个体性观照，使课程和个体学生之间留有不可弥合的"缝隙"和"漏洞"，从而弱化了在线开放课程的育人价值。事实上，"每个学习者都是一个非常具体的人，他有自己的历史，这个历史是不能和任何别人的历史混淆的。他有自己的个性，这种个性随着年龄的增长，越来越容易被一个由许多因素组成的复合体所决定。这个复合体是由生物的、生理的、地理的、社会的、经济的、文化的和职业的因素所组成的，而这些方面对于每个人来说，都是各不相同的"。定制式搭课强调"满足共需、服务特需"，它充分考虑了群体和个体的特殊需求，意图为每个学习者存在的差异性创造可能的教育空间，从而为学习者提供多样化、高弹性的课程选择。

②资源匹配是定制式搭课的核心特征。"课程是教师采用适当的材料，组织适当的活动，针对学习者差异提供匹配的知识、技能、品性、行动和反应的倾向性"，课程作为一种教育资源，不是自由的存在，它只有经过教师的加工、编码、转化和系统化的设计，才能发

挥特定的育人功能。定制式搭课把学习者差异作为一种客观实在，通过分析和利用"个体间差异"和"个体内差异"的教育价值，配置适切的课程资源，实现公共知识和个人知识的融通，最终促进个体的差异化发展。

③定制服务是定制式搭课的主要标识。定制式搭课最大的价值就在于关注了教育群体和个体的特殊需求，并针对特殊需求提供定制服务，让每个学习者在保证核心素养的基础上，培植和发展个性化的能力。这就要求在线开放课程设置要具有多元化和丰富性的特征，能够为学习者的选择提供开放性的内容图谱。

④个性发展是定制式搭课的价值旨向。在线开放课程本来就是指向人的发展的，是德性和知识生发的载体，背离了人的发展的课程，就如同把德性和知识种在坚硬的磐石上，无法绽放生命的华彩。人的发展是课程最重要的主题。但是，长期以来，在线开放课程并不重视个体的主体性和个性。定制式搭课重视个性彰显，注重生命自觉，强调自我发展，它把人从抽象的群体性名词转化为具体的个体性存在，并因此而具备了鲜明的学习色彩和个体发展旨向。

2. 定制式搭课策略

高职在线开放课程离不开知识、技能的构建与学习，如果脱离了知识的载体，人的发展就是镜花水月。但是，当前高职在线开放课程缺失了知识、技能与个人需求的结合，缺少了经验与个人发展融通。当知识成为一种信息洪流时，学习者更多时候只能被动接受，难以激发出选择性、能动性和创造性。因此，高职在线开放课程的定制式搭课是在知识、技能、意义和发展之间创造了一种互联机制，通过关联性生成意义感，通过丰富性培养选择力，通过定制式还原能动意识，从而让在线开放课程成为智能生成的个人履历。当前，虽然一些高职院校在校本化课程建设中开始了定制式搭课的实践探索，取得了一些宝贵经验，但是，高职在线开放定制式搭课还需要更为系统化的设计。具体来说，定制式搭课实施的前提是做好课程规划，用好课程资源，明晰实施路径，加强课程管理。

首先，高职在线开放课程定制式搭课要遵循整体规划、要素整合的思想，厘清课程内容之间的界限，探寻课程内容之间的内在关联，把课程内容整合成结构完整、序列明晰的模块化课程。通常来讲，定制式搭课采用的是面向全体的"基础性课程模块"+面向群体的"选择性课程模块"+面向个体的"定制式课程模块"的模块组合方法。基础性课程模块是指向"全面发展"的课程内容，它解决的是全体学生知识、技能、素养和价值等共性的问题。它着眼于夯实学习者的知识基础，提升学习者的专业技能。选择性课程模块是指向"群体发展"的课程，不同类型学习者的兴趣倾向、学习风格和发展可能存在较大的差异，因此要开发各种类型、各种形态的课程内容，通过分类、分型的课程框架设计，为学习者的多样化选择提供丰富的课程支撑。选择性课程是定制化课程的基础，是社会价值多元化表达的载体，有利于学习者多元化发展需求的实现。定制式课程模块指向"个体发展"的课程，由于"全面发展"和"群体发展"不是平均发展，若没有"精准定位"的设计，没有"自我意识"的发展，绝不可能促进学习者适应发展，定制式课程模块强调"特需诊断"，关注个体差异，释放个性潜质，能让学习者找到自己的最佳生长方式。

其次，高职在线开放课程定制式搭课要用好课程资源。定制式搭课为学习者个性发展和学习需求创造了一个无边界的学习空间。课程资源开发和利用要遵循课程资源配置政策，要在课程资源配置政策允许的空间内，寻求最大化的利益和最适切的方法。课程资源配置实质上就是教育主体利益的协调和平衡，它是"对涉及的各种利益群体在课程资源中利益的分配和规范，课程资源配置方案与举措则是对各种利益群体所享有利益的调整与稳定。课程资源配置的过程往往是多种利益群体的博弈过程，在博弈过程中，各利益群体都存在趋利避害、追求自身利益最大化的心态，不同的利益群体尽可能地维护自身权益的逐利行为，往往是产生利益矛盾和冲突的根源，从而导致课程资源配置的失范与偏离"。定制式搭课是以需求为导向，它必然会涉及众多学习者的学习需求问题。在课程资源开发过程中，除常规的开发方法以外，我们要创新方式，引入众筹理念。课程资源的众筹以全体师生参与为基础，围绕定制式搭课开发的内容，由教师或学习者发起项目，汇集各方智慧，共商课程方案研制和课程行动路线。这种课程资源开发方式，始于需求，基于大众，因此更具黏合性和适切性，比较符合定制课程的特质，是推进定制课程实施的有力保障。

再次，高职在线开放定制式课程搭课要明晰实施路径。课程实施是把课程规划付诸实践的过程。当前，高职在线开放课程实施缺少系统化的思考和设计，以及行之有效的实施路径。定制式课程作为一种"满足共需、服务特需"的课程，更是要有机协调基础性课程模块、选择性课程模块和定制式课程模块的逻辑关系，探寻适切的实施路径，选择恰当的活动方式，进而解决好普适发展和适性发展的递次推进。可以通过引入真实性学习、合作学习、表现性学习等先进理念，创新学习方式；借助"集体授课、分组讨论、个体指导"等组织形式变革，探索"滴灌式"教学的操作范式，彰显个性化的育人效应。要重建知识和学习者个体经验的联系，让学习者在"做中学""学中用""用中思"，让学习者在具身体验中与文化、社会和自我相遇，进而达成定制式搭课目标，培养学习者的创新能力、实践能力、探究意识，进而提升学习者的综合素养，促进学习者适性发展。

最后，高职在线开放课程定制式搭课要加强课程管理。课程管理是定制式搭课实施与运行的"助推器"和"调控仪"。定制式课程作为一种满足学习者个性需求的课程，很容易因失于审定而导致浅表化和随意化，从而弱化课程的育人效果。定制式课程不是一种乌托邦式的构想，而是一种立足现实、面向具体问题的渐进性改革方案。课程建设的推进过程就是不断解决问题、化解矛盾的过程，这就需要不断地发现和矫正问题。另外，还要审视课程决策的合理性和可行性、课程设计的科学性和合法性，明确课程的行动指南，确定课程的设置方案，从而保证定制式搭课的科学性和适切性。

3. 定制式搭课流程

（1）遴选知识与资源

高职在线开放课程定制式搭课是建立在课程内容知识组织上的学习支持服务，要以用户调研、采集平台数据等方式获取数据，分析校内、校外、企业和其他学习者特点和需求，依托学习平台的智能推送功能，匹配推送，满足不同学习者的需求，实现从"供给者本位"向"需求者本位"的转化。

高职在线开放课程知识遴选与组织应该遵循学习者的认知发展规律，高效引导学习者自主探究式学习。当前，大部分高职在线开放课程基本上采用类似于教材目录的方式来组织课程知识，而且将学习资源与知识表示连为一体。这种知识组织方式能够清晰表示课程知识的层次结构，学习者可以通过超文本链接定位到任意一个章节。但是，这种知识组织方式没有深入知识点的层次，没有挖掘并表示出各知识点和概念之间的联系，更不适应学习者的学习需求。而且，由于学习资源与知识表示没有分开，这种知识组织方式的灵活性较差，且难以修改，学习资源也难以实现共享复用。

基于皮亚杰的认知发展理论和布鲁纳的结构主义教学理论，美国著名认知心理学家奥苏贝尔创造性地提出了有意义学习理论，强调在知识的组织编排上要遵循"不断分化"和"融会贯通"的原则——"不断分化"要求知识的组织与呈现应该遵循从整体到部分、从一般到具体的顺序；"融会贯通"要求知识的组织与呈现应该注意相关知识点的联系与区别，消除新知识与已有知识之间的矛盾与混淆。这两条原则建立在人类认知发展规律的基础上，也同样适合于在线开放课程内容的知识组织。

根据奥苏贝尔的"不断分化"和"融会贯通"原则，在"目录式"知识组织的基础上，我们将高职在线开放课程的知识组织设计为一个具有四层结构的逻辑模型，如图 8-1 所示。在横向上，该模型遵循"不断分化"的原则，将在线开放课程知识依次表示为项目、任务、知识点（技能点）、学习资源 4 层，清晰地表示了课程知识的层次结构；在纵向上，该模型遵循"融会贯通""学习者需求"的原则，在知识点（技能点）层上明确标明了知识点（技能点）之间的类属、包含、相关等 3 种关系。

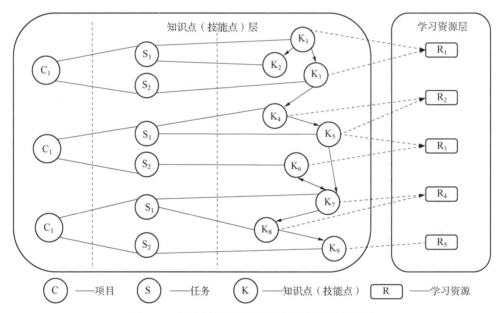

图 8-1　高职在线开放课程的知识组织逻辑模型

（2）建立学习导航

在线开放课程给学习者带来了诸多便利，也弥补了时间差异带给学习者的时间限制问题，而且在空间上也为学习者提供了方便，让他们实现了随时随地学习的愿望。但是，由于海量在线开放课程学习信息中，不但内容繁多而且形式种类也十分丰富，如学习资源的呈现形式包括文本内容、PPT、图片、FLASH、视频文件、音频文件、新闻、电影、电子图书等类型。如果其中没有明确提供学习指南或辅助学习路线等，在没有教师指导的情况下，学习者常常会在众多的链接中迷失学习的路线，无法十分清晰地掌握学习的思路，很容易使其无法专心学习。同时，在线开放课程中，学习者是多样化的，他们的学习需求也是多元的，因此，需要以项目和任务为载体，序化课程内容，建立完善的学习导航系统，引导学习者学习并促进知识之间的联系，重构完整的知识体系，最终实现

第八章 创新模式：在线开放课程的应用策略

满足学习者学习需求的目标。

学习导航是指能够在学习过程中将各种学习材料通过适宜的节点顺利地组织起来的技术。西方学者从20世纪80年代即开始了对于学习导航技术的深入研究。在在线开放课程学习或者多媒体自主学习发生时，学习者常常会遇到学习路径困惑的问题，因此，在学习资料中合理地利用众多的节点信息形成学习导航无疑对于学习者提供了有效的帮助，为学习者学习过程中避免偏离学习目标、形成整体知识与局部顺序学习的结构及自身学习的清楚路径提供有效的指导。按组织形式，学习导航主要分为模块、导航图、路径导航、书签导航、检索导航、帮助提示导航、演示导航、功能导航、知识点导航等类别。

建立学习导航的真实目的是为学习者规划个性化的学习路径。学习路径是指依照学习过程中的各个链接形成的不同的节点结合形成的一种路径；目的是为了学生能够利用节点来辅助教学和实现自我学习。学习路径形成过程中所构成的工作流由节点和链接两部分组成，具体包括参与者、行为、文档和一系列规则等基本元素。参与其中的往往是学习者与讲授者。活动则是指学习者形成的学习活动或讲授者形成的教学活动。

为了向学习者提供个性化的学习导航，必须先构建一个动态的学习者模型，用以存储学习者的知识状态信息。学习者模型是学习者的个体特征在学习平台系统中的一种抽象表示，它代表了学习系统所理解的"学习者"。在众多的个体特征中，最重要的是学习者的知识状态，它指明了学习者哪些知识没有掌握、哪些知识已经掌握了，以及掌握到了什么程度，是高职在线开放课程为学习者提供个性化导航的重要依据。目前，表征学习者知识状态信息的学习者模型主要有铅板模型、覆盖模型、约束模型和贝叶斯网络模型等。在这些模型中，覆盖模型被认为是迄今最有效的一种知识状态建模方法，也是当前使用最多的一种方法。该模型将学习者拥有的知识看作是领域知识的一个子集，学习者的学习目标是逐渐地逼近和覆盖领域知识的集合。该模型通常采用"键-值"对的数据结构来实现，即给每个领域知识概念分配一个权值，用以表示学习者对该领域概念的掌握程度。这个值可以是离散的、连续的，或是一个多维向量。

在传统的在线开放课程中，目录树在学习导航中起到了非常重要的作用，它清晰地揭示了知识点之间的纵向关系，能够使学习者快速、准确地定位到想要到达的项目和任务。在基于主题图的网络课程知识组织模型中，定义了项目和任务两种知识主题，并使用"包含"关系指明了二者之间的层级关系，因此依然可以提取出各项目、任务形成一个目录树，来实现知识的纵向导航。目录树导航虽然能够较好地实现在线开放课程在项目、任务层面上的导航，然而无法深入知识点层次，不能揭示知识点之间的横向和纵向关联。在基于主题图的高职在线开放课程知识组织模型中，还定义了知识点以及知识点之间的类属、包含、相关等关系。为了向学习者呈现知识点之间的逻辑关联，实现知识点层次上的学习导航服务，在线开放课程可以使用图结构来表征知识点形成的网状结构。图结构中的每一个节点代表一个知识点，节点之间的弧表示知识点之间的关系。图结构具有非线性和连续性等特征，更加接近知识的逻辑结构和人类的思维方式。因此，知识点的图结构导航能够较好地支持学习者进行自主探究式学习。此外，知识状态模型还记录了学习者已经掌握了哪些知识点，并据此在线开放课程的知识点图结构导航中标识出相关学习者已经掌握的知识点，然后根据知识点之间的逻辑关系向学习者推荐下一步应该学习的知识点，从而为学习者提供知识点层次上的个性化导航服务。

（3）设计学习活动

高职在线开放课程面向对象多样、需求多元，需要针对不同学习对象和学习层次，设计相适应的学习活动，以保证在线开放课程的教学质量。可以通过设计章节测验、阶段考试、在线讨论、导图绘制等活动，帮助学习者不断连接已获知识，促进知识系统化；并设计案例研讨、任务提交、作品展示等活动，促进深度学习的发生，从而提高学习者的高阶思维能力。

根据数字化学习本质，注重在不同事实和思想之间建立联系，并有效培养信息关联思维与连接保持能力，设计针对个人的思维导图制作活动，帮助学习者及时复习，整理学习内容，深入思考所学知识的内部结构和相互联系，从而使他们形成完整的知识结构；利用在线开放课程中生成的大量讨论信息进行深入加工、整合，凝练出具有创新性的核心观点，有效提升学习者从不同信息中辨别真伪以及创建有效连接和丰富知识网络的能力。

针对实践性强的学习内容，通过基于案例的推理让学习者掌握核心知识和技能，并实现新案例情境下的知识迁移。同时，"设计结课作业同伴互评"活动，让学习者在观摩和学习同伴问题解决思路的基础上，通过对比分析，深化知识理解。设计系列化协作问题解决活动，旨在通过小组内部的深入研讨，提升问题解决成效。首先，依据学习目标和内容特征，确定需要深度协作的复杂问题；其次，建立由小组任务分工、阐明问题空间、提出解决方案、协商评价方案、择优实施方案、优化完善方案等步骤组成的协作问题解决流程；最后，还需要制定清晰明了的协作规则，通过赋予不同的协作责任和任务，增强学习投入，减少"搭便车"现象。

虚实融合场景学习活动设计，本着对学习者职业能力发展的诉求，创建还原工作世界的真实或虚拟场景，让学习者浸入其中进行认知学习和技能操作训练等学习活动，缩短从学到行的过程。虚实融合场景学习活动框架的构建，以活动理论为依据，以活动目标和任务为活动的开端和结束，遵循职业教育教学特点和在线教学特点，设计虚实融合学习场景，设计学习活动的结构、形式、组织、规则，将活动结果通过评价与活动目标进行对照，经过不断的反馈和调整，完善场景设计和场景化学习活动设计，由此形成场景化学习活动设计框架。

二、教学实施泛在式

在线开放课程学习者类型众多，学习兴趣、学习动机和学习基础均有所不同，针对不同学习者学习动机、学习基础等方面的差异性，需要在教学实施过程中充分考虑学习需求和学习效果，针对不同学习对象，采取慕课、小规模限制性在线课程、操作系统课程设计等不同教学模式，以此来实现高职在线开放课程的广泛应用，促进师生之间、生生之间的交流互动、资源共享、知识生成，让课程"活起来"。

1. 教学模式的定义

教学模式的思想在我国可以追溯到孔子，在西方国家可以上溯到夸美纽斯、赫尔巴特、杜威等人。我国古代伟大的教育家孔子在其长期教学实践中，把学、思、习、行视为教学活动的四大要领，这基本上是我国最早的教学模式思想。《中庸》里将教学活动归结为"博学之、审问之、慎思之、明辨之、笃行之"五个步骤。朱熹更是将这五个步骤作为他主持的白鹿洞书院教学规程的一部分。从某种程度上来说，我国古代的教学模式主要是开展德行修

第八章 创新模式：在线开放课程的应用策略

身教育。现代教学论的诞生，特别是夸美纽斯《大教学论》的出版标志着教学模式的出现。但真正把教学模式化的是赫尔巴特，他在《普通教育学》一书中建立了教学形式"四阶段论"，后来，赫尔巴特学派创建了"五段教授法"。

1972 年，美国学者乔伊斯和韦尔等人在其著作《教学模式》中提出了"教学模式"概念，他们认为教学模式是指导教学活动的一种范型或计划，还认为"教学模式就是学习模式"，认为教师在帮助学生获得信息、思想、技能、价值、思维方式及表达方式时，教师也在教学生如何学习[①]。这标志着教学模式研究已经发展成为一种系统的教学理论，并开始真正走入人们的视野，为人们所重视。从此以后，对教学模式进行研究的学者也越来越多。但人们对教学模式的概念的界定并没有达成一致。综观国内外学者对教学模式的界定，目前大致有方法论、过程论、结构说等观点。

①方法论。将教学模式等同于教学方法，或者把教学模式归属为教学方法的范畴。如美国学者保罗认为，教学模式是为完成特定的教学目标而设计的具有规定性的教学策略[②]。高笑天在《教学方法与教学模式》中认为，教学模式是教学形式或方法的稳定化、系统化和理论化，教学模式俗称教学的大方法[③]。

②过程论。将教学模式等同于教学过程，或者说将教学模式归属于教学程序的范畴。如《教育大辞典》中指出，教学模式是在一定思想或教学理论指导下建立起来的，较为稳定的教学活动结构框架和活动程序[④]。吴立岗认为，教学模式是依据教学思想和教学规律而形成的在教学过程中必须遵循的比较稳固的教学程序及其方法的策略体系，包括教学过程中诸要素的组合方式、教学程序及其相应的策略[⑤]。

③结构说。认为教学模式属于结构论的范畴。例如王策三等认为，教学模式是在一定教学思想、教学理论的指导下，教学活动诸要素依据一定教学目标、教学内容及学生认识特点，所形成的一种相对稳定而又简约化的教学结构[⑥]。吴也显认为，某种活动方案经过多次检验和提炼，形成了相对稳定的系统化和理论化的教学结构，就是教学模式[⑦]。李如密认为，教学模式是指在一定教育思想指导下和丰富的教学经验基础上，为完成特定的教学目标和内容而围绕某一主题形成的、稳定且简明的教学结构理论框架及其具体可操作的实践活动方式[⑧]。冯克诚等认为，教学模式是"在一定教学思想或教学理论指导下建立起来的、较为稳定的教学活动结构和活动程序"[⑨]。

上述定义尽管对教学模式的表示上存在着差异，而且侧重点各不相同，但是普遍认为教学模式是正确反映教学的客观规律，在一定的理论指导下，有效对教学进行指导实践而形成的一种稳定的范式。本书认为，教学模式就是在一定教学思想和教学理论指导下，为形成学生的人格和能力而设计、构建的相对稳定的教学结构框架和实施策略。

---

① [美] 布鲁斯·乔伊斯. 教学模式 [M]. 荆建华，宋富钢，花清亮，译. 北京：中国轻工业出版社，2002.
② [美] 保罗·D. 埃金，等. 课堂教学策略 [M]. 王维诚，等译. 北京：教育科学出版社，1990.
③ 高笑天. 教学方法与教学模式 [J]. 教育探索，1996（1）：41-43.
④ 顾明远. 教育大辞典 [M]. 上海：上海教学出版社，1997.
⑤ 吴立岗. 教学的原理、模式和活动 [M]. 南宁：广西教育出版社，1998.
⑥ 王策三. 教学认识论（修订本）[M]. 北京：北京师范大学出版社，2002.
⑦ 吴也显. 课堂教学模式浅谈 [J]. 教育研究与实验，1988（1）：12-15.
⑧ 李如密. 关于教学模式若干理论问题的探讨，课程·教材·教法 [J]. 1996，15（4）：25-29.
⑨ 冯克诚，西尔枭. 实用课堂教学模式与方法改革全书 [M]. 北京：中央编译出版社，1994.

2. 教学模式的构成

任何一种教学模式都是一个完整的结构，都是由不同的要素组合在一起的。关于教学模式的结构，目前学术界存在"四要素说""五要素说""六要素说"等，但是大多都赞成"五要素说"，本书也支持这一观点。根据国内外学术界对教学模式结构的论述，一个完整的、科学有效的教学模式（见图8-2）通常包括特定的理论基础、明确的教学目标、有效的实现条件、相对固定的教学程序和科学的教学评价5个要素。各个要素在教学模式中有着不同的地位和作用，它们相互之间既彼此联系又有所分别，共同构成了一个完整的统一体。但是由于在不同的教学实践过程中，会受到各种因素和实施条件的影响，所以教学模式的各要素的具体内容也会有所不同，因此在此基础上构建的教学模式也会有所不同。

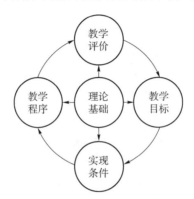

图8-2　教学模式构成示意

（1）理论基础

从某种程度上说，任何一种教学模式的建立与发展都需要以一定的教学思想或教学理论作为其理论基础和理论核心，它是教学模式的灵魂和精髓，没有了教学理论或者教学思想作为基础，教学模式就失去了根基。教学模式是否科学、成熟和教学效果如何首先就取决于该教学模式建立的理论基础。教学思想或教学理论在教学模式中一方面作为独立因素而存在；但另一方面又渗透于其他因素之中，对其他部分有着制约作用。教学模式所依据的理论基础主要包括哲学、心理学、教育学、管理学、社会学等方面的相关理论和思想。而且，不同的教学思想或者教学理论，往往形成不同的教学模式。例如建立在现代认知心理学理论基础上的布鲁纳的概念获得教学模式、建立在人本主义心理学基础上的非指导性教学模式、建立在信息加工理论基础上的加涅模式等。

（2）教学目标

教学目标是人们对教学模式所能达到的教学效果的一种期望和对受教育者产生的影响作用提前做出的预判，这是教学模式的核心因素，对教学模式的操作程序、教学评价的标准和尺度等其他因素起着制约作用。明确教学目标是教学模式成败的关键，而教学目标是否科学也直接关系到教学模式的效果，没有了教学目标，教学模式就失去了方向，它们的关系是内在统一的。每一种教学模式的构建都是为了完成某种教学目标。如启发式教学模式的目标在于培养学生的自学能力、独立思考能力、创新思维能力和正确的价值观念；讨论式教学模式的目标是通过问题的思辨来促进师生之间的思想共识、锻炼学生的多种思维能力；情感式教学模式的目标是培养学生的情感才能，促进师生之间的知情共进，促进学生的智能、情感和人格的全面发展；发现式教学模式的目标是培养学生探索知识、发现知识的能力等。

（3）实施条件

任何教学模式的顺利实施都需要一定的实施条件，只有满足特定的条件，教学模式才能顺利实施，才能顺利完成教学任务和既定目标。教学模式的实施条件包括教学所需要的客观条件，如教学对象、教学方法、教学资源、教学载体、教学环境等，也包括教学态度、教学情感等主观的条件。当然，每一种条件因素在教学模式中的作用是不相同的，重要性也是有所分别的，因此，在实施教学模式过程中，必须合理调配各种条件，有利的条件能使大多数学生很好地进行学习，并能从学习中获得满足[①]。比如合作学习模式需要个体积极地相互依靠、个体有直接的交流、个体必须都掌握给小组的材料、个体具备协作技巧和群体策略等；案例教学模式需要建立案例资料库、现象分析模式要求最好有音像辅助设备等；巴特勒学习模式要求设置一定的课堂环境并且教师必须掌握一定的学习策略等。

（4）教学程序

任何教学模式都是由不同教学环节构成的系统，它具有一套独特、完整、复杂的操作程序和步骤。教学程序是为完成教学任务和实现教学目标而对教学活动的每一个环节进行具体操作的方法和实施过程，其表现形式就是教学策略。教学程序规定了教学活动中每一个步骤的具体顺序和实施操作方法，是教学模式中最具有操作性的部分，也是最容易被机械模仿的。但由于教学过程的实施具有灵活性，需要因人而异、因时而异、因事而异、因地而异，因此，人们提出教学活动的基本阶段及其逻辑顺序也往往不同。所以，教学程序只是相对稳定的，不是一成不变、按部就班的，教师在教学活动中应根据不同的教学情境适时改变。例如奥苏贝尔教学模式的基本程序是"提出先行组织者—逐步分化—综合贯通"，讨论式教学模式的基本程序是"准备材料，设计问题—课堂讨论，解决问题—交叉拓展，深化问题—过程回顾，体验评价"，专题式教学模式的基本程序是"调查学生—设置专题—准备材料—专题导入—开展研究—汇报研究报告—教师讲评—教学总结"等。

（5）教学评价

教学评价是指按照一定的标准和方法，对在某种教学模式下完成的教学任务和内容进行一定的测量和评判，以确定教学任务完成的满意度和教学模式的运行是否科学合理的一个过程，它是教学模式的一个重要构成因素。在教学活动中，当教学主体按照某种教学模式的操作程序实施完成后，需要通过教学评价来不断调整和优化教学活动，力求达到最满意的教学效果。由于每一种教学模式都有自己特定的教学任务和教学目标，而且它们实施的条件和教学程序也各不相同，评价的方法和标准也就不同。一般来说，每种教学模式都有自己规定的评价方法和标准。如布卢姆的掌握教学模式采用的是结构化评价方法，采用的标准是效标参照性标准；自学-辅导式教学模式采用的评价方法是价值评价方法，采用的标准是效能标准等。目前，一些比较成熟的教学模式都已经有了一套自己的评价方法和标准，但是还有很大一部分教学模式没有形成自己的独特的评价方法和标准。

3. 教学模式的选择

近些年来国内外学者对教学模式展开积极探索，将理论探究、模式创新与实践应用巧妙结合，构建了一系列典型模式，在实现与在线开放课程相吻合的教学结构，通过教学结构变

---

① 吴文侃. 当代国外教学论流派 [M]. 福州：福建教育出版社，1990.

革来提高智慧能力、增强学习体验、提高学业成绩等方面,取得了较好的实践成效。

(1) 慕课教学模式①

慕课教学是指根据学习者的兴趣、需求、认知水平等个体差异,为学习者提供个体所需的最适切的学习方法和策略,以促进个性和能力最大化发展的教学方式。传统的大班制教学,重统一、轻个性,"互联网+"教学形式以其能承载媒介多元化、打破时空和人数限制、突破教学内容和方式等优势,改善了这一局面,为个性化教学提供了契机,立足与学生自身的特点和学习需求,以丰富的教学资源和学习环境为基础,以多样化的学习路径和教学策略为手段,融入多元发展性评价来组织、实施教学,最终使学习者的个性和能力得到最大化发展。

以是否使用了互联网为依据,教学模式可以分成纯在线模式和线上线下相结合的模式,这两类在线学习模式都存在各自的缺陷。

纯在线教学模式存在退学率高、缺乏面对面教学指导和难以考核认证等问题,而这些问题导致纯线上教学模式虽有较好的学习体验、较低的学习成本,但过于强调学习者的个人主动性和探索能力,大部分学习者难以坚持学完课程并获得与传统教学模式同等水平的教学效果。

线上线下相结合的模式可以解决纯在线模式在教学支持和教学效果方面的问题,但对教学场所、学习人数均有一定的要求。虽然没有纯在线模式那么方便和应用广泛,但其在教学质量和教学效果比较接近传统教学。从"互联网+"角度来看,较符合将传统教育产业的价值通过互联网进行传播从而产生新的价值的一种教学模式。线上线下相结合的"互联网+"教学模式(见图8-3),立足个性化和协作化相结合的教学方式,既尊重个体的学习习惯、学习兴趣又能根据不同的认知能力构成协作小组,既能让学习者根据自身能力进行分层递进式学习,又能让学生在合作中取长补短,促进学生之间的情感交流,将学习动力进行内化,实现主动学习,获得符合自己需求的教学体验和知识能力。

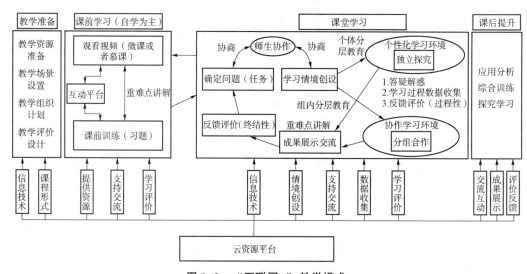

图8-3 "互联网+"教学模式

①教学准备。

在教学准备中,教师组建课程教学团队,对团队成员进行合理分工,完成课程的教学设

---

① 颜正恕,徐济惠.线上线下一体化"互联网+"个性化教学模式研究[J].中国职业技术教育,2016(5):74-78.

计、内容准备、资源整合和优化、构建教学场景和任务、协商线上线下教学组织模式、确定各个学习任务的评价方式和内容。在教学设计上，有明确的教学目标并体现个性化教学要求，考虑学习者差异；教学内容具有足够的广度、深度，保障内容的先进性和时效性；在教学准备过程中要区分线上线下教学资源的区别，线上教学视频应具有合适的时长和清晰度；如教师以第一人称的方式讲学，整个教学过程要有一定趣味性和启发性，并为进入课堂讨论做好准备[①]；所制作和挑选的教学资源要适合网络平台的技术要求；线下教学秉承翻转课堂的特征，以讨论、实践、应用和探究为主，关注参与线下学习的学生个体，注重面对面的交流；设置合理的答疑环节，及时反馈并解决学生提出的问题，组织线上线下的交流和互动；教师应为学习者开发多样化的考核评价手段，符合课程同行和第三方评审的要求。

②课前自学。

在课前自学中，学生可以通过网络平台的视频和多媒体资源明确了解课程的教学目标、教学任务和教学内容组织过程。在网络虚拟教室中，利用教师事先录制好的视频学习理论知识，进行练习和自测，并以自组织的形式参与网络讨论，然后总结出有探究意义的问题，初步完成对接线下知识应用和创新阶段的准备，教师同步做好线下或者线上虚拟课堂，为协作式和探究式个性化教学的组织做准备。在整个实施过程中，多采用合作学习来获得知识和自主学习体验，建构属于学生自己的知识体系与学习经验。

③课堂学习。

在课堂学习中，教师首先构建完整明确的学习场景，抛出多个教学相关的学习任务或讨论主题。在确立场景和主题过程中充分使用师生协商机制，即学生可以选择教师提供的多个主题之一，也可以自主确定相关主题；学生根据自己的学习能力或者教师建议选择独立探究学习或者协作学习，在这个过程中教师进行个性化的指导，聆听并记录学生学习的难点，观察学生的总体表现，判断教学目标是否实现教学重点。其次，学生展示学习成果，进行学生间、组间交流，也可以在平台上提交学习疑问进行网上交流。再次，教师对成果进行评价，对重难点进行讲解和答疑解惑。最后，教师可以直接根据学生表现评定学生成绩，也可以通过布置习题或者测试来评测学生知识技能掌握程度。

④协作学习。

协作学习的主要元素由协作小组、成员、辅导教师和协作学习环境组成。协作小组是协作学习模式的基本活动单元，协作小组的人数不能太多，通常以 3~5 人比较合适[②]。成员是指学习者，成员的分派依据学习成绩、认知能力、认知方式、性格差异等因素实施。辅导教师是协作学习质量的保障，教师也要转变角色，从知识的灌输者变为协作学习的组织者与帮助者，变学生的被动接受为主动求知，给学习者更大的自主空间。基于"互联网+"教学模式的协作组织路径如图 8-4 所示。

⑤个性化学习。

"互联网+"教学以为学习者个性化学习提供教学产品、模式和平台为目标。在进入学习前，学习者可以进行自我评估；在学习过程中，学习者和教师可以通过平台大数据，分析判断学习程度、学习效果，进行补充式的自我学习，即通过特定知识点之间的有效链接，获得完成当下任务或者学习当前知识点所需要的前续知识。

[①] 申仁洪，黄甫全. 合作活动学习刍论 [J]. 教育研究，2004（10）：60-63.
[②] 柴少明，赵建华，李克东. 基于活动理论的 CSCL 协作意义建构研究 [J]. 电化教育研究，2010（7）：96-100.

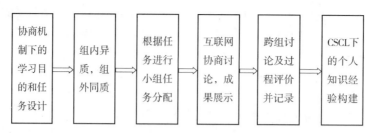

图 8-4 基于"互联网+"教学模式的协作组织路径

⑥课后提升。

课后,教师需要布置任务以拓展学生知识面、提升学习能力。任务的形式可以是对知识技能的综合应用,完成大型的项目,也可以选择合适主题进行探究学习。学生的课后学习活动需要依托系统化学习平台来获得拓展任务,上传过程性资料,进行网上讨论及训练成果的评价。组织实施形式应该多样化、个性化,教师应定时进行课后学习的监控和答疑,鼓励学生创新和探索,激励学生独立完成相关任务。

⑦反馈评价。

互联网环境下的教学评价根据学习者的不同特质进行制定,强调学生的差异性、测试场景的复杂性和有效性,形式多样,注重学习过程的阶段性考评,累积学生个体学习状态和结果数据,通过大数据进行个体学习分析,不断制订和调整学习计划,促进个人学习经验的积累,最终提升自主学习和协作学习的能力,从而完善整个"互联网+"教学模式,提高教学能力,推动教育改革。

(2) SPOC 教学模式①

2012 年以来,慕课得到了广泛应用,促进了传统教育理念与方式的深刻变革。然而,从慕课平台数据反应,学生在线学习注册率高、完成率低,有学者认为慕课对学习者的自主学习能力要求较高,很难普遍推广,无法反应智慧教育特征,也不能代表信息化教育发展。对此,国内外学者致力于信息技术与教育深度融合的研究,提出了各种模式和方法,如 SPOC (Small Private Online Course) 教学模式就是其中一种。美国 edX 公司总裁阿南特·阿加瓦尔 (Anant Agarwal) 教授认为 SPOC 是 "Classroom+MOOC",祝智庭教授称之为"私播课"。

SPOC 教学模式以"教师主导+学生主体",以建构主义、行为主义、认知主义等理论指导,利用"实体环境+虚拟环境"的智慧生态,发挥"传统教学+在线学习"的优势,着力提升学生学习能力、核心技能、创造能力等关键能力。其模式构建不同于慕课和传统课堂,以及其他形式的教学。

①基本架构。

SPOC 教学模式不是将传统教学和在线学习简单相加,而是在遵循科学性、系统性、可行性、开放性、灵活性、趣味性等基础上,更注重以人为本、融合创新和协同合作。以人为本是指以学生能力提升、个性成长为根本目标,设计课程和实施教学;融合创新是指充分发挥智慧教育生态优势,将现代信息技术深度融合教学设计与实施;协同合作是指从多维度出发,注重师生交流、同伴交流,提升协作意识和能力。基于此,我们构建了图 8-5 所示的智慧教育背景下的 SPOC 教学模式框架。

---

① 程美. 基于智慧教育生态的 SPOC 教学模式研究与实践 [J]. 中国教育技术装备, 2020 (12): 8-12, 15.

第八章 创新模式：在线开放课程的应用策略

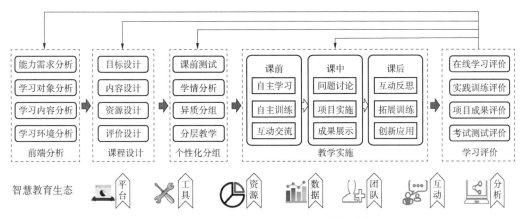

图 8-5 智慧教育背景下的 SPOC 教学模式框架

②主要内容。

SPOC 教学模式是混合式教学的一种范式，是线上学习与线下学习混合、课内学习与课外学习混合、自主学习与引导学习混合，其内容涉及比较广，相互关联度高。

前端分析——依据智慧教育生态的"云物大智移"等技术，开展能力需求、学习对象、学习内容、学习环境等要素分析，具体为：第一，能力需求分析是依托产教融合平台，分析产业未来发展，企业岗位能力和素质需求；第二，学习对象分析是依托学籍数据、学生管理信息、数字档案等，分析学生个性特点、学习基础和成长需求；第三，学习内容分析是对岗位工作任务、教学标准，以及前续课程学习情况等开展分析；第四，学习环境是 SPOC 教学模式开展的重要因素，包括学习平台、智慧教室、虚拟实训、教学资源等。

课程设计——课程设计是 SPOC 教学模式重要环节，包括科学设计目标和内容，合理组织各类资源，优化设计教学评价等，具体为：第一，教学目标设计是依据前端的能力分析，科学设计，培养学生理想信念、实践技能、学习能力、创新能力、团队协作、沟通交流等；第二，SPOC 教学模式应遵循"先练会、再弄懂"的职业教育教学规律，以项目任务承载相关知识，强调理论和实践相统一，让学生在享受成就感的前提下，兴味盎然地构建知识体系、达成学习目标；第三，学习资源决定 SPOC 教学能否顺利开展，应做到内容丰富、安排有序、形式多样，充分体现可读性、艺术性和趣味性，切忌冗余无效，给学生带来压力；第四，为保证 SPOC 教学质量，应建立科学的评价机制，实施多元评价，突出过程性评价和终结性评价相结合，提升学生参与度，提高教学质量。

个性化分组——SPOC 教学模式是在慕课的基础上，设置一定"门槛"，遴选具有一定基础、符合相关要求的学生开展深度学习。在实际的班级制教学中，SPOC 通过个性化分组，实施个性化教学、差异化教学。其中，学情分析不同于前端分析的学习对象分析，更注重学生相关知识和技能水平、学习风格，以及在线学习效果，可以作为异质分组的重要依据。针对不同学习小组和对象，推送任务和资源，实施分层分类教学安排。

教学实施——教学实施包括课前、课中和课后三个环节。第一，课前，学生登录学习平台，根据智能系统推介的微课视频、flash、AR/VR 模型、电子书等资源开展自主学习，完成在线自测和自主训练，在学习中积极参与互动交流，加强协作学习，提高交流沟通能力。第二，课中，教师依据大数据技术统计分析结果，以问题为导向，针对共性问题开展指导、对个性问题开展辅导。学生应用各类智能工具，分组开展项目训练，并展示项目作品。第三，课后，师生开展互动反思、分享学习收获、讨论存在的问题，开展拓展训练和创新应用。

学习评价——依据课程设计，采取在线学习评价、实践训练评价、项目成果评价、考试测试评价等多元评价，在线学习评价是通过学习平台自动统计，包括学习行为分析和学习效果检查；实践训练评价是对学生实践训练过程和作品开展评价，虚拟实训主要以平台自动记录为主，实际操作训练为多种方式组合，以成果导向开展评价；考试测试评价通常开展在线考试，系统自动评分。

（3）PROC 学习模式

贺斌博士在其博士论文中，在吸收何克抗教授教学结构深层变革理论，以及国际上差异化教学研究成果的基础上，研究了差异化教学模式，根据对教学结构和操作程序产生直接影响的三条主线提出了差异化教学模式设计框架。以该设计框架为指导，结合教学经验和学校应用情境，设计出智慧教育视域中的"3 阶段 4-5-6 环节"差异化教学模式，让差异化教学模式能够有针对性、分阶段地发展学习者的智慧能力，并将良好的学习体验贯穿其中，并提出差异化教学模式应用决策模型和策略矩阵，能够帮助教师在应用差异化教学模式过程中更好地理解和恰当地安排教学策略。

①PROC 学习模式框架。

图 8-6 所示为智慧教育视域中 PROC 学习模式的差异化教学模式框架，该框架总体上是沿着对教学结构和操作程序产生直接影响的"三条"主要线索展开，用于指导差异化教学模式的具体设计。

第一条线索是从智慧学习环境中提取到多种学生数据，然后分析这些数据得出具体的学生差异（如能力水平、学习风格、兴趣偏好等），再根据学生的个体差异选择和确定合适教学分组形式（如个人、小组、大组或全班）；同时，学生差异也会对学习任务的选择设计产生重要影响；任务性质对分组形式产生直接影响。学生数据是差异化教学由经验走向科学化的重要基础。

第二条线索是承载着提高学习成绩、培养智慧能力和增强学习体验的教育目标层面，会直接影响着学习任务的选择设计。

第三条线索是吸收借鉴当前具有重要影响的技术支持的教学模式的优点，如翻转课堂教学模式、双环目标教学模式等。

②PROC 学习模式设计。

以图 8-6 所示的模式框架为指导，结合教学经验和学校应用情境，我们设计出了图 8-7 所示的智慧教育视域中的差异化教学模式，大致包含 5 个层次，即学生数据、学生差异、差异化组件、操作程序、应用目标。

学生数据——学生数据通常包括（但不限于）：学习记录（保存在学习平台中）、交互性练习、观察数据、调查数据、标准测量、项目作业、学生自我报告数据，等等。学生数据大致可以分为两类：有的学生数据相对稳定（变化周期长），有的变化较快（变化周期短）。比如，通过问卷或者其他方式获得学生的感知风格、认知风格和学习兴趣数据，相对比较稳定（变化周期较长），在学习过程中通过测试获取的成绩分数是随时间而发展变化的（变化周期短）。智慧教育强调基于数据的精准决策，尤其关注学生在学习过程中的生成性数据。主要数据来源：学习记录、诊断性测量、感知风格问卷调查、学习风格问卷调查、先前知识经验与学习兴趣的手机前测、导学案等。

第八章　创新模式：在线开放课程的应用策略

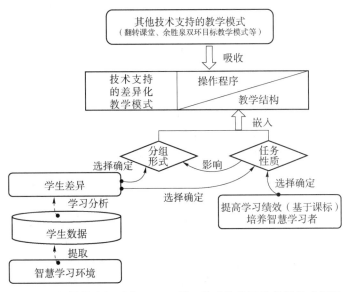

图 8-6　智慧教育视域中 PROC 学习模式的差异化教学模式框架

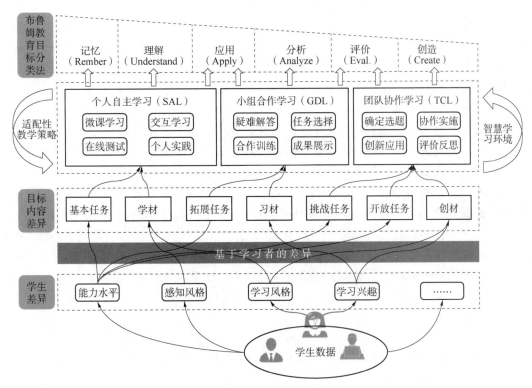

图 8-7　智慧教育视域中 PROC 学习模式的差异化教学设计框架

学生差异——学生数据所反映的学生差异主要包括：（习得的）能力水平差异、感知风格差异、学习风格差异、学习兴趣差异等。

差异化教学组件——通过对教学内容、教学过程（活动）、教学结果、教学环境等组件进行适当的差异化，以此来适应学习者在经验、能力、兴趣、风格等方面的差异。差异化教

· 133 ·

学模式的操作程序可以划分为初习、新习和创习三个阶段。比如，在初习阶段，可提供不同表征类型的学习材料，以适应不同学习者的感知风格；在新习阶段，学生可根据自身兴趣爱好选择不同的学习任务；在创习阶段，可以让学生自主设计项目作品表现方式，以适应他们的学习风格，等等。

应用目标——总的说来，差异化教学模式的应用目标主要是：提高学习成绩；提高智慧能力，增强学习体验；变革教学结构。在差异化教学模式的预习阶段、新习阶段、创习阶段，分别有所侧重地发展学生不同的智慧能力。同时，良好的价值体验贯穿于整个学习过程之中。

操作程序——操作程序是特定的教学活动程序或者逻辑步骤，是教学模式的核心成分。操作程序吸收借鉴了翻转课堂（Flipped Classroom）教学模式[1][2][3]、双环目标教学模式[4]以及双轮驱动研创学习模式[5]的优点，遵循了"由简到繁、由易到难、由良构到劣构"的一般认知规律，展现了完整的学习历程和学习经验，支持意义的社会建构过程，能够增量发展多种智慧能力。差异化教学模式的操作程序，在横向上大致可以用"3阶段4-5-6环节"。3个阶段是指预习阶段（以个人自主学习为主）、新习阶段（以小组合作学习为主）、创习阶段（以大组协作学习为主）。其中，3个阶段可分别分为"4""5""6"环节，每一个具体阶段，学习者可以根据自身需求，从任一环节开始本阶段的学习。预习阶段是学习者在导学案的指导下，观看小视频，完成少量交互性练习，一方面可以快速理解其中的知识点、技能点，有时会要求学生利用这些知识技能处理一些简单任务；另一方面可以为后续学习积累一些初步经验和基础性认识。新习阶段重点完成对新的知识技能的学习内化，建构核心知识网络（专家知识），通常主要集中在课内完成。创习阶段侧重于对这些知识技能的应用创新，旨在进一步应用和拓展核心知识网络，通常可以延伸至课外。

（4）探究式教学模式[6]

探究式教学模式是指在教学活动中，学生在教师的引导下，开展"自主、探究、合作"的学习方式，并对教学内容中的重点知识点进行自主学习、独立探究、协作交流，实现教学目标、提升情感认知的一种教学模式[7]。

BYOD（Bring Your Own Device，自带设备）是指人们利用笔记本电脑、智能手机、iPad等移动设备联入网络来开展移动办公或移动学习的做法。基于BYOD的探究式教学模式（见图8-8）是由学生端、服务器（平台）、教师端构成，通过智能手机、笔记本电脑、iPad等作为教师和学生的移动设备终端来获取知识，利用其便捷性、移动性、可扩展性来延伸课堂，创设合理的、生动形象的情境，让学生主动探究、动手实践，对知识进行重组和创造的过程[8]。学生端是学生利用智能手机、iPad等自带设备接入校园网开展学习；教师端是教师

---

[1] 张金磊，王颖，张宝辉. 翻转课堂教学模式研究[J]. 远程教育杂志，2012（4）：46-51.

[2] 马秀麟，赵国庆，邬彤. 大学信息技术公共课翻转课堂教学的实证研究[J]. 远程教育杂志，2013（1）：80-85.

[3] ROBERT T. Inverting the linear algebra classroom[EB/OL]. https://prezi.com/dz0rbkpy6tam/inverting-the-linear-algebra-classroom/.

[4] 余胜泉，刘军. 手持式网络学习系统在学科教学中的应用模式[J]. 中国远程教育，2007（5）：64-69.

[5] 祝智庭. 教育技术前瞻研究报道[J]. 电化教育研究，2012（4）：5-14.

[6] 邓巧妹. 基于BYOD的高校课堂探究式教学模式的研究[D]. 重庆：重庆师范大学，2017.

[7] 秦世虎. 科学探究性学习活动建构性特征的研究[C]//周召光. 全面建设小康社会：中国科技工作者的历史责任——中国科协2003年学术年会论文集（下）. 中国科学技术出版社，2003.

[8] 胡晓琼. 基于1:1数字化学习环境的中小学课程教学设计研究[D]. 上海：华东师范大学，2012.

利用笔记本电脑跟投影仪进行联网授课；服务器（平台）主要起到教师与学生之间沟通的桥梁和存储资源的作用，教学内容通过平台以数字化方式传输①。

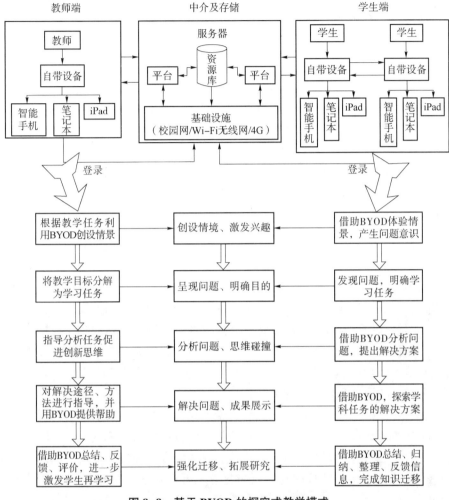

图 8-8　基于 BYOD 的探究式教学模式

BYOD 探究式教学流程包括 5 个环节。一是创设情境、激发兴趣。教师利用 BYOD，引用实例以视频、图片、音频等方式来创设符合学生水平、易于学生接受、贴近生活的教学情境，学生利用 BYOD 体验教学情境，产生好奇心进而产生问题意识。二是呈现问题、明确目的。教师提出问题，充分考虑学生知识水平的个体差异，调动学生学习的积极性。三是分析问题、思维碰撞。教师通过自带设备跟投影仪进行深入分析、指导，并与学生进行思维碰撞，为解决问题做铺垫；学生利用自带设备分析问题、查找资料、协作交流、思维碰撞，多角度认识事物，探究如何解决学习问题的方案。四是解决问题、成果展示。学生与老师同学多进行沟通、合作、交流，教师听取学生的见解、感受和体验，鼓励学生畅所欲言、多角度全方位地分析问题提出见解，在学生解决问题、成果展示时，教师及时给予评价反馈，引导学生开展更深层次的学习。五是强化迁移、拓展研究。学生利用 BYOD 进行归纳整理、进一步拓展知

---

① 李葆萍. 基于平板电脑的 1 对 1 数字化学习环境应用效果调研［J］. 现代远程教育研究，2016（1）：96-103.

识，教师利用BYOD进行总结、反馈、评价，进而激发学生再学习，引导学生深层次学习，促进学生开展自主探究学习，同时加强师生间、生生间的协作交流学习，提高教学效率[①]。

三、教学评价伴随式

在线开放课程为学习者拓展了学习时空、创设了多样的学习机会，但是也存在学习者自控能力不足、学习管控缺失等问题。为提高在线开放课程的应用效果，需要有针对性地收集与分析学习者的学习信息，判断学习者的学习状况，做出教育决策。在线评价作为一种特殊环境下的学习评价，与课堂学习评价相比，尽管它不能面对面地收集评价信息，但也具有"学习过程实时记录、个性化学习分析、评价结果及时反馈"等特点。基于此，本书提出了"伴随式评价"策略，将评价嵌入学习过程，以数据为导向，以技术为支持，采集学习数据、反馈学习报告、干预学习过程与行为，让学习者"忙起来"。

1. 伴随式评价的价值内涵

开展"伴随式评价"，首要问题是理清其内涵，剖析其价值，并明晰如何将评价迁移应用到教学中。

（1）伴随式评价理念

当前教育评价领域正发生着范式的转换，评价作为课程教学的重要环节，其作用不再局限于对学生学习结果做出判断，更重要的还是通过评价帮助学生达成学习目标，促进自我发展。在线学习评价也正沿着"结果认证""过程监控""目标适应"的实施路径持续变革，并逐步将"提高在线学习质量，促进学习者发展"作为评价的最终目的。

①从学习结果的评价到促进学习的评价。

德国在线教育评价专家艾特沃尔从教育哲学的层面分析了在线评价连续体[②]，在从客观主义到主观主义的教育理念中，他将在线评价划分为目标取向、管理取向、用户取向、学习取向、专家取向和参与取向等评价取向。比较这些评价取向和实施策略。他认为，在评价连续体的两端，或过于强调"目标达成"而弱化学习者在线学习过程的创生性，或过于关注"评价多元"而忽视在线学习过程中有效信息的获取与判断。坚持连续体中间的"学习取向"评价方法与策略，可以提高学习者在线学习的有效性，而且围绕学习者的在线学习历程进行评价，用评价来促进在线学习的发展。

为更好促进在线学习者自我发展，英国评价专家本森等人强调在线学习者的评价主体地位，认为"评价用来指导在线学习的关键在于学习者本人要成为自我学习的评价者，利用评价反馈信息，学习者本人能进行自我调整、自我适应、甚至做出学习计划的变更，使评价融入学习中"[③]。2017年，美国教育部发布的《重塑技术在教学中的作用》强调了数字化评价对于学习者发展的作用，指出评价应以"提高学习质量，促进学习者发展"为目的，其

[①] 徐正涛. 移动技术支持的探究式课堂教学设计［C］//中国人工智能学会计算机辅助教育专业委员会. 计算机与教育：新技术、新媒体的教育应用与实践创新——全国计算机辅助教育学会第十五届学术年会论文集. 中国人工智能学会计算机辅助教育专业委员会，2012：5.

[②] ATTWELL G（ed.）, Evaluating E-learning a guide to the evaluation of E-learning［DB/OL］.（2016-10-05）［2021-12-30］http：//www.pontydysgu.org/wp-content/uploads/2007/11/eva_ europe_ vol2_ prefinal.pdf.

[③] BENSON R. Online learningand assessment in higher education［M］. Oxford：Chandos Publishing，2010.

特征是"在技术环境下将评价嵌入学习过程中，设计基于共同标准的评价内容，采用自适应评价路径，通过实时反馈使学习者得到逐步提高"。可见，当在线课程超越早期的在线资源接受式学习，发展成在线资源交互式、体验式学习后，在线评价不仅要关注对学习者学习结果的判断，也应注重评价的改进与促进功能，突出学习者在学习与评价中的主体地位，然后通过现代信息技术加强评价和学习的融合，提高在线学习质量。

②从"技术工具取向"到"学习分析取向"。

移动通信、大数据和云计算等技术在网络教育中的广泛应用创设了全新在线学习环境，潜在地记录着学习者的网络行为数据，为在线学习评价提供了证据。但是为提高评价结果的有效性，在线评价还需要依据学习原理，分析学习者在线学习行为，判断学习现状，对学习过程中存在的问题及时反馈与干预，这也推动了在线评价从"技术工具取向"走向"学习分析取向"。

技术工具取向的评价按照技术工具功能设计与实施在线评价，即有什么样的技术工具就依据相应功能开展在线评价[①]。当然，如果技术工具的使用切合了评价的需要，在一定程度上也提高了评价信息采集的准确性和多样性。但是，如果脱离评价的原理和目标导向，迫使评价过程去适应最新技术的方法，这种评价就只能停留在"偶然的成功"或"技术工具的哗众取宠上"，而最终的评价结果还是无法达到促进学习者学习的目标。

学习分析取向的在线评价遵循"评价促进学习"的教育理念，通过"评价功能+技术支持"的方式进行评价设计与实施，即需要达到怎样的评价目标，就选用与之适切的技术工具支持评价目标的达成。基于学习分析的在线评价是在明确了评价目标的基础上，充分发挥技术工具的支持优势来达成评价目标，一方面提高了技术工具使用的针对性，避免盲目收集评价信息；另一方面提高了评价的有效性，针对问题指导学习者开展在线学习。

③从"知识技能"到"综合能力"。

促进学生发展的评价注重对学习者综合素质的考察。评价专家理查德·斯蒂金斯将发展性评价目标确定为"掌握知识、应用掌握的知识进行推理和问题解决、展现一定的表现技能、创造出作品和成果、培养一定的情感倾向"5个方面[②]。课程论专家波斯纳也强调要从认识、情感、知觉技能等方面获取学生的学习证据。因此，为了促进学习者发展，在线评价不仅要关注学习者知识技能的掌握程度，也要关注学生应用知识技能解决问题的能力，以及良好的心理素质、学习兴趣与积极情感体验等方面，是对学习者知识、能力与态度的综合评价。

在线评价为提升学习者的综合能力，评价内容也需逐步从知识记忆的评价内容发展为对学习者深层次理解力的评价，既要评价学习者的知识技能掌握程度，也强调学习者高层次的技能、学习方法、态度等内容，凸显评价内容的多元性。强调综合能力的在线评价并非弱化知识技能的评价，事实上，能力的发展也正是基于知识技能的应用，当然知识技能的评价并不是停留在记忆层面，而是要理解知识的内涵以及知识的相互关系，这些内容的评价也正是把知识、技能和态度统一起来，避免将传统的"纸笔题海测试"变为"网络题海测试"。

（2）伴随式评价内涵

"伴随式评价"是"Accompanying Assessment"的直译，起源于生命周期评估，伴随应用于反应过程之时。生命周期评估是生物工程等领域常用于检验服务或产品绿色度的评估工具，核心

---

① [美]理查德·E. 迈耶. 多媒体学习 [M]. 牛勇，邱香，译. 北京：商务印书馆，2006.
② 理查德·斯蒂金斯. 促进学习的学生参与式课堂评价 [M]. "促进教师发展与学生成长的评价研究"项目组，译. 北京：中国轻工业出版社，2005.

是通过追踪、评估产品或服务"萌芽—发展—消亡"的整个生命过程,诊断产品或反应是否绿色环保;甄别具有高环境影响的阶段并避免该阶段问题的转移,规避其对下游阶段的影响;以及挖掘产品或反应过程的环保盲点,寻找污染根源,为后续绿色工艺的设计提供决策支持,强调将评估常态化地应用于生产与反应过程中。因此,在应用时,其通常以"Accompanying"或"Accompanied by"的形式出现在环境影响因素检验中,由此衍生"伴随式评价"的概念。

将伴随化的思想沿用到教学中,可以通过监控、追踪学生的行为表现和情绪变化,推断学生"学到了什么",详细、有力地支撑对学生现在"在哪里"的诊断;也可以分析学习过程中表现出来的显性错误,挖掘存在的隐性问题,从而评定学生"未学到什么",并明确地指导"如何进行干预";而评定现阶段水平,剖析与目标之间的差距,则可以树立"到哪里"的标杆,明晰为之努力的目标,并具体指导"如何去"。

现如今,在大数据与学习分析的应用热潮下,有学者指出基于实时数据监控和反馈的评价表现出"伴随生活全领域,伴随学习全过程、伴随个体自适应"三大特征[①]。随后,李锋将"伴随学习全过程"这一特征引入在线学习评价中,主张"伴随式评价"侧重于评价伴随学习过程而发生,是一种及时判断学生的学习状态和效果、给予针对性反馈和干预的评价方式,并分别针对知识掌握、问题解决、态度发展设计了评价内容[②],丰富了"伴随式评价"的内涵。

因此,从在线开放课程教学的视角,可以将"伴随式评价"理解为:面向在线开放课程教学全过程采集数据并加以评价,评价结果又及时反馈和作用于在线教学过程,评价反馈与在线教学"伴随"发生的一种综合性评价方式。其核心是借助支持工具,对在线教学全过程的学习数据进行分析,从而有针对性、及时地给予反馈与干预,以实现对学生发展的动态追踪。

(3) 伴随式评价特征

在线伴随式学习评价是指在在线学习环境中,将评价内容嵌入学习过程中,依据课程目标,伴随每位学习者的学习历程,有针对性、及时地进行反馈与干预的一种评价方式。希望通过伴随式评价促进学习者个性化学习和自适应学习,主要表现为具有过程嵌入、在线工具和基于数据等特征。

①伴随式评价是嵌入学习过程的评价。它将评价嵌入在线学习过程中,通过学习与评价交互进行,一方面为教师提供了学生学习过程的证据,帮助教师在教学中从"是否教完了学习内容"向"是否帮助学习者学会了学习内容"的思维转向,落实"评价促进学习"的理念;另一方面也实时为学习者提供了个人学习证据,加强学习者的自我控制与调节能力,使学生意识到自己是学习的主体,促使学习者在学习过程中从"学完了没有"到"是否学会了"的思维转向,落实"评价作为学习过程中一部分"的理念。

②伴随式评价是数据导向的评价。它依据学习科学理论设计学习者学习状况的评价指标体系,通过对相关学习指标数据的收集,判断学习者的学习状况,以此进行相应的在线学习指导与支持[③]。在学习科学理论、数据支持下的伴随式评价,可以描述出每一位学习者的在线学习现状,发现他们在学习过程中出现的问题;分析学习因素的相互关系,确定导致学习

---

① 任友群. 伴随式评价:变革的先导 [EB/OL]. (2019-11-10) [2021-12-30]. https://www.sohu.com/a/55441530_372506.

② 李锋,王吉庆. 旨在促进学习者发展的在线评价:伴随式的视角 [J]. 中国电化教育,2018 (5):74-79.

③ US DEPARTMENT OF EDUCATION. Reimagining the role of technology in education:2017 national education'technology plan update [DB/OlJ]. (2017-12-15) [2021-12-30] https:/ltech. ed. gov/files/2017/01/NETP17. pdlf.

者在线学习现状的关键因素；通过在线学习过程跟踪或大样本方式描述学习者的学习历程，判断学习者学习的发展趋势，做出相应干预决策。

③伴随式评价是技术支持的评价。网络通信、移动终端和大数据等新技术为在线学习伴随式评价提供了支持，也使实现伴随式评价成为可能。一方面，技术工具使评价获取学生学习数据的形式更加多样，可通过在线选择题、填空题、判断题以单项反应的方式获取学习，也可通过软件工具开展情境模拟进行表现性评价，甚至还可通过脑电波测试技术对学生网络学习专注度、学习信息反应度进行测评。另一方面，数据处理技术使得在线评价信息的处理更加便捷和精准，可视化呈现方式能清晰反映学习者在线学习的状况，并能将评价结果能及时反映给教师和学习者，从而使嵌入学习过程的评价与学习的伴随更加协调。

2. 伴随式评价的内容设计

在线伴随式评价是否起到了促进学生学习的效果，关键是要看能否帮助学生达成预期学习目标。从综合能力分析来看，评价内容可从知识掌握、问题解决能力、态度发展等方面进行设计。

（1）基于知识掌握的伴随评价

按照信息加工理论，知识包括了陈述性知识和程序性知识。陈述性知识是关于"是什么"的知识，以命题及其命题网络来表征；陈述性知识是关于"怎么做"的知识，是一套办事的操作步骤，以产生式表征。陈述性和程序性知识的学习都可以进行逐步分解，斯金纳在程序教学理论中就通过积极反应、小步子、即时反馈和自定步调的原则来加强学习者对低层次知识内容的学习。对于学生对这类知识掌握程度的判断，在线伴随式评价中，可依据评价目标，将评价任务细分为多个小任务，其中每个小任务中渗透了相应的知识点，对每个小任务完成情况进行评价后，按照评价做出反馈，分析学习者对知识点的掌握程度，引导学习者更好地达成基本知识学习的目标。基于知识掌握的伴随式评价内容设计如图8-9所示。

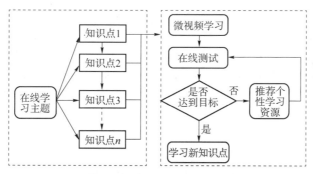

图8-9 基于知识掌握的伴随式评价内容设计

（2）基于问题解决的伴随式评价

20世纪，安德森等心理学家就将问题解决看作是有目的指向性的一系列认知操作过程。"问题"是指在现实情境的目标状态和初始状态之间的障碍。问题解决就是运用一系列的认知操作扫除障碍，将初始状态转化为目标状态的过程①。从问题解决过程来看，布兰斯福特等人将其划分为5个阶段，即：发现问题和机会、界定目标和表征问题、探索可能的问题解决策略、预期结果并实施策略、回顾与学习，并将此称为"IDEAL问题解决模型"。吉克采

---

① 王小明. 学习心理学[M]. 北京：中国轻工业出版社，2009.

用了闭环方式将问题解决划分为建构问题表征、搜索解决方法、尝试解决方法、评价 4 个阶段，并通过前期图式经验和新方法探究的方式来解决问题。综合分析问题解决的相关模型，按照在线问题解决的特征，对学生问题解决能力的在线评价可包括情境中的问题分析、填补空隙过程和问题解决后的反思等方面，然后将这 3 个方面细划分为表征问题、条件分析、知识运用、实施流程、目标达成、反思描述 6 个判断点，以此发现学生问题解决时的"困境"，进而提供相应的在线指导。基于问题解决的伴随式评价内容设计如图 8-10 所示。

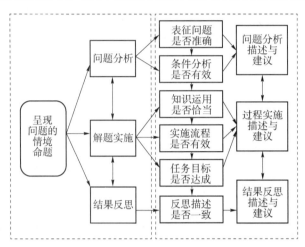

图 8-10　基于问题解决的伴随式评价内容设计

（3）基于态度发展的伴随评价

从行为特征来看，态度表现为趋向与回避、喜爱与厌恶、接受与排斥等反应，是在特殊情境下以特定方式反应的内部准备状态[①]。态度作为一种内部的状态或倾向，评价其发展时可以通过对个体行为的观察来进行推论。例如，采取在个体不知情的情况下观察、在不同情境中进行观察以及在相对稳定情境中持续的观察等方式进行。也可以通过问卷方式，形成个体的自我报告。例如：通过先描述出某种态度表现的情境，然后要求个体自己报告选择哪种行为。在线学习环境中，在线工具为记录学生学习行为，获取学生真实表现信息创造了条件。因此，在进行在线伴随式评价时，可通过记录学习者网上行为特征，判断学习者的在线学习态度。例如：在一定的在线学习情境下，通过"登录次数""在线时长""在线提问次数""回复他人问题次数"等方面作为分析学生在线学习态度的数据。此外，也可应用在线问卷方式获取学习者学习态度的相关数据。通过对学习者网络行为跟踪和调研问卷数据分析，判断学习者的学习态度。基于态度发展的伴随式评价内容设计如图 8-11 所示。

图 8-11　基于态度发展的伴随式评价内容设计

---

① 邵瑞珍．教育心理学［M］．上海：上海教育出版社，2000．

3. 伴随式评价的实施过程

（1）伴随式画像

从价值取向、认知水平、能力层次、素质养成等 4 个方面，从多空间、多场景、多时段、多过程采集学习者的学习时长、交流内容、学习行为以及学习结果评价等数据，构建出来具有"标识特征"的学习模型，依托大数据分析技术，描绘出学习个体和学习群体的学习信息全貌，即学习画像，作为掌握学习状况、聚焦学习问题、分析问题原因的基础。

结合了大数据处理、聚类分析、关联挖掘等相关技术，首先对用户的个性化学习标签进行聚类，使具有相似属性特征的学习者画像聚到同一类，形成不同的学习者画像，并采用基于推导传递的服务发现方法，挖掘学习者画像与学习资源间的隐性关联，由此实现个性化学习资源与用户的精准匹配。基于大数据深度画像的个性化学习精准服务框架如图 8-12 所示。

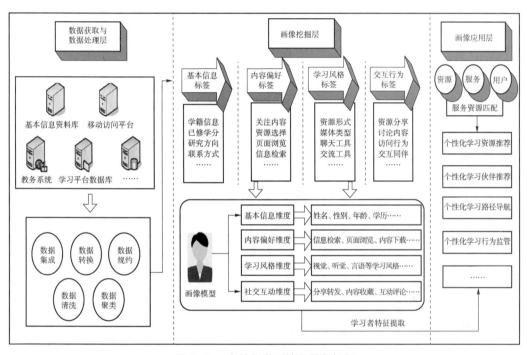

图 8-12　个性化学习精准服务框架

基于用户画像的个性化学习精准服务应包括数据获取与数据处理层、画像挖掘层和画像应用服务层 3 个部分。

数据获取与数据处理层是个性化学习精准服务框架的基础，也是绘制学习者画像的必要前提。数据获取是收集学生个性化学习过程中的基本数据，如通过教务系统可导出包含学生姓名、性别、年龄、专业、年级、学习科目、已修学分、考试成绩、出勤记录、作业完成记录等基本信息，通过慕课、学习通等学习平台获取用户的学习内容数据、学习日志数据、学习进展数据、教师教育及干预数据等信息，通过绑定的社交平台抓取用户学习资料分享、讨论交流、收藏、评论等相关数据。然后，经过数据预处理方法将非结构化数据和半结构化数据转化为可以识别的结构化数据。应当注意的是，数据的采集应保证及时性、准确性与完整性，这是数据挖掘结果准确性的前提条件，也是用户画像精准逼近学习者真实需求的基础。

画像挖掘层是个性化学习精准服务框架的核心构成部分。该部分首先提取用户的个性化学习标签，采用基于关联规则的知识发现方法，可以构建不同学习者的标签聚合体，由此形成精准、立体的学习者画像模型；其次，该部分还抽取了学习资源的主题词，通过词库匹配进行扩展，基于计算机检索技术、关联规则挖掘与知识发现方法进行学习资源系统的跨平台精准检索，采用基于推导传递的知识发现方法，发现不同资源内容信息中潜在的关联关系，从而达到复杂数据集的隐性知识发现，由此实现个性化学习资源与用户的精准匹配。

画像应用层在整合数据获取层与画像挖掘层服务功能的基础上，将学习者深度画像模型分析结果应用到个性化学习相关领域。例如基于画像模型可获取高校师生群体的教育背景、学习风格、内容偏好、研究方向等个性化特征，根据用户的学习风格差异提供个性化学习资源推送服务；基于画像模型将具有相同学习兴趣的学习者组建在一个学习社区，提供个性化学习伙伴的匹配服务；根据研究方向和教育背景的差异，在资源方面进行不同难度与进度的资源匹配，并结合学习风格提供个性化的路径推荐服务。此外，还可以通过构建画像模型动态追踪学习者的学习进程，提供个性化的学习行为监管服务，提高知识沉淀率和转化率。

（2）伴随式反馈

反馈是信息传播过程中的重要环节。在线开放课程教学中，依托学习平台根据学习者需要，针对学习中问题，生成可视化的学习报告，直观反映学生学习现状，通过论坛、短信、邮件等方式即时反馈，可以帮助学习者感知进步、认识不足，及时调整学习过程。

对学生的学习行为信息数据进行有效挖掘，可以提炼出学生个性化学习的特征标签，这些标签体现了学生在个性化学习过程中所形成的习惯偏好，基于个性化学习标签构制的学习者画像模型能够更为精准地描述用户的学习兴趣，并能够识别用户实时的需求变化情况，从而构建基于大数据深度画像的个性化资源推荐服务模式，具体如图8-13所示。

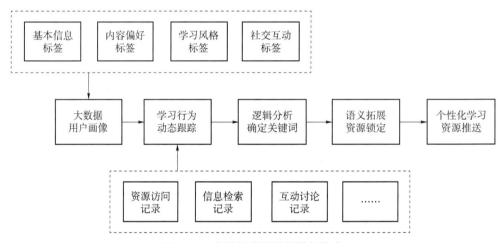

图8-13 个性化资源推荐服务模式

通过构建学习者画像，将基于大数据深度画像的个性化资源推荐根据语义化的标签信息和既定的个性化推荐规则，为学习者提供符合其学习风格与兴趣偏好的个性化服务资源。需要指出的是，构建学习者画像的特征标签既包括较为稳定的静态信息标签，同时也包含不断变化的动态信息标签。其中，静态信息标签主要反映学生较为稳定的兴趣偏好与学习需求，不易改变；而动态信息标签则体现了学生某一时间节点的短期偏好，如学习者的学习内容进程和偏好会随着课程的不断推进而发生变化。因此，需要对学习者画像进行及时更新，以便更为准确地描绘学生的学习偏好需求。具体可通过学习平台对用户的学习特征、学习进度、

第八章 创新模式：在线开放课程的应用策略

偏好行为等进行及时追踪（如信息检索记录、资源访问记录、学习进展记录、互动讨论记录等），通过逻辑分析确定用户该行为的兴趣关键词，围绕兴趣关键词进行语义拓展，并通过资源数据库的概念匹配锁定学习资源，最终定期为用户推送其感兴趣的个性化学习资源。

（3）伴随式干预

伴随式干预是为提高学习者学习质量，达成学习目标，利用平台系统采取的即时性、持续性的介入行动。例如，跟踪学习者的学习进度，及时给予提示和督促；采集在线交互内容，通过文本分析工具判断学习者学习难点，提供配套学习资源，提高学习者选用在线学习资源的效率；通过"在线学习小组"来加强学习者之间的联系，让他们利用在线平台进行问题探讨，开展合作学习，作为促进学生学习动力的"助推剂"。

移动互联网的发展使海量学习资源可以随时随地获取，但学习者在学习过程中难以及时进行有效交流，这种分散性封闭自学模式易产生学习孤独感，导致学习者的学习热情、学习效率与学习质量都有所降低。通过建立用户画像，可以将具有相似学习背景与共同兴趣爱好的学习者组织在一起，建立一个合作、共享的学习社区，通过交流讨论有效提高学习的积极性，改进学习效果。因此，可以基于学习者画像呈现的不同学习风格与偏好兴趣，进而为其推荐特点相似或者风格互补的同学作为学习伙伴。如基于用户画像可以为学习者提供学习风格较为类似的学习伙伴。学习风格体现了其学习行为与内容偏好的相近程度，该种推荐服务有利于兴趣学习小组的建立，提高学生参与讨论的积极性；而对于学习者画像体现的"学习风格差异"，则意味着不同学习者个体间存在"个性化差异"，可以为其匹配学习风格互补的学习伙伴，通过学习过程中的互补性协作学习，可以形成取长补短的合作关系，最终实现双方的共同进步。此外，基于画像模型还可对学习者的兴趣方向进行判定，从而为其推荐同一层次同专业的学习者（使用相同课程、学习资源的用户）作为学习伙伴。同时，还可以通过分析用户画像记录追踪的学习迁移轨迹，推荐具有相同学习行为的用户，如访问相同学习资源、检索相近关键词、下载近似的学习者资料。基于大数据深度画像的学习伙伴匹配服务如图8-14所示。

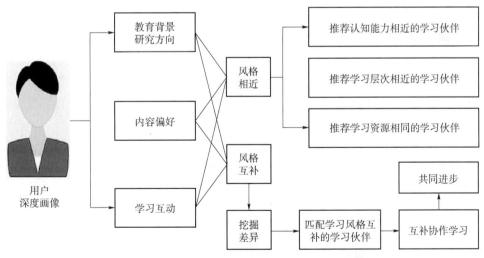

图8-14　基于大数据深度画像的学习伙伴匹配服务

第九章

精准推广：在线开放课程的开放基础

在线开放课是在开放教育资源环境下，随着学习者学习需求不断增加、网络新技术不断发展而产生的一种新的课程形态，它以名校、名师等优质的课程资源，以及完整的课程体验过程为全球范围内有学习需求的人带来了"有教无类"的学习机会，并且具有教与学互动、传播与创造的特性，是课程形态的新发展。但是，课程形态的变革从来不是课程形态的否定与更替，而是新形势下学习需求发生变化的课程形态的完善与丰富。在线开放课程的具有其独特性，其开放基础由用户诉求、动力源泉及互联机制三方面决定。

一、满足用户诉求

在线开放课程的用户是学校、社会众多的知识学习者，用户通过一个平台账号即可登录到在线开放课程平台上进行课程的学习。学习者的文化背景、学习兴趣和动机、认知发展水平、学习方式等很多方面都存在很大的差异。因此，用户的诉求分析对象包括用户诉求的内在逻辑、在线开放课程的特征等。

1. 在线开放课程满足用户诉求的内在逻辑

一直以来技术的发展均会影响教育的发展，信息技术的发展也催生了课程形态的不断变迁。但是，在课程目标、课程结构、课程功能、课程实施等方面，信息技术并没有不折不扣地按照其"应然预设"释放出育人的"实然效能"。因此，我们更需要理性看待课程形态演变的实质——回到课程中，在信息技术的推动下，实则体现出人的学习需求的不断发展。

课程形态的变迁是人的学习需求的彰显。例如，在口耳相传的课程形态阶段，语言是唯一的无形的载体形式，但是作为一种最原始的传播媒体，具有抽象、难以保存、适合近距离传播等局限性，难以满足更广泛的学习者的学习需求；因此，在经典课程阶段，虽然诞生了文字、造纸术，可以使教学内容储存并流传，并促进了社会进步与文明。但是，还是难以满足提高教学效率以及追求教育发展民主平等的学习需求，因此而出现了教科书形态。在统一的大工业满足了效率提高与民主平等之后，尊重个体差异、满足个体发展的个性化学习需求又成了人的核心诉求，而满足学生日益增长的个性化学习需求是新技术支持下课程形态变革的根本动力——从音像制品的课程形态到数字化的课程形态，实现了从单媒体的视、听到多重感官的调动，从单向的接收到双向、多维的互动，从单层次的资源呈现到多层次、多维度、多样化的媒体呈现与建构，体现了对学习者主体、个性化学习的尊重。

不同的课程形态可以满足不同学习者的学习需求，具有不同的价值，彼此并不能完全代替①。而在线开放课以开放性过程与体验打破了课堂教学封闭性的局限，超越了时空的限制；基于学习分析等新技术的个性化学习分析冲破了传统课堂标准、统一的藩篱，促进个性化学习路径的形成；多主体的交往拆除了教师与学习者之间森严的壁垒外，还以平等、民主的形式实现了互动与交流；基于微视频与交互练习的知识图谱式学习摆脱了课堂教学的"满堂灌"，并且学习者可实现自主选择②。这些表征无不体现了用户的个性化学习诉求。

2. 在线开放课程满足用户诉求的特征

在线开放课程作为当前一种新的课程形态，它具有不同于其他课程的大规模、开放、在线的基本特性。大规模学习者分布于网络之中，呈现出去中心化的样态；开放的课程机制使课程充满"干扰"与非预期；而网络载体使师生分离、学习者分离，消解了课程开发过程中的中心性、线性以及等级性，教师本位、"教"本位难以延续，而学习者的差异化、个性化则更加凸显。因此，在线开放课程的独特性满足了当前不同的用户诉求，具体体现在重视建构的知识观、重视学习者的主体观、重视师生主体活动的交往观、重视生成的过程观。

（1）重视建构的知识观

知识观问题是课程开发的基本问题。现代知识具有客观性、普遍性特征，价值中立。客观性意味着知识的绝对性、确定性，个人的学习履历、经验、情感被排除在外；普遍性是指"普遍的可证实性"以及建立于其中的"普遍可接纳性"知识不会随着个人意识形态、价值观念、生活方式以及性别、种族等的改变而改变③；价值中立性也排除了认识主体的性别、种族、意识形态、观念等。由此可见，现代知识观不仅将主体排除于知识之外，忽视了主体建构及其价值负载，还将个体履历经验、情境等也排除在外。

但由于在线开放课程基于网络载体，具有开放性、非线性、分布性，不仅消解了知识霸权，还解构了中心性；同时，大规模学习者具有多元化的学习背景、差异化的地域文化、多样化的学习需求。一方面，精确而客观的知识难以适应多元化学习者的学习需要；另一方面，多元化学习者聚集于课程之中，其互动、交流亦构成了学习者基于个体履历、经验的参与过程，个人的经验化知识、缄默知识、个体追求已经融入知识创造的过程，并促进了课程的转变。因此，在线开放课程要求重视主体建构的知识观。

注重主体建构的知识观，意味着重视学习者基于学习背景、个人履历、学习情境、事件等基础之上对知识的理解、创造与生成，它是主体建构的，在特定的境域、特定事件中的学习者理解的知识，知识成为学习者参与过程中创造性涌现、生成的产物④。它渗透到了学习主体与教师、其他学习者对话的过程，渗透到了学习者与文本、情境交互的过程，注重学习者在探究、建构的过程中基于个体的理解。因此，知识具有主观性，它是基于多元化学习者理解的产物；知识具有情境性，它是多元主体在特定的情境中生成、转化的产物，立足于学

---

① 肖占君，辛宝忠. 大学生存危机来临还是高等教育普及开始——大学慕课研究与实践的转向与未来走向 [J]. 中国电化教育，2015（3）：35-38.
② 刘志军，冯永华. 课堂教学变革的反思与重建——"慕课"背景下课堂教学变革的思考 [J]. 教师教育学报，2014（3）：53-63.
③ 石中英. 知识转型与教育改革 [M]. 北京：教育科学出版社，2001.
④ 张良. 论生成主义课程知识观的缘起、内涵及其意义 [J]. 全球教育展望，2016（7）：33-40.

习者真实问题的解决以及与情境交互的过程及结果；知识具有价值负载，它是学习者参与的、并满足学习者学习需求的产物。知识基于学习者个体经验，在动态的对话、交流中不断生成与创造，成为"蕴含着语境性、历史性与具身性的鲜活的人类文化实践"[①]。

(2) 重视学习者的主体观

网络载体消解了教师本位的教学实践，提高了学习者的自主性。学习者能够依据自己的学习需求、学习目标，选择课程内容、自定学习进度，在学习过程中表现出主动性、自主性、创造性，是能动的学习主体，学习者主体性发挥推动了动态的课程开发。因此，在线开放课程重视学习者的主体观。

重视学习者的主体观，就意味着重视用户主体性、主动性、创造性的发挥。重视学习者的学习体验、经验加工与知识建构，让学习者参与在线开放课设计、教学活动以及学习反馈、学习评价，尊重学习者在自我履历上的知识再创造；鼓励学习者将内部的知识建构与体验在在线开放课学习过程中分享，促进教师和学习者之间、学习者之间的交互、协作，发挥学习者在学习网络中的节点作用，促进外部网络的连通，从而促进在线开放课在持续连通中建构、生成。

重视学习者的主体观，可以让教师在在线开放课中凸显"学"的中心。教师在在线开放课程设计、实施、评价过程中站在学习者立场满足学习者需求，发挥学习者主体性，注重学习者体验。课程设计是在线开放课程开发的活动之一，但是"设计"并非教师意志对学习者的强制灌输。一方面，教师能够适应学习者的需求，以学定教，基于学习者的学习背景、体验、需求进行课程初始状态设计，综合考虑学习者如何学、用什么方式学、学习中可能遇到的难点等，为学习者提供学习情境。另一方面，教师可以在在线开放课程开发过程中，发挥学习者主体性，推动课程目标、内容的生成，并在过程中持续激发学习动机、提供学习反馈，使学习者在参与中建构自我、建构课程，并以此推进课程的动态调适。

总之，重视学习者的主体观，实际上是对学习者个体履历的尊重，也是对学习者差异化体验与多元化理解的尊重，发挥其在学习过程中体验、在关系中建构的主体性，在动态中推动在线开放课程开发，真正使学习者成为文化创造者，实现在线开放课程开发的人本价值。

(3) 重视教师与学习者主体活动的交往观

教师与学习者构成了在线开放课程开发的实践主体。教师是在线开放课程设计者、实施者、评价者，但是大规模的学习者聚集于课程以及开放的网络环境，教师还应是学习的促进者、引导者、支持者。大规模的学习者因相似的学习兴趣聚集于在线开放课程，其学习过程亦是主动建构、分享、协作的过程，学习者构成了自主建构的主体。师生交往不仅是生命与生命之间的相互摄养活动[②]，也是推动在线开放课程动态开发的动力。在线开放课程开发中的师生交往超越时空局限，双方基于网络环境，借助于媒体符号互动、交流，需要重视师生主体活动的交往观。

重视教师与学习者主体活动的交往观，意味着在在线开放课程开发的实践活动中，教师与学习者双方均是具有独立人格的主体，并且教师与学习者之间平等、彼此尊重，每个主体均处于主体之间构建的交往关系之中，他们在平等对话、参与及合作中彼此理解，促进教师与学习者对文本的体验、领悟及创新，在推动文本创新与生成的同时，实现教师与学习者的

---

① 苏鸿. 课程知识的实践意蕴与核心素养教育 [J]. 课程·教材·教法, 2017 (5): 52-58.
② 高成. 师生交往的现实审视及其重构——基于生命哲学的视野 [J]. 教育研究与实验, 2016 (4): 7-12.

自我超越。另外，开放的互联网环境使交互主体从知识占有实现开放分享，互动的过程也从双向的教师与学习者互动，到多维的教师与学习者之间、学习者之间的互动，不同主体的主观能动性均影响其他主体，并对其他主体的活动、观点做出反应，借此主体之间进行理解、阐释与沟通，实现了主体之间的交往。

因此，重视教师与学习者主体活动的交往观是教师与学习者在在线开放课程开发活动中自主、自觉的不断自我完善与超越。一方面，教师重视学习者的自组织学习，引导学习者之间的交往，激励学习者主动建构、分享、交流、协作学习与反思，以关系"节点"促进与他者的沟通，建构学习网络。另一方面，要注重师生之间的交往。师生交往目的是塑造学生的生命自觉①，自主、自治的学习过程以及师生分离、学习者分离的学习状态，更加需要教师在师生交往过程中的引导、关怀、及时反馈，持续激发学习动机，引导学习者自我超越。总之，以教师与学习者主体活动的交往，促进他们之间平等关系的构建，在尊重学习者的前提下，让教师与学习者之间、学习者与学习者之间的合作与沟通顺畅，促进实践主体的自我超越。

（4）重视生成的过程观

在线开放课程开发处于网络空间中，多元化的学习需求、开放性的资源、开放的注册与退出机制等，决定了其在开发过程中始终与外界、内部开发过程具有信息交换，它促进了在线开放课程的开放；同时，也决定了在线开放课程开发并非事先规定的结果，也并非固定的流程，而是在信息交换过程中不断生成、建构的过程。

教师与学习者在在线开放课程开发中共同构成了参与者、建构者，是共同协商的主体，二者在平等对话、民主协商过程中促进在线开放课程开发。在在线开放课程开发中，课程与教学目标应该接纳、包容学习者的学习目标，并促进学习目标在在线开放课程参与过程中实现；同时，目标也内在生成于在线开放课程的开发过程中，在主体交往中共生；在线开放课内容在主体活动的交往中不断生成、创造，以真实的学习者经验丰富课程内容；所以，在线开放课设计也并非一劳永逸，而是跟随在线开放课程开发情境的变化而实现动态调整，以不断满足学习者的学习需求；在线开放课实施过程更加强调过程性，在教与学的活动中重视多主体之间的交往、学习者的分享，重视学习者之间、教师与学习者之间的理解、交互与协作，促进知识的建构、创新以及学习网络的形成。而评价亦是在线开放课程开发中不可或缺的部分，应超越目标导向的结果反馈，以多元交互主体的参与在在线开放课程开发过程中为学习者提供诊断、反馈，为课程开发的调适提供信息，促进学习者向未知领域的探索及课程的不断生成。同时，课程设计、课程实施、课程评价是相互作用、相互影响的，在动态中迭代、循环。

所以，注重生成的过程观，可以使教师与学习者发挥主体性，还可以发挥教师与学习者之间的主体间性；不仅促进学习者个人的自我超越、形成个人学习网络，而且促进在线开放课程开发中主体、要素、活动的网络连通，在多主体交往中、文本交互中不断丰富课程网络，在开放中实现在线开放课程开发的建构与生成。

总之，在线开放课程的独特性满足大规模、多元而差异化的用户"泛用"需求，在开放的网络环境中，注重了建构的知识观，重视了学习者主体观，并基于师生主体活动的交

---

① 高成. 师生交往的现实审视及其重构——基于生命哲学的视野 [J]. 教育研究与实验，2016（4）：7-12.

往，重视学习体验、学习过程，使师生在参与、分享、协作、交流等过程中促进在线开放课程开发动态生成的过程观，实现学习主体的超越。

二、找准动力源泉

若要实现精准推广，在线开放课程就要找准动力源泉，其实质就是对动机和学习动机的内涵的分析，动机就是为了实现某种目标的需求。因此，对于探寻学习动机，实质上就是了解学习者的需求与情感，下面从学习动机管理的基础理论、在线开放课程学习动机影响因素两个方面进行说明。

1. 学习动机管理的基础理论

近年来，作为教育心理学的研究热点，学习动机研究在理论和实证上逐渐成熟和完善。动机是行动的先导，对于一个人最终行动的产生具有重要意义。学习者学习动机影响着学习者的学习行为，甚至直接关系到学习者是否喜欢学习、学习效果和学习质量，也影响着人才培养和人口素质的提升。在心理学意义上，学习动机被认为是一种启动行为和维持行为的心理倾向。动机涉及行为开始、行为方向、行为强度和行为持久性。学习动机是指鼓励和维持个体对特定学习行为的动机。学习动机与个体学习需要、学习兴趣态度、个体价值观、个体愿望、外在奖励、学习成果和现实条件密切相关。学习动机的外在状态是学习欲望、求知欲。个体在学习活动中的学习动机表现为积极的心理状态和自觉主动性。

由于学习者学习动机的多样性，相关的理论研究成果也呈现出多样性的特点。由此衍生出不同类型的激励理论，侧重于教育的不同方面。目前，有关学习动机的基础理论主要有马斯洛需求理论、强化理论、自我效能理论、成就动机理论和归因理论。

2. 在线开放课程学习动机影响因素

在线开放课程学习动力的形成是一个较为复杂的过程，学习动力形成的各影响因素进行了系统分类，包括内部影响因素和外部影响因素两大类。其中，学习者自身的各种心理活动对在线开放课程学习动力的影响，归为内部影响因素；各种外部环境条件，包括社会环境和平台属性对于学习者学习动力的影响，归为外部影响因素。

（1）在线开放课程学习动机内部影响因素

激发在线开放课程学习动力的影响因素主要是基于以往动机理论的基础之上。个体学习的过程，本身是提高自身知识储备和技能素质的过程；同时，也是为了拓展生存能力和提升职业安全。所以，从最初的出发点上看，很多人选择在线开放课程学习，是生理需求、安全需求的间接体现。当然，在更多情况下，人们选择在线开放课程学习，最主要的驱动力为强烈的好奇心，这就是一种比较直观的需求情况了。同时，在线开放课程学习能够帮助学习者完成学业、获得学历、获得晋升机会，使学习者获得更高的社会认同感，因此又是人类尊重需求和自我实现需求的体现。在线开放课程学习动力的内部影响因素，主要来自学习者自身的心理活动，即学习者的心理需求。因此，可以从心理学角度出发，按照情感体验、追逐利益、自我实现三个方向对其进行分析。

①满足用户情感体验。随着物质生活水平的提升，人们越来越重视情感的体验，从理性的角度来看，大多数在线开放课程学习者的学习动机都可以归为满足情感体验。可以将这类学习者分为领略名校、名师风采、完成夙愿者，以及满足个人兴趣爱好者和怀有好奇心或猎

奇等心理的在线学习体验者[①]。首先，从目前 MOOC 的发展状态来看，慕课在一定程度上也可以称作"优课"，无论是在国外还是在国内平台上发布的慕课均由国际知名高校的知名教授讲解，或者播放的是知名高校的优势学科的品牌课程。从慕课学习者和学习经历来看，大多数是没有考取国内外名校，甚至是没有考上大学的学习者，它们选择学习慕课，很大程度上是为了领略名校、名师风采，实现求学梦和师从名师梦，完成自己的夙愿。其次，满足兴趣爱好者在慕课学习者中占很高的比例，很多学习者是受自己的业余时间的爱好所驱动到慕课平台学习相关的课程。此外，还有一部分学习者是因对慕课怀有好奇心、猎奇或对慕课本身的探知欲而来体验慕课这一高品质的学习资源和新颖的教学模式。这些学习者本身并没有强烈的对课程的兴趣爱好，而是因为对慕课这一学习平台的好奇心而选择在慕课平台学习课程。因此，在线开放课程建设要体现名师风采、建设内容要迎合不同用户兴趣需求，从而激发用户学习动力。

②满足实现自身利益。利益作为人类用来满足自身欲望的一系列物质、精神需求的产品，给人类的行为带来不竭的动力。众多的在线开放课程学习者当中追求现实利益也是他们选择慕课学习的又一大动因。这一部分的学习者首先以在校学生和远程教育学习者为主要群体，他们选择在线开放课程学习的主要目的是为了获得更多的知识，并将其作为学校教育的一个补充和延伸。在在线开放课程平台所学得的知识可以帮助这些学习者在学历教育中取得更好的成绩。例如，很多工程师在业余时间会选修工程方面的课程，通过这些成体系的课程来解决现实中遇到的问题。同时，也提升自身的技术能力，实现自身利益。

③满足自我实现需求。根据马斯洛需求理论，需求是动机的根源，众多的在线开放课程学习者的学习动机又可归集为自我实现需求。例如，提升自身能力素质的需求、满足职业发展的需求、提升某一领域学术研究能力和水平的需求等方面。对于倡导终身学习的人而言，提升自身素质永远是一个不懈的追求；对于满足职业发展需求的学习者来说，免费的、开放的、前位的、高品质的在线开放课程是不错的选择，这部分学习者既包括职场新人，也包括职场"大咖"，还包括学生家长、一线教师等不同的群体，甚至包括在线开放课程本身的教学者，通过对他人在线开放课程的学习来提升自己在线开放课程的水平。通过在在线开放课程教育平台的学习，这类学习者不断提升自我的认知能力，内心也得到了极大的满足。

（2）在线开放课程学习动机外部影响因素

在线开放课程学习动机的外部影响因素，主要来自学习者所属外部环境的条件。根据分析，从社会影响和平台特征对在线开放课程学习动机的外部影响因素对在线开放课程学习动机的外部影响因素分为两大类、七小类。其中，亲人、朋友、同学、同事对在线开放课程的评价是影响学习动机的外部社会因素；在线开放课程平台服务质量、课程质量和教学方法是影响学习动机的外部平台因素。需要指出的是，在特殊情况下，如学习者是首次选择在线开放课程学习，而且没有亲人、朋友、同学、家人选择过在线开放课程学习，那么对在线开放课程学习的了解只能通过在线开放课程平台或在线开放课程平台上的教学者。这时，在线开放课程平台、在线开放课程教学者，扮演了对首选在线开放课程学习者的外部影响因素。

特别指出的是，在外部影响因素中，课程教学方法特别是评价模式对学习动力的影响。学习绩效从最简单的意义上来解释，可以解释成学习效果。对于学习效果的评价，在相当长

[①] 刘鲁川，孙凯. 社会化媒体用户的情感体验与满意度关系——以微博为例[J]. 中国图书馆学报，2015，41（1）：76-91.

的一段时间里曾经是唯成绩论的。这一点在中国就更为突出，几十年来，学习成绩的高低成了评价学习效果、定位学生好坏的唯一标准，也因此而培养出了一大批"特别会考试"的中国学生。学习成绩或者试卷上的分数，是一个学习者在完成一个阶段学习过程后学习效果的体现，但局限于阶段性。很多学生还因为掌握了应试技巧和短时间突击学习能力，会在考试中取得不错的成绩。所以，有学者指出，就算是以学习效果作为学习绩效的代表，其评估也应该分为短期学习效果评估和长期学习效果评估。长期学习效果，体现在学生是否掌握了学习方法，是否具备了掌握新知识、创造新知识的素质和能力，尤其是将知识运用于解决实际问题的能力。因此，此处从学习绩效评价、维度两个方面分析了在线开放课程学习绩效评价对学习动力的影响。

①合理的学习绩效评价目标。由于在线开放课程学习者学习动机的多样性和交互性，直接导致了在线开放课程学习者学习行为的多样性和复杂性。理论上，没有任何一种检验方式能够客观、全面地评价整个慕课学习者的学习效果[1]。因此，对在线开放课程学习者学习效果的检验，首先要遵循多元化检验方式的原则。例如，基于猎奇、满足个人兴趣爱好等动机的学习者，他们并不太看重完成课程或取得成绩，他们往往是慕课的"旁观者和顺便访问者"，慕课满足了他们的好奇心和兴趣爱好即可，通过率并不是他们关注的目标。因此以他们没完成整个课程或取得课程成绩来评价和检验他们的学习效果显然会有失偏颇。其次，要遵循动态的综合性检验原则。我们虽然对慕课学习者的学习动机进行了归集，但现实中大多数的慕课学习者的学习动机并不是单一的，往往是多个动机的有机结合，而且即使是这种混合式的学习动机也会随着慕课学习的深入而发生变化，因此要对在线开放课程学习效果进行科学的、客观的评价，就要基于不同的学习动机进行动态的综合性的检验。

所以，学习绩效的评估，仅仅以学习成绩为评估目标已经不符合时代需求。尤其是对于在线开放课程，学习绩效的评估要紧紧把握在线开放课程学习者的学习动机和学习过程，区分他们对于学习效果的追求和心理满足的追求，有区别地、有针对性地设置学习绩效的评估目标。一个具有合理评估目标的学习绩效评估结果不仅是本次慕课学习的最好总结，也是吸引学习者进行下一次在线开放课程学习的重要动因。

②多维的学习绩效的评估体系。鉴于学习绩效评估的复杂性，学者们指出必须构建出有层次的、多维度的评估体系，才有利于学习绩效评估的准确实现[2]。网络学习绩效评估体系，是针对网络学习模式所设计的一种评估体系，对于在线开放课程学习绩效的评估具有很强的借鉴意义，在线开放课程学习绩效评估体系结构如图9-1所示。

从图9-1中可以看出，在线开放课程学习绩效的整体评估目标，分别从网络学习行为、学习者满意度、学习效果3个维度展开。这3个维度又被细化成8个评估指标，它们共同构成了完整的网络学习绩效评估体系。四维度评估体系，就是针对企业员工、社会学习用户学习绩效评估所设计的，分别从反应维度、学习维度、工作维度、企业维度来设置企业员工学习绩效评估的各项指标。其中，反应维度主要用于考察企业员工对于所学内容是否有兴趣，是否会形成主动性反应；学习维度主要用于考察企业员工在学习技巧、学习态度、知识储备上的变化情况；工作维度主要用于衡量企业员工经过培训学习后，是否在业务技能、工作效

---

[1] HELLER R F. Learning by MOOC or by crook [J]. Medical journal of Australia, 2014, 200 (4): 192-193.

[2] ORIORDAN T, MILLARD D E, SCHULZ J H. How deep are they learning? testing content analysis methods applied to MOOC forums [J]. IEEE transactions on learning technologies, 2016.

率上有所提升；企业维度用于品评企业员工学习是否可以为企业带来实质性的经济效益。

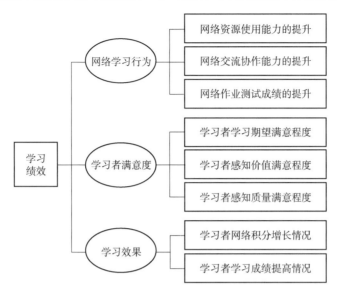

图 9-1　在线开放课程学习绩效评估体系结构

三、构建互联机制

要实现在线开放课程精准推广，除了教师、学习者、在线开放平台的支持之外，还需要关系支持，在在线开放课程开发过程中要构建课程目标与学习目标的关系，教师、学习者、在线开放课程开发之间的关系，在线开放课程开发与教学的关系以及预设与生成的关系，以在线开放课程建设与应用实现动态互联。

1. 课程目标与学习目标的协商与转化机制

一方面，课程目标在在线开放课程开发中不可或缺。在线开放课程开发模式不反对课程目标，它是在线开放课程开发的相对起点，是教师所理解课程的核心体现，也是教师选择内容、实施与评价的重要依据。

另一方面，课程目标应兼顾学习目标。课程目标的制定是课程开发价值取向的具体表现之一，在线开放课程开发的价值取向是促进个性化学习，可以说，在线开放课程的课程目标制定应兼顾学习者的个性化学习；而多元的学习者、开放性的在线开放课程开发过程，注重课程目标的生成性以及学习目标实现才是在线开放课课程目标价值的根本体现。

构建课程目标与学习目标之间的协商与转化机制，使二者在互动中转化与生成。在线开放课目标既需要计划性又需要生成性、过程性、开放性与包容性。前者反映了在线开放课程开发的一般的科学知识与技术特性，具有确定性、系统性、严密性。例如，教师预设的课程教学目标，既包含事实性和技能目标，还有综合、迁移、应用等高阶思维目标；后者反映了在线开放课程开发的复杂性——开放的在线开放课程开发系统受到各种因素干扰，既有学习者广阔的社会文化背景，又有在线开放课程开发价值意义的导向，在线开放课程开发的背后承载了多元化的价值观，正是多元化的课程解读，建构了在线开放课程非线性的、丰富多彩的课程话语。课程目标的生成性与过程性意味着，在线开放课程的开发并非"目标控制"

的，而是在实践过程中生成，它随着在线开放课程开发过程而展开，是随着教育情境、教育事件而生成，不断在教与学活动的过程中呈现，无法预先准确表述；开放性与包容性则意味着教师预设的课程目标应能够促进目标的调适，在预设中考虑学习者的学习需求，在开放的、自组织转变的过程中，不断促进学习者的积极参与，实现学习者个性化的学习。

因此，在线开放课的课程目标需要关照学习者的学习需求，包容学习者的学习目标——两者之间在动态的过程中相互协商与转化。在线开放课的课程目标围绕"学"而不断调适：课程目标不仅先于学习者行动而且产生于学习者学习需求之中、师生互动之中，目标与过程并重。注重课程目标与学习目标在在线开放课开发过程中的转化与生成，实际上等于消解了过程与结果、手段与目的、单向执行与多元并进的对立，在过程中实现了对预设目标的超越与发展。

2. 教师、学习者、在线开放课程的融合机制

教师与学习者同为重要的课程资源，是推动在线开放课程开发的内在要素，是课程的理解者、创造者、开发者，共同构成了在线开放课程开发的主体。教师基于理解建构课程、反思课程，并内在领导课程，在在线开放课程开发活动中创造、生成鲜活的经验；在线开放课程开发的过程是教师制订的课程计划与情境、事件相互调整与改变的过程，可以说，教师即课程；学习者是课程意义建构的主体，在在线开放课程开发活动中基于个人履历理解课程、体验课程、建构课程，并创造课程；在线开放课程开发过程是学习者在具体情境与事件中生成教育经验的过程，可以说，学习者即课程。同时，教师与学习者是不可分割的整体，在线开放课程开发亦是教师与学习者共同协商建构创造经验的过程，并在交流与合作中一起探究。

因此，教师与学习者都不可取代，共同参与课程的开发过程，是课程意义的共同创造者，也是在线开放课程的有机构成部分，他们之间的对话、交往以及不断形成的活动与经验构成了在线开放课程意义创造的源动力。

此外，在线开放课程开发需要构建好教师与学习者之间的关系。实现个性化学习的在线开放课程开发，其根本落脚点在于真正为学习者赋权。教师与学习者之间平等交往，是"互惠式"、民主式关系，是开放性学习过程中合作的学习同伴，在在线开放课设计、实施、评价中共同创造。教师提供了在线开放课程开发之始的计划性文本，但是教师并非孤立于课程实施过程之外，而是随着事件、情境一起反思；学习者注册课程、参与学习，但学习者亦非课程设计中的符号。教师通过在线教学活动、情境、事件以及学习支持，参与课程实施及学习者建构；学习者在其学习需求及全部生活经验基础之上参与在线开放课程，并重构文本意义，促进课程生成，教师与学习者构成了相互作用的"交互主体"，在对话与理解中，最终指向学习者个性化学习需要的满足。

教师、学习者间的融合是一种人格平等的对话关系，建立在相互尊重的基础之上，双方共同参与，拥有平等的对话，且各自具有内在而独特的意义世界，在经验共享中相互协商、相互促进。但是，融合并不是指消解师生各自角色的差异，亦不强求一致性结论，二者在各自意义上依然发挥不同作用。教师角色在与学习者共存的情境中得以重构：教师从外在于学习者情境转化为与该情境共存。教师权威与角色也转入情境之中。关于价值观、方法论、程序等问题不再以脱离实际生活的抽象方式来界定，教师是内在于情境的领导者，而不是外在的专制者。教师成为在线开放课程开发中的促进者、合作者、反思性实践者，是"平等者中的首席"①。学习者在平等的交互关系中,发挥个体的主体性,在个人履历、学习体验的基础之上建构意义,是在线开放课程开发的主体之一,是意义建构者、主动学习者、资源分享者。在教师与学习者融合中,知识得以共享、转化与生成。

3. 在线课程开发与应用的相互促进机制

在线课程开发与应用是连续、互动的有机整体,二者相互作用、相互促进。在线开放课应用主要是教学,教学包括了基于微视频等讲座的教学与在线实施,前者围绕知识的结构,是一种"计划的文本",后者是师生共同参与的"课堂实践",是"经验的文本"、体验的课程,它们共同构成了在线开放课教学,并与在线开放课程开发构成了相互融合、相互促进的有机整体——在线开放课程开发不是简单地选择和编制内容,而是教师与学习者对课程理解、反思以及在此基础之上的意义创造。计划性的"静态跑道"构成了意义生成的基础,而在"跑道"上"奔跑"的动态过程和经验,构成了在线开放课程开发的核心,在线开放课程开发成为与教师、学习者以及教学情境、教学事件捆绑在一起的过程,正如派纳所言,课程是一个过程、一种活动,或者是"内心的旅行"。

一方面,基于微视频等讲座式"教学"是在线开放课开发中重要的实施方式,它为学习者带来独特的知识组织形式与呈现方式,帮助学习者直观认识教师的教学风格、理解教师的教学经验。但是,在在线开放课开发中,预设的教学构成了师生视域碰撞的起点,它构成了一种"符号",是一种"传递",真正的师生交互在于在线开放课程的在线实施过程。

另一方面,集中于在线"课堂实践"的在线实施是在线开放课程教学的重要组成部分,它是学习者生活与实践的体现,是学习者获得主体性、实践主体性的集中体现,汇聚了学习者的课程学习体验,是"共同活动着的人们"创造知识的过程。多元化的学习者既有满足个性化学习需要的诉求,又有在个人学习履历、个体生活经验上的课程理解;在特定的情境与事件中,教师在学习者建构知识的过程中积极参与互动,"知识成为师生合作工作的产物"②,在线开放课程开发的过程是一个师生共同参与、不断建构意义、不断创造内容、不断反馈与提升的过程。

由此可见,教学过程本身就构成了在线开放课开发的过程,是教师对预设内容的建构与展开环节,是教师与学习者在特定情境中基于自身理解而形成的课程体验过程。教师反思与学习者建构分别形成不同主体的课程,并在共同参与中使文本课程、体验课程相互转化、相互促进。所以,在线开放课程的开发与教学应用是互相包含、互相交织、互相促进的有机整体,然后在主体的实践与参与中、在动态性与非线性的学习网络的连通中走向统一。

---

① [美]多尔. 后现代课程观[M]. 王红宇,译. 北京:教育科学出版社,2000.
② [英]麦克·扬. 未来的课程[M]. 谢维和,等译. 上海:华东师范大学出版社,2003.

第十章

重建生态：在线开放课程的应用支撑

一、优选课程平台

教育部曾举办召开专题新闻发布会，主题是千门精品课程上网络，打造高教新质量。会上，教育部明确推进精品课程建设工作是为了缓解"人民群众不断增长的教育需求同教育供给特别是优质教育供给不足的矛盾"，通过示范性的网络课程的形式，促使更多的人得到更好的教育，实现教育资源的共享，推出了一系列的政策，大大提升了高等职业院校建设网络课程平台的积极性。各高职院校根据学校特色，规划建设各学科的校级网络课程平台，包括诸多网络课程、慕课、精品课程等，形成总数达数千门，覆盖所有学科领域，面向本科、高职高专等不同层次的网络课程，掀起了各高职院校网络课程平台建设的高潮。2012年以来，大规模在线开放课程打破了教育的时间和空间的限制，改变了传统课堂教学的方式。2015年，教育部颁布了《关于加强高等学校在线开放课程建设应用与管理的意见》（以下简称《意见》），《意见》要求以"高职院校为主体、政府支持、社会参与"为方针，助推我国在线开放课程的建设与应用，推进信息技术与教育教学的深度融合，争取占领新一轮高等教育竞争的制高点[①]。2018年，教育部首场新闻发布会公布了一项数据，我国慕课数量暂居世界首位。460余所高等院校，慕课建设达到3200多门。共计5500万人次选修慕课，其中包括高等院校学生及社会学习人员。2019年2月，中共中央办公厅、国务院办公厅印发的《加快推进教育现代化实施方案（2018—2022年）》中提倡进一步"促进信息技术与教育教学深入融合，支持学校充分利用信息技术开展人才培养模式和教学方法改革，逐步实现信息化教育学应用师生全覆盖"。

因此，在信息时代的高等职业教育中，网络课程平台在国家大力倡导提高教学质量、鼓励网络课程建设的大背景下应运而生，成为实现大众普及高等职业教育的重要平台。

1. 国外在线课程平台发展现状

国外网络教学发展得相对较早，发展得较为成熟。许多国家，如美国、加拿大、日本等国，目前在教学中较为广泛地推广应用网络教学手段。例如，美国的不少学校早就将计算机

[①] 吴岩. 建设用好学好国家精品在线开放课程努力学好高等教育"奋进之笔"[J]. 中国大学教学，2018（1）：7-9.

第十章 重建生态：在线开放课程的应用支撑

技术、网络手段应用于课堂教学过程。在先进、全面的网络教学支持系统辅助下，网络教学作为教学过程中必不可少的教学方式、有力手段和重要途径，发挥着重要的作用。

（1）国外网络教学的发展状况

世界各国对于网络教学内容的界定大致相同。基本涵盖了在线课件的生成、电子教学方案、文档的共享与交流，在线课程的预习、复习，线上的课程考试、随机测验，网络课程学习效果的统计、评估，实时、非实时的思想交流包括答疑、讨论，等等。

美国麻省理工学院为方便学习者的自主学习活动，推出了网络课件开放工程。该工程有效促进了全球的高校教师在已有课程资料的基础上进行学术交流，提升了原有课程的教学质量，推动了新课程的开发。通过这样的途径，美国麻省理工学院实现了与全世界高等教育学术机构其他人员的平行交流，获取了更多的教学思想、教学途径和教学方法，有助于推动自身教学的发展和创新。

国外网络教学强调的是满足不同学习者的个性化需要，重视设计符合个体特性的教学方式。此理念体现在网络课程教学方面，即设计、开发、运用适应网络教学的方式。在进入网络课程前，通过开展对学习者个体情况的简单调查、学习意向的问卷调查、学习水平能力的简单测试等方式，获取并建立学习者的基本情况档案。再依照学习者个体的学习基础、学习意向、学习特性，提供不同的学习目标、学习内容、学习方式，以供网络学习者选择。并在阶段性学习目标达到后，采取在线测试的方式，判断学习者的学习情况。

（2）国外基于网络的协作学习支撑平台实践情况

国外对于协作性学习的研究在理论和实践方面取得了较大进展，特别在实践方面，出现了一批较为突出的基于网络的协作学习支撑平台。加拿大安大略省教育研究院开发出的计算机支持的有目的的学习环境（Computer Supported Intertional Learning Environments, CSILE）便是其中的佼佼者。CSILE作为协作学习的平台，是由教师、学生建立的公共数据库，主要是由文本、图形、视频等组成。它是一个支持协作学习和探究学习的网络系统。数据库创设了不同种类的标注形式，学习者可以自由进入由教师创设的公共数据库。数据库创设了不同类型的标注，学习者通过自身的学习、理解，在所学的知识点上标明注解，阐明他们的观点和想法。其他教师、学习者能够搜索到这些注解，看到其他人的评论，也可以把自己的观点通过评论、注解的形式加以发表，通过添加注解、评论的方式，提高公共数据库的使用效率、频率，实现构建协作知识的目标。

此种方法已经在国外小学、中学甚至大学课程的历史、科学、社会课上推广使用，获得了良好的效果。教师可以把基于网络的协作学习支撑平台当成学习者学习思考的思维记录库。在教师的鼓励、支持和指导下，学习者参与网络协作学习支撑平台建设的过程。在参与数据库构建过程中，在使用、添加各种观点、信息和资源的过程中，教师、学习者均可衍生出新的知识信息。教师通过浏览数据库，收集、汇总、分析学习者的思想变化途径，了解学习者对知识的理解、掌握程度，帮助提升学习者的交流技巧。

而美国、日本、芬兰曾共同研发一种远程协作学习支撑系统。这种远程协作学习支撑系统，顾名思义，就是支持学习者进行远程协作学习的集成学习系统。它涵盖了学习者所需的学习资源、师生之间内部信息交流平台、外部信息交互平台、个人工作学习平台等诸多方面，拥有同步、异步多媒体通信功能，由资源空间、协作空间和个人工作空间三种网络空间组成。

（3）关于国外慕课平台的发展情况

网络远程教育的发展、视频课程的推广给慕课的推出与发展奠定了良好的基础。美国麻省理工学院将课程免费推行到网上进行交流、探讨的创举，在全世界范围内掀起了视频公开课建设的风潮。2008年，阿萨巴萨卡大学的乔治·西门子和斯蒂芬·唐斯在联通主义学习理论模型的基础上，提出了慕课的概念，并创建了全球第一个连通性大规模开放式课程平台。2009年，哈佛大学推出了慕课课程，使视频公开课建设迈向了新的发展阶段。2012年，慕课平台建设在全球取得重要进展，形成了三大知名平台：Coursera、edX和Udacity。之后，美国许多知名大学陆续与这三大慕课提供平台建立合作关系，不断向全球的学习者提供高品质的慕课课程。

①Coursera是由斯坦福大学的两位教授Kleiner Perkins Caufield和Byers发起，由New Enterprise Associates投资创办。其成立时间是2012年4月。笔者登录Coursera，发现Coursera拥有超过25个领域的慕课课程。该平台可提供艺术与人文、商务、计算机科学、数据科学、信息技术、健康、个人发展、数字和逻辑、物理科学与工程、社会科学、语言学习等项目。根据收集的资料显示，截至目前，已有百余所大学加入Coursera。该平台向来自全球数千万名学习者提供近千门课程。Coursera的优势在于课程资源丰富、权威，并且能自主给顺利完成课程的学习者颁发证书。Coursera希望借此吸引企业参与其中，并赞助认证证书项目，通过这种低成本的方式支持员工的继续教育，吸引更多的企业员工参与慕课平台学习。

②Udacity也是由斯坦福大学教授创设的，后由Charles River Ventures和Andreessen Horowitz联合投资成立。其成立时间是2012年。同年6月，Udacity宣布与Pearson EducationLtd发展合作关系，并推广发布免费的就业匹配计划。该计划是Udacity将完成其平台学习者的简历和学习成绩发给Google（谷歌），Facebook（脸书），Twitter（推特）等众多社交媒体，增强平台的社会影响力和社会应用效率，提升其知名度。Udacity涉及6个领域的慕课课程。

③EdX由美国麻省理工学院、美国哈佛大学联合推出，成立时间同样是2012年，在8个主要领域开设慕课课程，是目前三大慕课平台中唯一的非营利性平台。edX也是两所顶级院校重要的教学试验基地。

据查阅资料显示，全球超过20个国家、地区在推广慕课教学，其中也包括中国。慕课教学领域，以公共课程为多。其主要包括哲学、文学、历史、经济管理、计算机技术、艺术设计等方面。其他慕课平台开展的领域随着需求的增加也在逐步增多。

2. 国内在线课程平台建设研究现状

（1）关于网络课程平台建设的必要性的研究

国内学者认为，网络课程平台把握了新时期大学生群体性特点，利用计算机的记录功能，实现了教学过程、教学效果的追踪与分析。网络教育的重大作用和贡献在于突破了传统教学在时间和空间上的局限，教学模式的转变引发了教育趋势的大转变。有助于更新教育理念，有助于实现优质课程资源、教学资源的多方共享；有助于提升课程的有效性，完成师生线上线下的全方位互动，进而达到提升教学质量、教育效果，达到良好的社会收益的目的。有学者认为，网络课程平台的建设进一步改变了原有的教学资源管理模式，实现了用网页管理资源的模式，解决了教学资源难以实现有效共享的问题。而随着互联网的不断向前发展，大数据、人工智能得到全面开发运用，云存储、云计算相继问世，数字化浪潮波及全球。高职院校的课程建设、教学模式也深受"互联网+"的影响。网络课程资源（如慕课、微课、精品课程、网络课程）发挥的作用日益凸显。网络课程资源的建设主要采取优质教学资源的共享、共建，进而推动教学质量的提升。

（2）关于网络课程平台建设的基本内容的研究

国内学者对于网络课程平台的基本内容或者构成特点，较为具有代表性的观点有：认为网络课程由4方面组成：教学内容板块、交互平台、作业和测验、评价系统。有学者认为，教学效果的检验是通过自评与互评两种方式来体现的，网络课程设计要体现科学性、交互性和实践性。分析网络课程教学平台发现其有3个特点：一是教学资源的丰富化、多样化，以便于满足学生和个别化学习的需要。二是教学资源的特色化、专业化。三是教学资源的模块化设计。

学者指出，网络课程平台利用虚拟现实技术搭建实操环境，支持学生在线实操测试。网络课程平台支持随时随地学习，师生交流及互动。从网络课程平台参与的主体角度出发，网络课程平台建设包含3个层次：教师教学改革实践平台、学习者在线自主学习平台、职员业务素质提升平台。其中，教师教学改革实践平台是通过平台模块建设中的"教学研讨吧"，汇集、体现高职院校最前沿的教学改革论著、课程教学改革成果，甚至是全新的管理规章与制度、课件内容与功能介绍，为教师交流教学经验，传递专业资讯，分享课程网页、教案等资源[①]。学习者在线自主学习平台是网络课程平台为学习者提供在线自主学习渠道。职员业务素质提升平台是网络课程平台为社会行业企业职员培训及业务素质提升提供的有效平台。而网络学习的效果受学习者学习的动机、乐趣和自我控制能力的影响。学习者、课程实施者需要对学习的过程进行监督和评价，保证网络学习的质量。

而其中，微课网络课程平台是以学习的空间功能为支撑，空间内整合海量教学资源，实现教学支撑、教师和学习者互动、资源共享，又以"平台+资源+服务"作为平台开发设计的理念，主张本着先进易用、成熟稳定、安全可靠的原则，量身打造能辅助培养学习者自主学习、提升教师教学效率、优化学校教学管理的网络教学管理平台。

（3）关于对网络课程平台存在问题的研究

有学者阐明了高职院校网络课程建设存在的问题，整体而言包括：网络课程建设目标导向存在偏差；只重视申报，缺乏质量评价手段；远程未实现共享，互动功能缺失；缺乏技术支持，内容更新缓慢；部分教师、学生在思想层面、实践层面没有做好准备，难以用正确的心态在课程教学方面接受、广泛运用"互联网+"思维；网络课程资源利用率不高；网络课程的教学评价体系、量化标准亟待健全；教师对网络课程建设的现实意义认识不够；部分高职院校缺乏足够的现实能力推广、强化、优化网络课程教学运行环境，对网络课程平台的建设积极性不高；网络课程资源相对比较缺乏、资源共享性差；等等。

（4）关于网络课程平台建设的具体对策的研究

学者认为网络课程平台从构成软硬件角度，要有合理稳定的硬件支撑体系、优良的软件设计与服务支持，网络课程平台实现动态优化和调整升级。从具体细节而言，构建网络课程平台要组建多元化的主体团队，实现对课程规划、框架设计、体验空间等专业核心问题的指

---

① 吕玮. 大学公共英语视听说网络课程平台建设研究[J]. 教育与职业, 2012 (32): 146-147.

导。有学者主张以应用为目的，系统设计网络课程平台；以社会需求与应用为主线，系统设计网络课程体系；要实现开放管理，建立的网络课程平台，能实现"课程开发制作、课程运行管理、课程监测反馈"三方面的融通和资源共享；要强调网络建设的服务性，推行补偿性收费制度，用于对网络课程平台后期的维护与管理，奖励具有创新理念的教师与技术团队，提升线上线下课程教学质量，形成良性循环。在网络课程平台从模块分布方面，可以参考CNKI（中国知网）的检索方式，建构基本检索、高级检索、专业检索三种途径，为用户提供检索服务，包括课程习题、课程评价检索。开设从标题、学科、教师、课程资源类型等方面的用户检索。在课程资源管理板块方面，操作类似淘宝卖家装修平台，开放教师对课程的全方位自助管理权限，实现精品课程网络平台的不断优化。有学者认为要强化高职院校特点建设门户网站；加强校园网络硬件设施建设，保证校园网络通畅；推进具备个性化功能诸如私人订制学习套餐、学习程度自查自检的网络课程平台建设。而且，提出构建网络课程平台的原则时，首先要遵循由浅入深、知识与技术并行的原则，推动理论与实践一体化教学。在教学过程中，突出学用结合，用项目引导网络课程平台的建设与教育，用教学任务或者具体项目完成驱动，科学合理地组织教学内容，推动教学方式、形式的创新。其次要以课程的教学目标为基础，开发设计出能与专业核心课程及相关教材配套的网络课程。有的学者运用现代的网络技术，分析网络课程平台，认为网络课程平台构建的第一要素是系统功能的设置，综合性的考量；其次是网络课程平台的结构；再次要进行数据库建设。并指出网络教学系统主要使用表示层、功能层、数据层的三层架构。第一层主要用于模块的展示，第二层是网络教学系统的各项功能集成，第三层为整个系统进行数据服务。

由此可知，目前我国网络课程平台建设的研究其实还处于起步阶段，研究集中在网络课程的特点、网络课程平台的基本内容、网络课程平台建设的具体途径，技术板块类涉及较多，对其存在的问题分析相对较少。不论是从实践角度探讨高职院校网络课程平台建设，还是从理论层面研讨高职院校网络课程平台建设都相对较少。本研究的进行，将有利于推动高职院校网络课程平台建设的理论、实践研究，对高职院校网络课程平台的建立与完善有重要的借鉴与指导意义。

3. 网络课程平台建设的目标和内容

（1）推进线上线下教学改革

高职院校网络课程平台建设依托于网络信息技术、虚拟技术等，采取开放管理模式，主要目的在于实现研发制作课程、维护管理课程、监测反馈课程三个层面的贯通与资源共享，为高职院校师生提供线上线下教育、教学咨询指导等个性化教学服务，推进线上线下课程教学改革。通过网络课程平台的建设，使高职院校学习场所及教学人员实现从单纯的传统教室、面对面的教学，转换为云端和大数据，实现教育理念与社会变革的对接转轨，提升高职院校课程教学整体质量。

网络课程平台的建设，主要体现在课程资源管理系统。作为最基础、最常用的后台就是网络课程、网络资源的发布平台。它为教师编辑课程信息、整合网络资源、创新教学手段等提供创作的平台，属于网络课程模块设计。为给学生提供更为丰富、充实的学习资料数据库，网络课程平台必须建构多媒体课程资源库。这样才能实现交互使用的包括网络课程、精品课程、慕课、课程评价、学术讲座以及视、音频课程点播等，实现集"寓教于乐于一体"的线上教学模式。

（2）与生产实践相结合

鉴于高职院校发展需求，实现高质量的网络课程平台建设已然成为打造具有特色与教学品牌的高职院校的一项重要内容。在网络课程平台开发方面，高职院校、教师应与企业人员充分合作，将网络课程平台中的教学内容与企业的生产实践相结合，实现将企业生产过程、创办理念、技术要点、管理模式、市场服务等方面融合体现在网络课程教学和平台建设中，以适应企业、社会的不断发展。

（3）突出特色与易用性

一方面，作为高等教育的一种类型——高职教育的培养目标是为社会培养实用型专门技术人才，强调专业设置、人才培养具有区域性、开放性、实用性等特点。高职院校网络课程平台建设应符合高职教育的特色，满足社会企业工作的需求，达到专业岗位的设定层次要求，突出实践操作性，把高职院校各自的专业特色通过网络课程平台建设展现出来，把培养学生掌握专业技术理论前沿和突出专业实践操作技能作为网络课程平台建设的设计初衷。另一方面，网络课程平台建设不可忽视平台使用简单易操作的基本要求，借助多样化的手机App，实现电脑、手机、平板电脑等同步电子设备操作。通过手机App，教师与学生实现线上线下课堂互动，这样可以提高学生的学习积极性，增强教师对网络课程在线平台的建设投入、关注度，实现教学资源、素材的共享管理，为提升学生的学习积极性主动性，实现更好的学习效果，可以开设微信群、QQ群，不断增强师生之间的联系。

（4）建立双向反馈评价机制

教学环节离不开内外信息的交换与交流。任意一种教学、建设都是从信息共享开始实施执行，发展到信息共享阶段。互联网的出现与广泛应用提供了更加迅捷高效的信息共享渠道平台。完善的高职院校网络课程平台需具备双向反馈评价机制，采用定性与定量相结合、形成性与终末性评价相融合的双向反馈评价方式，这样才能有助于及时分析梳理学生的学习时间、喜好、进度以及师生交流互动频率情况，得出网络课程平台运行情况，推动课程资源共享与教学互动，以实现建设网络课程平台的真正目的。

此部分主要体现在界面的交流系统方面，平台交流系统包括的板块内容较多，具体涉及教学信息检索、电子邮件、同步协作学习工具等。其中，教学信息检索能帮助学生实现快速查询所需教学信息和有关资料。电子邮件是师生之间较为常用的学习交流工具。同步协作学习工具包括电子白板、视频课堂、学术论坛、个人及班级学习情况浏览、在线作业等。

4. 高职院校网络课程平台建设存在的问题

（1）师生对网络课程平台定位不明确

建构主义者认为事物的意义在于每个人都以自己的方式去理解事物。不同的人对事物有着不同的理解。如果师生对网络课程平台有充分的认知，网络课程平台的作用和功能可以得到更好的发挥、利用。据调查，被访问对象中65%的学生将网络课程平台与网络课件混同，说不清楚网络课程平台的具体内容。73%的教师在访谈时认为在建构网络课程平台的过程中，教师最重要的工作就是把教学大纲、课程教学课件、作业及相应参考答案上传到平台，并按照学校要求完成作业浏览批改。不难看出，教师仅仅将网络课程当成了课堂教学的补充，缺乏对网络课程教学活动细节性管理与开发设计，没有意识到网络课程平台是基于互联网技术运用，对教学改革与课程内容实施的新尝试，是涵盖内容与范围较广的教学活动，狭义地认为网络课程平台等同于网络课件的制作与发布。

(2) 平台设计水平不高且功能单一

"主导–主体"教学理论强调,学生是教学活动的主体。所有的教学活动的开展都应该首先考虑学生的知识需求、认知特点以及个性特征。一旦教学活动偏离了学生这个主体,必然难以获得很好的效果。随着高等职业院校信息化建设的高效推进,网络课程平台建设日趋完善。然而,在具体的高职院校网络课程平台开发中,一方面,在网络技术与多媒体操作的运用上,多数高职院校采取独立购买或独自开发的方法。在调查访谈中32%的教师在网络课程平台上将教学资源用PPT的形式加以上传呈现,导致网络课程平台在耗费大量人力、物力、财力投入前期建设的同时,后期运作整体缺乏吸引力与灵活度。另一方面,网络课程平台规划、设计水平有待提升,功能结构比较单一,不利于提升教学质量。在调查过程中,发现42%的学生明确表示,课程平台功能结构设计不够直观,导航系统过于简洁,平台所体现的学习重点、难点并不突出,教学资源寻找困难。43%的学生表示在使用导航过程中出现过"点击错误",63.2%的学生表示遇到过目录下没有对应子项。交互功能上缺少实时互动视频传输功能。笔者对某高职院校网络课程平台访问期间,也有类似体验。另外,标准化的数据教学资源库建设还存在不足,缺乏相关的现代远程教育资源建设规范。课程标准设置不统一、教学资源开发不统一、网络课程平台缺乏兼容性等问题普遍存在。各大高职院校网络课程平台资源交流共享也存在一定障碍。某高职院校网络课程平台中的"专业列表"板块统计显示,外部课程数量为零,也侧面印证了这一情况。同样的,在各大商业网络课程学习平台亦有存在。不同平台功能设计不尽相同,导致平台间数据无法完全同步利用等情况,影响了平台发挥全部功能。

(3) 平台运行维护管理不到位

"主导–主体"教学理论认为,教师在教学过程中最重要的功能在于主导教学过程,帮助学生选择适当的学习内容、创设有助于学生理解吸收知识、信息的学习环境,通过科学合理地组织教学活动环节,帮助学生解决理论与实践问题。随着高职院校教育信息化建设规模的不断扩大,有的高职院校出现了短板效应凸显的问题,比如软硬件不匹配,片面追求硬件设施完备,教学人员网络课程平台操作技术相对滞后等;有的高职院校出现了网络课程平台不能与专业技术前沿接轨,学生的主体性难以凸显等问题;网络课程平台板块设计单一、内容陈旧、更新慢,后期维护不及时;网络课程平台的优势发挥得不充分,很难符合学生的需求。以笔者访问的某高职院校网络课程平台为例,根据调查时页面显示,资料总数达到7340个,但是专业资源库更新显示"今日上传数零;昨天上传数零;本周上传数零;本月上传数零"。不难看出,平台资源较长周期未进行更新。在信息化时代,知识日新月异,实用技术不断向前发展,一个月、一周、一天的时间有可能就发生科技领域的全新变化。

(4) 平台评价反馈不及时不准确

现代管理理论中的反馈原理指出,管理的有效性,取决于管理信息体系的完整程度,信息的传递与反馈的灵敏性、正确率以及效度高低。信息工作讲究时效,信息反馈越及时,越能及早发现问题,解决问题,越有利于达到管理和控制的目的。网络课程平台的教学效果关键在于教师运用平台所体现出的教学理念与教学创新能力,学生使用平台的方式与效果。考核评价网络课程平台的建设情况既是检验网络课程平台设计、使用的情况,又是教师获取教学反馈的重要途径和掌握学生学习情况的基本途径,有助于教师结合实际情况,改进调整线上教学策略。以笔者访问的某高职院校网络课程平台为例,单击进入"共享型专业资源库"

界面下的"交流论坛"模块发现，发帖数为零。课程问卷作为推动提升网络课程教学的重要信息反馈途径，使用数为零。高职院校不及时开展网络课程平台评价，不能及时听取教师与学生双向信息反馈，那么势必影响高职院校建设优秀的网络课程平台，耗费更多的网络学习资源，而达不到设定效果。考核与评价是监督和促进网络课程平台建设的保证。在被调查对象中，70%的教师提出在网络课程平台操作培训过程中，没有提到如何提取学生对课程使用情况的信息反馈方法。76%的教师反馈在使用网络课程平台过程中，没有接受过关于平台建设情况评价的测试或者反馈。64%的学生表示在网络课程平台上没有关于平台建设情况的反馈信息栏。即使偶尔有任课教师提及询问平台使用情况，也无力进行系统上的更改。

5. 推广高职网络课程建设平台的有益经验

某高职院校从2008年开始启动精品课程建设，搭建网络课程平台。为解决网络课程建设与使用分离，师生平台使用积极性不高，网络课程平台内容单调，数据不同步无法为学院所用等问题，进一步推进教育教学模式的改革，充分发挥现代教育技术辅助教学的作用，专门设置了以教务行政部门、教学督导部门、教学部门联合组建的推进网络课程平台建设小组，规划制定了网络课程平台的建设方案，并设置了项目实施、教务管理、教学督导、技术支持等功能小组，逐步完善平台架构。经过10余年的实践，获得了一定的经验，值得借鉴，现列举如下，仅供参考。

（1）强调线上与线下教学结合

为强化高职院校教师与学生的互动交流，调整学生在线学习状态，某高职院校在教学改革和课程建设过程中，通过宣传、专题培训与实践操作，强化教师、学生等多元化主体对网络课程及其平台建设的认知，使其意识到网络课程平台的教学模式不单单只是线上教学，还需要线上与线下教学相互结合，以保证教学质量的提高。为此，设立宣传栏6个，2017—2018年开展专题培训8场，涉及400多人次，完成实践操作教学12次，培训人员357名。在学习场所和教学方式方面实现了从单纯的传统教室、面对面的教学转换为通过云端和大数据教学。教师除了在传统教室可以与学生进行直接交谈外，也可以在网络课程平台与学生交流互动。

（2）组建专门的平台研发团队

为开发出适合学生学习、适合教师教学的网络课程平台资源，组建专业的网络课程平台研发团队。院校通过分短期、中期、长期三个阶段的课程规划，探索建立网络课程资源协同发展的建设机制，将课程资源的完善健全作为一种长效目标加以实施。现代教育技术中心的技术力量，负责课程平台的技术支撑；教务部门建立更加科学规范的平台使用评价体系，关注资源利用、资源质量等观测点，为平台发展指明方向；人事、科研部门以人事聘任、教学改革为抓手，吸引并组织富有热情的员工参与平台建设。

（3）重视网络平台硬件设施建设

为优化网络课程教学，院校较为重视平台硬件设施的配套与维护，陆续投入经费100余万元，与得实集团合作，及时扩宽校园网络带宽，确保校园网络流畅，为高职网络课程平台建设奠定坚实基础。设立专门管理网络课程平台的部门和管理机制，为教师的网络教学发展提供价值导向。

（4）采取定制课程方式开展技术培训

在进行高职院校教师问卷访谈时，编者了解到许多教师表示愿意使用网络课程平台，并创新教学方式手段，却苦于自身计算机技术水平有限，网络课程平台操作不顺利等问题，无法实现提升网络课程、慕课、精品课程质量的目标。为此，某高职院校采取定制课程的方式，邀请全国、省、市经验丰富、课程点击率高的网络课程教师进行授课、培训，提供足够的资源和空间给教师进行实践，鼓励教师多使用、制作微课；通过培训，不断提升教师对 Photoshop、PowerPoint、Flash 等软件的运用能力，提高教学质量。同时，以教育行政部门组织的信息化教学大赛为依托，建设虚拟演播室等数字化制作专门教室，定点视频制作公司为课程量身定做视频产品，开发虚拟仿真教学资源。近年来，每年都有 10 余名教师在校外参加各级信息化教学大赛获得不俗成绩。

（5）加快专业资源库建设

在推进高职院校网络课程平台建设过程中，同步加快各专业资源库建设，积极整合已有的优质教学资源，如图书馆资源、现有的优质网络课程资源、校园网的协作学习系统、在线教务管理系统资源等，突出资源的专业性，保证资源的可用性和前沿性，建设好各自鲜明特色的开发理论性与实践性相结合的网络课程平台，继而参加全国各类资源库建设项目，提升资源的质量与成效。如果说之前的网络课程平台仅作为一个技术的支撑体系存在，那么目前网络课程平台的发展，已经从单一的技术支持转变为集资源的收集、交换、运用和课程的组织、反馈于一体的综合教学过程生态系统，很大程度地提高了平台的适用性与可用性，其中资源库的建设功不可没。

（6）利用学习轨迹完成平台测评

开展学生网络课程平台学习轨迹分析。对网络课程平台的板块设计、使用率、学生进行信息分享率、点赞率来判断学生的参与度进行评价。与此同时，也由此而了解了学生的学习兴趣与侧重点。根据学生在各个板块内容的学习时间和学习次数，了解他们的喜好与平台使用的便捷性，有助于教师及时调整网络教学的设计形式。教师通过电子管理登录信息记录完成教师评价的依据。通过反馈调查发现，线上预习有助于帮助学生理解和学习课堂教学内容与专业知识，但互动的功能欠缺，学生无法及时发现在学习过程中产生的偏离并及时加以矫正。而线下研讨则弥补了这一缺陷。本身已经有线上预习的基础，再加上教师的纠正与引导，就为课堂解放出了大量的时间和精力，也为课程知识的传授与吸收提供了良好的基础。这也就大力推进了信息化素养，推进了网络课程平台建设，实现了网络教学平台的真正意义。截至目前，在网上开设课程达 283 门，基本实现所有课程均具备网络开课能力。

6. 增强高职网络课程建设平台建设的建议

（1）强化主体认知，明确网络课程平台定位

后现代主义教学理论代表人物多尔认为，课程的实施不是单纯的知识灌输和教师释惑的过程。课程的所有参与人员，包括教师、学生、其他社会学习者都属于课程的开发者、设计者。课程是由师生共同探讨、研究、传播知识的过程。教师与学生属于教学互动过程中的高级伙伴或合作者，学生是学习的主体，只有教师与学生双向明确网络课程平台的定位与功能时，其作用才能得以真正发挥。

据调查结果显示，65%的学生对网络课程平台的具体内涵认识不清，把网络课程平台与网络课件等同；而 73%的教师在访谈时没有真正理解网络课程平台建设的要义。因此，可以借鉴某高职院校实践经验，在教学改革和课程建设过程中，通过宣传、专题培训与实践操作，强化教师、学生等多元化主体对网络课程及其平台建设的认知，使其意识到网络课程平台的教学模式属于线上与线下教学相互结合，实现有效提升教学质量的目标。通过强化主体

认知，教师可以完成角色任务的逐步转变，实现教师讲课精准，展现数字辅助教材形式的多样化，讲课内容更加充分合理。帮助学生调整学习状态，促使学生学习更加便捷、灵活，约束更少，学习效果更佳，掌握的专业技能更适应社会和企业的需求。

（2）成立研发团队，建构特色网络课程平台

学生作为素质教育的主体，高职院校要更好地推动信息化教学课程的改革，必须要培养其浓厚的网络课程学习兴趣，激发其进行网络课程学习的动机。遵循发现学习理论基本原理，学生在学习过程中是属于主动获取知识的过程，而非被动参与，因此，网络课程的教学过程、网络课程平台的设置都应尽可能满足学生的求知需求，激起学生的"探究反射"，才能充分调动学生的参与积极性。高职院校网络课程平台是以网络课程为中心的能够为高职院校主动提供系列网络教学服务的软件平台。为实现全方位的数字集成化教学服务，网络课程平台积极利用学科教学资源，开创共享型课程资源，将高职院校教学资源、行业企业资源、网络技术部门进行了有效整合，属于典型的较为灵活的学习环境。建构具有特色的高职院校网络课程平台是"发现学习""主导-主体"教学理论的直接实践运用。鉴于多数高职院校教师对网络课程平台中的开发利用并不专业、不充分，对于图片、视频的制作、剪辑、发布等处理技术存在较大问题，某高职院校组建了专门的网络课程平台研发团队，开发出适合学生学习、教师教学的网络课程平台资源，取得了不错的效果。高职院校也可以充分借鉴某高职院校的做法，推行由网络技术公司、行业企业、高职院校特别是网络课程基础好的高职院校三方合作，设立网络课程平台建设团队，实现行业支撑、校企合作、校校联合的平台搭建方式，确保实现网络课程平台科学、规范、具有实效性。由行业企业、高职院校、网络技术团队三方组建的平台设计团队，对平台框架功能设计、课程体系的安排与规划等核心问题给予专业化科学化的有效指导。与此同时，平台建设应突出学科特色、学校特色，以知识的应用性和可操作性满足社会需求为目的，充分考虑网络课程资源覆盖面广、涉及领域宽的特点，实现线上线下立体化教学，互补性教学。在网络课程平台设计研发中，每个板块都应该有明确的设置目标，突出该高职院校的专业特点、精品课程、"拳头"产品，在学生或者其他用户登录时，能被网络课程平台里的具体内容所吸引，主动接受知识的传送。充分结合实训项目的特征和学生学习特点，争取创建特色专业的网上虚拟实训基地，形成专业虚拟实训中心，为师生实训提供交互平台。

（3）加大资金投入，加强平台维护与管理

随着高职院校教育信息化建设规模的不断扩大，高职院校存在片面追求硬件设施的新与全，软件配备不到位，教学人员信息素质能力不高，平台操作培训投入经费不够等问题，短板效应凸显。网络课程平台后期维护更新不及时，缺乏相应规范管理，课程内容相对陈旧，难以满足学生的要求。"主导-主体"教学理论强调，教学过程是学习者认知和个性特征发生变化的过程，由此网络课程平台建设必须依据学习者认知变化阶段及时调整有关内容，符合知识认知发展规律，满足个体求知需求。高职院校要促进网络课程平台建设，必须注意以下三点：第一，必须认识到网络课程教学与平台建设对高职院校发展的重要性与必要性，加大网络课程平台建设的资金等多元投入，营造重视网络的教学氛围。第二，高度重视网络平台硬件设施建设，为网络课程教学建设提供条件。拓展校园网络带宽，升级校园网络环境，保证校园网络通畅，为高职网络课程平台建设与使用提供强有力的保障。第三，还可以考虑在高职院校内增设或者挂牌兼设相应部门负责管理网络课程平台的相关事务，制定有关运行

维护和一系列管理机制，为教师提供工作导向。注重后期维护与更新，通过有关管理部门和管理机制的推动，进一步完善和健全管理机制，实现网络课程平台建设的日常化和规范化。

（4）提升信息素养，强化师生运用能力

一方面，发现学习理论大力提倡提高学生内部学习动机，促使学生将"发现"作为学习的动力，帮助学生转变学习动机，实现自主学习，较大程度改变环境对学习所造成的影响与干扰，逐步实现将学习培养成具有明确选择，具有导向性、可持续的行为习惯。教师协助学生提炼信息、总结信息，掌握获取知识的途径。由长期的教学改革实践可知，高职院校教师因各自所学专业有所区别，年龄、心理状态存在差异，网络技术熟悉程度、运用能力不同，所以运用和管理网络课程平台的能力也有所差别。学校应该为教师学习和体验新型的教学方式提供学习环境、技术培训和网络教学方法培训。在受访的高职院校教师中，多数教师明确表示愿意尝试进行线上教学改革实践，并曾经试图创新教学理念，运用新的教学手段推进课程建设，但局限于自身网络技术、计算机操作水平不知从何入手。因此，可借鉴某高职院校的方式，邀请全市、全省、全国优秀网络课程教师采取定制课程的方式开展培训，提供足够的资源和空间给教师进行实践，鼓励教师制作微课时，提升 Flash、PowerPoint、Photoshop 软件的运用能力，提高教学质量。同时，学校选定具有较高教学水平、较新教学理念、勇于改革创新的教师先于全校教师进行技术培训，试点推行网络课程平台优化教学资源尝试，及时汇总解决在线上教学过程中遇到的问题。再实施全校教师技术培训，并以第一批受训教师为组长，结成网络课程平台教改小组，组长负责对学院其他教师进行具体技术指导。依托高职院校专业技术人才优势，尽可能创造出"一带一帮"的环境与条件，实现一个计算机教师搭配一个学科教师。鼓励计算机、信息管理等专任教师主动参与网络课程平台的设计、运行、管理与维护、完善过程[①]。与此同时，不断提升学生操作、利用网络课程平台的水平，提高学生对信息提取、分析研判的能力，调动学生的线上线下配合的主动性和积极性，有效实现网络课程平台成为教师、学生之间的互动平台，促进高职院校建设的可持续发展。

另一方面，根据混合学习理论，教师在教学过程中负有引导责任，主张合理规划教学内容，创新教学模式进行教学设计，增强学生学习的积极性与主动性。高职院校可利用人事制度改革，引导教师积极投身教学改革，实现教学理念的不断更新，鼓励教师进行网络课程平台实践，优化线上线下课堂教学。引导学生使用网络课程平台，完成课前预习、课后巩固、难点突破、问题研讨等环节，启发学生的思维，丰富线上课堂教学方式与内容。通过线上学习，促使学生采用自主学习的途径，获取基础性知识、专业性知识、实践性知识，完成线上线下教学的互补结合。带着问题进入线下课堂，带着思路反馈线上课堂，提高线下课堂教学效率，提升线上学生学习品质。

（5）优化平台资源，建设数字教学资源库

建构主义学习理论强调师生之间、学生之间的思维交换、信息交流、协作沟通，让学习者的想法都为整个学习群体所共享，实现学生个体知识的增长与群体智慧的结晶同步。纵观目前高职院校网络课程平台建设，课程资源开发混乱，标准不统一，网络课程平台兼容性不强，在很大程度上对区域和高职院校间的交流与共享形成了障碍。标准统一的数字化教学资

---

① 赵利梅. 高校网络课程教学现状及其有效教学策略研究 [D]. 昆明：云南师范大学，2017：50-51.

源库的建设有助于突破各大高职院校间的交流壁垒。教学资源库的建设涵盖课程的教学大纲、教师队伍情况、教学计划、考核方法等,也包含教案、课件、视频讲义、电子教材、网络题库、扩展文献资料等①。在网络课程平台在建设过程中,应当以丰富资源库建设为契机,朝着资源综合收集运用与课程组织反馈相融合,致力于构建一个综合的教学过程生态系统,提高平台顺应教育教学改革发展的能力。某高职院校在推进高职院校网络课程平台建设过程中,同步加快各专业资源库建设,积极整合已有的优质教学资源,突出了资源的专业性,保证了资源的可用性和前沿性。除此之外,高职院校网络平台建设有必要运用知识建构规律与教学资源的属性,依据名称、学科、专业、适用对象、来源等情况对教学资源进行统一标准化的管理,以供学习者使用②。在网络课程平台建设使用过程中,让渡部分编辑权限给学生,提高学生参与教学资源库建设的积极性。学生可依照自身学习习惯,将教学资源重新排列、存储,并设置快速的跳转按钮,完成不同资源间的浏览与切换,方便自身学习使用。

(6) 突出多元主体,建构科学评价体系

后现代主义教学理论指出,教学是开放的系统,追求的是师生的平等与对话。教师与学生之间的互相评价,并不能成为区别学生优劣、教师教学水平的方法。评价是教师和学生在教学中知识和思想转变的通道,是师生完成平等交流与对话的渠道。从这个意义上讲,教学注重的是与学生的思想交流。教师期待在这个过程中能促成教学双方的互相支持与认可,实现学生的个人综合素质的发展与教师专业能力的提升。这就要求在教学活动中突出主体的多元化,引导学生以主体身份参与线上线下教学工作。而实际上,大部分高职院校网络课程平台的评价是施行一元主体制,通常是由教师独立完成。随着教育理念的不断更新,教学改革成果的不断涌现,一元化的评价主体已逐步被包括学生、教师、社会人士、家长等在内的评价主体所取代。学生、教师、社会人士等对网络课程平台所包含的内容、设计特点、用色、模块内容、后台操作、平台使用以及教师提供的教学视频、软件等项目内容进行评价。某高职院校利用学生网络课程平台的学习轨迹,及时完成了教师网络教学方式与内容的调整。教师的测评则通过电子管理登录完成信息测评。网络课程平台的评价可以使数据量化,完成综合权衡对比。利用大数据分析,自动测评教师的工作量、网络课程、精品课程、慕课的教学效果。通过选用部分课程参考教学改革前后对比,学生的参与度、学习成绩、教评结果呈现明显正相关趋势。考核非文本资源的数量和质量(如教学课件、全课程录像、重点知识微课),考核浏览量、阅读量的技术指标,引导广大教师提高信息素养,建设高质量的课程资源和网络课程。学校据此建立了评价激励制度,鼓励教师运用网络课程平台,推动线上、线下联合教学。同时,还实施全新的考评方式,将网络课程教学反馈结果纳入教师的考核评优、职称晋升范畴,促使高职院校教师投入更多的精力推动网络课程平台的建设。

二、重构硬件环境

物联网、云计算、无线通信等技术的迅速发展,推动教育信息生态系统的发展,引领教育迈入智慧化发展的新时代。物联化、智能化、泛在化的教育形态,开放、共享、交互、协作的在线开放课程,对学习环境的构建提出了更高的要求,以智慧学习环境支撑智慧教育发

---

① 陈玉琨,田爱丽. 慕课与翻转课堂导论 [M]. 上海:华东师范大学出版社,2014.
② 贺红梅. 网络环境下"主导——主体"教学模式分析 [J]. 教学与管理,2007 (27):125-126.

展，发挥技术优势，变革传统空间，实现教育信息化深度融合，迈入创新发展阶段。

1. 在线开放课程对教学硬件环境提出新的要求

百年大计，教育为本。进入21世纪之后，人类社会开始进入第四次工业革命阶段，以物联网、云计算、无线通信等为代表的数字技术簇群涌现，驱动教育信息化从数字化迈入智慧化，重构支持在线开放课程平台的硬件环境，是顺应智慧教育时代的发展，实现教育信息化深度融合，促进教育智能化高度发展的必然选择。

教育部在《2016年教育信息化工作要点》中正式提出智慧校园建设与应用发展的要求，促使智慧教育成为我国信息化教育发展的高级阶段和新的形态。2018年发布的《教育信息化2.0行动计划》进一步明确以学习者为中心的智能化教学支持环境建设的重要性。因此，学习环境的变革与建设是智慧教育时代的内在要求，也是未来教育发展的必经之路。

2. "互联网+"技术为在线开放课程提供有力支撑

信息技术对人们的生活方式和世界文明产生了深远的影响。短短几十年的时间，互联网遍及世界，也成为变革教育的强大工具。"互联网+"时代信息技术的进步和普及为微课的发展做好了技术准备。美国EDUCAUSE分析研究中心2013年2—4月对美国251所院校的112 585名大学生的问卷调查显示，拥有笔记本电脑和智能手机的学生分别占到样本总数的89.1%和75.7%。我国工业和信息化部公布的数据显示，截至2017年6月，全国手机用户为13.65亿，其中4G用户总数达到8.88亿户。随着互联网技术的日趋成熟和发展，无线网络已遍布世界各地。各国也在加紧智慧城市的建设和发展，我国的互联网普及率也在逐年攀升。据中国互联网络信息中心发布的第37次《中国互联网络发展状况统计报告》显示，"截至2015年年底，中国网民规模已经达到6.88亿，互联网的普及率已经达到50.3%。截至2017年年底，全国4G人口覆盖率已经达到98%。2018年，5G时代到来。我国高校经过新一轮信息化建设的洗礼，已经初步具备了高水平的网络硬件设施，正在逐步迈向"智慧校园"。根据《中国教育网络》在2011年和2014年分别对全国中西部地区120所高校网络信息化建设情况的调研报告显示，2014年国内网络接口总数有超过70%的学校集中在1万以上的区间，接口数在5 000以下的学校则从2011年的23.33%降低到2014年的11.67%。69.17%的高校出口带宽在2014年超过1G，而2011年仅有49.17%的学校出口带宽在1G以上。在2011年尚有31.67%的学校未部署无线网络，而到2014年部署100~500个无线AP的学校占了32.5%。这些技术条件的发展和成熟都为微课的发展奠定了基础，移动终端为录制和发布、应用视频提供了设备条件，互联网的普及为微课的推广和应用提供了环境保障。

3. "智慧教室"建设为在线开放课程应用提供教学环境保障

高等教育的变革是智慧教育发展的重要环节。智慧教室作为智慧教育开展的重要载体，自然成为高等教育变革的首发战场。国内重点高校官网公开数据显示，重点高校智慧教室的环境建设已趋于普及。其中39所"985"高校已100%完成智慧教室的建设，112所"211"高校中有108所院校完成智慧教室的建设，占96.4%。

自2012年起，国内高校开始陆续开启了智慧教室建设项目。目前，在教育部门和各高校的齐力推动下，各高校智慧教室的建设在数量、类型、环境、设计等方面已取得一定的成效。四川大学先后建成了300多间不同类型的智慧教室，例如多视窗互动教室、远程互动教室、专用研讨教室等；2017年，西安交通大学就已完成建设智慧教室近400间，涵盖15种设备类型、3000多台物理设备，覆盖全校394间公共课教室，开创了国内高校大规模建设智慧教室的先河。建设期间，也涌现出一些高校智慧教室应用典范。例如，华中师范大学构建了"物理空间、资源空间、交互空间相互融合，多维度数据一体化采集与应用"三位一体的智慧教室建设模式；中国矿业大学实现了集教学理念先进化、教学设备智能化、教学环境个性化和教学模式多样化等于一体的智慧学习环境建设目标。上海交通大学以黄荣怀等提出智慧学习环境的学习体验构成要素为指导，通过创新教学探索教室空间规划，旨在打造全新"智慧教室"学习环境。

当前，技术发展呈现出数字化、交互式、泛在化、智能化等特征，对教育教学产生的功效很大程度上是通过转化成设备、资源、工具、媒体或者环境实现的。黄荣怀教授提出表现智慧学习环境"智慧性"的五大特征包括内容呈现、环境管理、资源获取、及时互动和情境感知。在此基础上，本研究归纳出软硬件功能包括：第一，呈现功能。智慧教室最基本的功能，要求清晰、舒适，符合学生的认知特点。第二，分析功能。通过课堂数据的收集和评价，分析教师和学生的行为与意图，并提供主动适应的服务。第三，交互功能。在智慧教室环境中，不仅有传统教室中的人际互动，还涉及人、技术、资源与环境之间的互动，为研究师生互动提供了更多的可能性。第四，控制功能。控制功能体现出智慧教室的环境管理和情景感知特性，以便能提供适应性支持。

三、完善教学制度

1. 完善教学制度适应新时代教育发展要求

随着教育部政策的推动和个性化学习需求的增加，慕课已被纳入高校人才培养体系。教育部于2015年4月发布了《关于加强高等学校在线开放课程建设应用与管理的意见》（教高〔2015〕3号），其中提出"推进在线开放课程学分认定将通过本校认定的在线课程纳入培养方案和教学计划，并制定学生修读在线课程的学分认定办法。在保证教学质量的前提下，鼓励高校开展在线学习、在线学习与课堂教学相结合等多种方式的学分认定、学分转换和学习过程认定。"2016年9月，教育部印发了《关于推进高等教育学分认定和转换工作的意见》（教改〔2016〕3号）鼓励有条件的高等学校向社会开放在线课程，"认定学生不同渠道获得的学分"，并"监督在线平台的课程质量、教学与学习过程、学分认定和转换结果，保障学习者权益"。两份"意见"的出台，意味着在线开放课程已经进入高校学分认定体系，触及高校教学制度的内核，关系到高等教育人才培养。

慕课是开放教育资源运动发展中超越"资源"的课程模式，其本质属于"课程"范畴。"新"的课程形态在实践中遭遇困境与矛盾，破解困境与矛盾是慕课开发承接慕课实践历程与未来发展的重要环节。

一方面，慕课开发过度倾向于沿用现代课程开发模式，而缺失对主体、情境及意义的观照，造成传统课程模式的简单移植与网络学习复杂特质之间的矛盾。

慕课具有定期发布的内容与资源，强调练习、测试与作业，重视课程教学目标、课程设计，依然侧重于知识的传播和复制，不重视学习者的学习目标、课程实施的过程以及知识的动态生成，甚至被认为是"远非激进的革新，而不过是几十年来处于现代大学核心的一些趋势的自然延伸而已"。但是，慕课开发基于网络技术、多媒体计算机技术等已经超越物理空间，它具有虚拟空间、复杂的组织形式以及传统教育中难以实现的大规模学习者群体等特质，超越了课堂学习秩序；同时，网络学习中缺乏传统课程有效学习发生的面对面的活动、情境与文化条件，更是消解了中心、消解了线性、消解了等级性，从新技术角度来说，非线性网络亦消解了教师作为课程开发主体的绝对权威，消解了教师本位的实践特征。因此，过度沿用现代课程开发模式使慕课开发既缺乏面对面特质，又丢弃了网络学习中开放、互动、多元、去中心化的复杂性特质，给慕课开发带来了冲突。

另一方面，简单化的课程实施过度注重统一传输，与复杂而多元的学习诉求、学习体验相冲突，造成慕课开发的人本价值弱化。

微视频、在线测试及自动反馈为慕课实施带来了技术支持。但是将碎片化教学内容的大规模分发、传递以及自动反馈等同于慕课实施，显然是简化了实施过程，更注重教师"教"的经验，忽视了学习者"学"的理解与诠释；更注重了学习评价的结果，忽视了对学习者学习过程的多维观照与反馈；以工具化的表征遮蔽了课程的丰富内涵与意义，以单一的教学法忽视了在线教与学的活动及意义，限制了课程实施过程的创造性、生成性，使慕课学习简化为知识接受，忽视了复杂而多元的学习诉求与学习体验；使主体价值与意义生成剥离开，淹没了学习者的主动性、学习网络的形成以及自组织涌现所表现出的慕课开发的生成特性，弱化了人本价值。

2. 完善教学制度促进教育与技术的深度融合

2012年，教育部发布了《教育信息化十年发展规划（2010—2020年）》，其中首次将"信息技术与教育教学深度融合"替代"信息技术与课程整合"。"整合"与"融合"虽然只有一字之差，但是价值内涵却发生了深刻的变化。"信息技术与课程整合"的重点是应用技术改善教学环境和教学方式，仍然停留在技术应用于教育的初级阶段。而"信息技术与教育教学的深度融合"则不仅局限于技术所引起的课堂中的变化，还应引发更深层次的"教育系统结构性变革"。

随着教育技术的不断发展和教育技术研究逐渐走向深入，全球高等教育信息化发展的焦点已经从关注技术本身转入技术促进教育变革的深层发展阶段。信息技术在高校中的应用已经超越了资源建设和管理阶段，进入了关注高校、教师和学习者应用阶段。面对工业社会向信息化社会转型的时代背景，工业社会传统的教育方式和单一化、模板化、批量化的教育产业模式已然不能适应信息化时代个性化、泛在化、碎片化的学习需求和时代对于人才培养的多样化需求。教育信息化正在推动教育方式、教育管理、教学资源的深层次变革。传统的灌输式教学方式正在走向互动式、探究式的教学方式，教学资源正在通过在线共享平台惠及更多的学习者，实现优质教育资源的共建共享。大数据时代支撑的教学管理模式使教师更易于掌握学习者的学习进程，实现精准化、扁平化的教学管理。教育与技术的融合创新成为信息化时代教育技术的核心命题。作为教育与技术创新融合的典型实践，微课应运而生，正在逐步通过技术推动教育信息资源共享，也在促进高等教育改革创新。

信息化时代对于人才培养的多样化需求以及人们对于个性化教育、终身教育的渴求都倒逼中国高等教育需要持续推进优质教育资源的共享和课程改革以及教学方式、手段的革新。课程改革并非课程形式的改革，而是改革课程的内容、组织、设计、实施与评价环节，要将单向的知识输出传授的方式变革为学生主动参与的学习过程。教学方式和手段的改革并非是学校课程的网络化，而是要寻求更贴合于学生需求和时代特点的手段和方式，帮助学生掌握知识和开发能力。微课借助现代教育技术实现教学内容的多样化建设，推动高等教育教学方法和手段的改革。

余胜泉教授在解读《教育信息化十年发展规划（2010—2012年）》中提出的"融合"概念时指出，融合的核心是技术的生态观。技术应用于教育教学中，不是作为一个孤立的事物而单独存在，而是像黑板和粉笔应用于日常教学活动中一样，形成一种常态化。首先，技术应常态化体现于日常教学实践活动中，形成良好的信息生态。吴康宁教授将信息技术应用于教育的形式分为塞入式（貌合神离）、加入式（若即若离）、嵌入式（紧密结合）、融入式（水乳交融）4种类型。其次，该理论认为信息技术应用于教育教学的初级阶段特点为技术的加入和嵌入阶段，即信息技术与课程的整合。该阶段信息技术应用于教学管理和日常教学，着重于硬件环境和资源建设。教师在课堂教学中使用多媒体教学并未触及"人灌"现象的改变，技术的使用往往停留于形式，引进技术以后由"人灌"转变为"电灌"。当信息技术的软硬件环境基本建成以后，技术应用于教育转向融合式阶段发展。在此阶段，技术应用于教育应触及本质，即着重于课堂结构的变化，生成符合学生认知发展的新的教学结构，强调技术与教育的双向互动和发展。

信息技术与教育融合，不仅以信息的介入变革教育要素中的师生关系、教学组织形式、教学方法、教学内容，实现教育的本质力量的发展，同时，以技术的价值论和教育内的技术发展理论考察，信息技术与教育融合主张技术本身变革为教育的本质存在，并实现人与技术的融合。信息技术与教育融合的核心是技术的生态观，技术生态观认为技术要创造与实现价值，需要满足技术与人的精神的融合，以此形成超越技术和教育的价值。技术与人的精神的融合在本质上与教育内的技术发展阶段相吻合，技术在教育化的过程中不仅是教育资源的呈现载体和管理工具，同时，以技术的介入促进教育"个性化""人本化"的回归，从而逐渐实现技术与人的融合。在技术融入教育的过程中，技术要实现融入必然要在教育的主观改造之下，实现技术本身结构与功能的变革，并以教育的形式存在于教育之中；教育若要实现与技术的融合，必然变革主体结构与能力，以适应新技术的融入。教育与技术通过双向融合实现了主客体双方的螺旋式、递进式发展以及教育本质力量的发展。

3. 完善教学制度满足学生个性化学习需求

随着现代信息技术不断融入人们的工作、学习和生活，目前高等教育面临的是针对"ME"一代的网络"原住民"进行教学。所谓"ME"一代主要是指当前高等教育的学习者在现代信息技术的影响之下，已经与电子设备和移动终端设备形影不离。无论任何时间和地点，学习者都与电子移动设备"共处一室"。有个别教师认为，现在已经处于教师和微信、微博、微电影争夺市场的境地。"ME"时代的另一层含义是，当前高等教育受教育者以自我为中心，充分表达自我意愿，尊重自我想法，追求个性化、多样化的学习方式。面对网络"原住民"的"ME"时代理念，教师采用传统的灌输式的知识传授方式已经很难让学习者把头从手机、平板电脑、微博、微信中抬起来。与此同时，电子移动设备的广泛使用带来的是一种快节奏的生活、学习方式。处于信息爆炸时代的学习者已经不能适应繁复冗长的长篇大论和信息轰炸，他们在快节奏的学习生活方式中更倾向于接收言简意赅、短小精悍的信息，习惯于快餐式消费和碎片化、泛在化的学习方式。微课以其"短、小、精、趣"的特征迎合了当前快捷、多样的特点以及学习者碎片化、泛在化的学习习惯，吸引"ME"一代学习者的关注和参与，教学制度的制定应该主动适应学生的特点和个性化学习需求，从而不断地进行完善。

实践篇

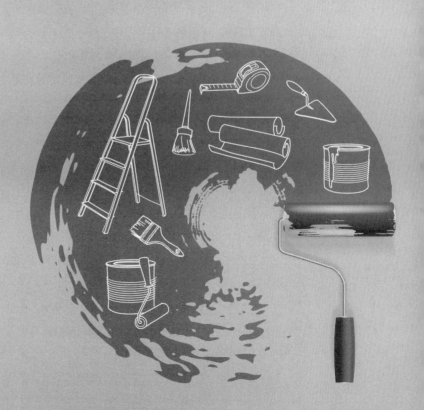

第十一章

课程实践范例

实践一:"管理基础"课程实践

"管理基础"课程,是财经商贸大类及其他专业大类的专业基础课程或专业拓展课程,课程总学时为48课时,可得3个学分。该课程先后被评为校精品课程资源课程、校在线开放课程、市职业教育精品课程、省高等学校在线开放课程立项建设课程以及国家精品在线开放课程认定课程。

一、课程建设

1. 课程团队

本课程按照团队构成跨界性组建课程建设团队,形成了跨地域、跨领域、跨专业的团队,具有理论、实践、专业、经验、资源等多元互补的优势,课程建设团队共计8人,均来自校与校、校与企共建的"MOOC研究共同体"。课程团队引入了OKR(目标与关键成果法),建立了共同愿景、明确了团队和个人目标,实施了过程管理,实现了高效协同。

2. 课程目标

通过开展岗位工作任务调研和学习者需求调研分析,采用"多目标优化组合法",确定精准的课程目标。"管理基础"课程目标定位为培养基层管理岗位的综合管理技能,既区别于以宏观管理、概念技能为主的高层综合管理能力,又区别于以专业化为特征的生产、营销、财会等职能管理技能。整个课程的教学内容和教学目标以此种综合管理技能为主线进行设计(见表11-1)。通过不断开发和建设,力争用3~5年时间,借助爱课程(中国大学MOOC)平台,将"管理基础"课程建设成为江苏省、湖南省乃至国内高职高专教育一流、在全国同类高职院校中有较大影响的专业基础课程。

表 11-1 "管理基础"课程教学目标列表

目标类型	内容表述	备注
素质要求	1. 养成团队合作意识、创新和理性批判思维； 2. 养成组织协调、人际沟通等涉及个人情怀、人格魅力等人文素质	
知识要求	1. 通过任务引领型的项目活动，熟悉管理系统的基础知识，包括管理的基本概念、管理者、管理环境、管理基本职能、管理理论的产生与发展等，这是本课程的前提； 2. 掌握计划的概念、类型、步骤、原理、现代技术与方法，以及决策的方法； 3. 掌握组织与组织结构设计（横向、纵向、职权）、基本形式； 4. 掌握领导理论、激励理论和沟通方法； 5. 熟悉控制的类型、控制技术与方法	
能力要求	1. 具备扫描环境、配置资源、制订计划的能力； 2. 具备分析界定问题、科学决策的能力； 3. 具备分析组织结构、协调职权关系、制定组织规范的能力； 4. 具备树立权威、有效指挥的能力，有效激励、调动他人积极性的能力，协调关系和与他人沟通的能力； 5. 具备对工作有效控制的能力； 6. 具备现代管理理念与运用现代管理理论的能力	

3. 课程内容

以能力需求为依据，设计颗粒化（微小单元）的知识点、技能点，并挖掘相关的思政和素质元素，重构课程内容体系。"管理基础"课程契合职业教育的"类型教育"特点，遵循高职高专教育认知规律，以理论必需、够用为原则，以培养基层管理岗位的综合管理技能为主线，依据管理岗位和工作过程改进教学方法、强化教学理念、更新教学模式、拓展教学空间，借由专题与模块结合之体例，传承管理学权威之经典理论体系，针对性地选取了最为实用的管理活动类型作为教学项目，以"管理概念厘定（基础篇）→理论发展阐释（理论篇）→四大职能详解（职能篇）"为逻辑路径，将碎片化的知识点和技能点进行系统化的设计，构建了项目化的内容体系，内容囊括管理殿堂入门、管理理论承继、计划决策之美、组织设计魅力、领导激励沟通、控制规范之力，构建"124"教学内容体系（见图 11-1），涵盖 6 大专题、23 个具体模块，其每个项目相对独立，项目之间亦能连贯互通，以 88 个教学视频（含动画）为主体内容和主线贯通，辅以教学 PPT、随堂测验、课堂讨论等。

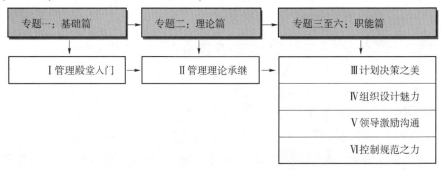

图 11-1 "124"教学内容体系

具体而言,"124"是指"一条主线""两大基础""四大关键能力"。"一条主线",以培养学生基础的管理思想为主线。管理离不开具体的管理技能和方法等"管理硬件"东西,更离不开管理者管理思想和智慧,即"管理软件"。"两大基础",一是系统的管理理论和管理知识,包括概念、管理理论、管理机制与方法等;二是管理思想和管理理论,包括管理思想的演进过程、最新趋势等。教学目标是让学生树立基础的、现代的管理思想和管理理念。"四大职能",培养学生理解和运用四大管理职能的能力。按照应用型管理者素质基本要求,重点培养学生正确理解和使用管理四大职能的能力,即计划能力、组织能力、领导能力、控制能力。管理的四大职能反映了各级各类管理的共通作用与程序。在教学中,以管理思想的培养、启迪为基础,进行管理四大职能实用技能的训练。

4. 课程资源

"管理基础"课程建设基础扎实,课程积跬步式经历了学校精品课程资源(第一期)立项建设且验收获"优秀"等第,学校在线开放课程(首批)立项建设且验收获"优秀"等第,2018—2021年江苏省在线开放课程立项建设、2020年国家精品在线开放课程认定。课程主要依托爱课程(中国大学 MOOC)平台向广大在校大学生和社会学习者开放。教学团队十分重视课程教学资源的开发和储备,以建构主义为基础,开发了基于情境的立体教学资源,涵盖课程标准、教学活动设计、教学课件、教学视频、案例分析等内容,在实践教学中累积各类教学资源(见表11-2)。

表11-2 "管理基础"课程资源

序号	类型与名称		已有资源量	备注
1	文本资源	课程标准	1	—
2		教学活动设计	23	以模块为基本单元
3		教学课件 PPT	23	以模块为基本单元
4		课后习题	400	单选
5		教学案例	20	—
6		实训项目	7	—
7		教材(已更新至第 4 版)	1	中国人民大学出版社
8	多媒体资源	教学视频	70	—
9		知识点小动画	18	—
10		专业视频	27	—
11		教学图片	450	—

《管理学基础》教材与"管理基础"在线开放课程同步建设、同步修订和完善,内容丰富的课程教学资源共建共享,创新教材"码上学管理"呈现形式,采用二维码技术,在书中的相关位置插入对应视频的二维码,或在课后习题旁添加答案的二维码,使课堂教学更生动,使师生的互动更频繁,拓宽和延展管理教学内容,使学习内容从"教材"转化为"学材",从而实现教材建设与教学改革一体化推进的目标。

二、课程应用

1. 教学模式

"管理基础"课程教学,大力推行"翻转课堂"教学模式(见图11-2),强化对传统课堂结构及教学模式进行优化和完善,注重现代教育技术与传统教学手段的结合,促进学生能力发展。

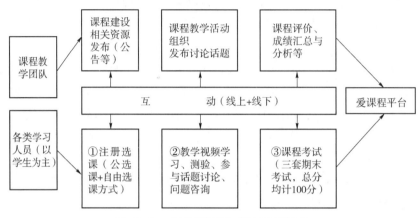

图 11-2 "管理基础"课程教学模式

①学生要进行线上学习,首先要登录爱课程平台,添加邮箱等信息,注册成为会员,然后选择"管理基础"平行辅助自主学习的课程。

②以"学生为中心",依托翻转课堂实现课前线上学习与课中讨论学习时间的再分配。即借助爱课程上的课程资源把传统课堂的学习结构进行前后倒置,授课教师让学生在课外结合爱课程资源的辅助学习完成针对课堂所讲知识的课前学习,学生通过课前自主学习发现问题和疑惑,然后带着问题到课堂中去解答讨论,课堂变成师生间互动交流的场所,在某种程度上会大大提高课程教学的效果和学习效率。需要注意的是,学习者可按照 MOOC 课程时间进度选择任意空间通过网络终端来合理安排学习,通过在线互动讨论来完成课程学习与测验,系统会把学习者的学习数据随时记录来,MOOC 网络学习平台也提供了讨论区供学习者进行交流;同时,教师也不断发布课程学习公告或讨论话题供学习者吸纳、互动、共享。

③期末安排课程考试,平台提供三套 100 分制客观题试卷,以此作为课程学习效果的有效检验手段。

这种基于爱课程平台的辅助学习模式,在学习结束时课程会给一个科学的学习效果评价,成绩合格者能够获得相应的证书,获得认可的学分。

2. 教学方法

"管理基础"课程立足于实际能力培养,打破以知识传授为主要特征的传统学科课程模式,转变为以管理职能为中心组织课程内容和课程教学,推行以调动学生积极性为核心的教学实践。除讲授、提问、学生分析、讨论等常用的方法外,结合管理课程的特点,适应管理职业的要求,坚持将学生引进模拟实际管理的情景之中,探索并完善以参与式、体验式、交互式和模拟教学等实践教学为基本形式的多种方法。主要采用如下方式:模拟管理、案例分析、头脑风暴法、管理游戏等，强化管理体验，激活管理思维。

3. 教学评价

课程团队积极致力于"管理基础"的考核方式改革与创新，利用信息技术，加强对教学效果的实时跟踪评价，并据此开展教学研究。发挥"在线开放"课程的应有作用，积极探索过程性评价和终结性评价相结合的考核评价模式，践履过程性学习和体验式学习相结合，关注反馈的学习过程、行为和效果，优化评分标准，做到知识和考核的良好衔接，使得学生能更积极主动地融入课程的学习，促进学习者自主性学习和终身学习。

①完全在线课程形式下的成绩评定方式，用百分制（100 分）计算，平时单元测验（占35%），为客观题；课程讨论（占 25%），学习者需积极参与"课程讨论"，积极回帖，获取满分用户，在"课堂讨论"中回复内容被赞的数量 2 个（内容质量）；课程结束考试（占40%）成绩为三级计分制，分别为优秀、合格、不合格，但需要指出的是，课程仅有合格证书，合格证书要求课程成绩得分≥60。

②混合式教学方式下的成绩评定，总成绩=完全在线课程形式下的成绩评定方式+线下课程考核成绩，用百分制（100 分）计算。其中，完全的在线课程形式下的成绩评定方式同上，但占总分的比例为 50%；线下课程考核成绩由考勤与平时表现（占 40%）+期末考试（占 60%）两部分组成，该部分占总分的比例亦为 50%。

三、课程推广

"管理基础"课程团队致力于面向高校和社会学习者提供优质的线上服务，不断优化升级，确保 5 年内开设不少于 10 期课程（上、下半年各一学期），同时依托全国商贸职教集团、江苏商贸职教集团等平台寻求与其他高校的合作，辐射西部、全国推广，并在以下 3 个方面做好课程教学的持续改进工作：

1. 功能上：明确课程应用计划

明确课程建设的根本目的是"用"，是为学生或者是社会人员提供学习而建，不是为了完成任务而建；依托课程平台，利用学校教育、继续教育、技能提升培训着力课程建设、推广和完善，每期注册学习人数达 2000 人以上，其中社会学习者人数不低于 500 人，形成了服务学习型社会建设的品牌影响力。

2. 载体上：关注教学内容更新

同课程团队每期进行课程内容的更新，更新率不低于 15%，将教学视频总时长增加至 700 分钟，测验与试题总量增加至 500 道，及时输入课程的最新理论、知识或新发现，以及新鲜社会热点问题，做到内容紧跟社会发展现状，使学习者能够以最快的速度掌握课程基础知识，并可常看常新、反复学习。

3. 服务上：强化团队服务升级

明确以课程负责人为责任人、建设团队为主体的管理模式和课程运营团队，探寻更多服务与互动方式，实现跨地区、跨院校大规模教学互动，对课程进行定期评价，统筹规划行业、企业、学校、社会学习者等各方面诉求，主动服务师生，使课程不断向精品的方向优化升级。

四、课程效果

经过 10 余年的实践,"管理基础"课程建设成效显著,成功构建"一课(课程)、一书(教材)、一空间(教学平台)"立体化教学生态。"管理基础"课程依托爱课程、"商院 e 学堂"等教学平台,先后建设成为学校 2015 年立项建设的精品课程资源课程、2017 年立项建设的在线开放课程、2019 年无锡市职业教育精品课程、2018—2019 年江苏省高等学校在线开放课程立项建设课程、2020 年国家精品在线开放课程认定课程。自课程平台上线以来,已成功开课 8 期,约 23 759 名学习者参加课程学习,完成单元测验、期末考试和课程讨论等,4359 人参与考试,2000 余人通过课程考核,师生互动充分,在线学习响应度高,反响良好。

"管理基础"课程配套教材,是"十三五"职业教育国家规划教材、"十三五"江苏省高等学校重点建设教材、无锡市新型教材。自 2013 年 6 月初版,2016 年 3 月第 2 版,2019 年 6 月第 3 版,2022 年 4 月第 4 版,9 年总计印刷 23 次,累计发行量达 54 363 册,在北京市新华书店、高等教育书店、王府井书店、广州购书中心等全国各主要新华书店和图书大厦,以及中国高校教材图书网、中国图书网、当当网、亚马逊、京东商城、北京图书大厦网络书店、博库书城等国内知名图书网站销售推广,被 200 多家高等院校图书馆收藏,而且读者对该教材的评价普遍良好。无锡商业职业技术学院、潍坊职业学院、天津职业大学、广东科学技术职业学院等院校将本书选为教材使用。可谓使用范围广、使用效果好。

实践二:"爱上汽车"课程实践

"爱上汽车"是面向汽车类专业开设的专业基础课程,共有 32 学时,2 学分。课程于 2016 年开始建设,历经 2 次改版,于 2017 年建成。课程先后在微知库、超星学银在线、中国大学 MOOC 等平台运行,累计选课人数超过 2 万人,于 2019 年被立项为湖南省高等职业教育精品在线开放课程建设项目,2020 年顺利通过验收。

一、课程建设

本课程在传统"汽车文化"课程介绍车史、车企、车标、名人、名车、技术等的基础上,深入研究汽车文化内涵,突出由汽车产生的"大文化"。紧跟汽车产业和行业发展,重塑课程教学目标、重构教材内容,尤其注重内容的先进性。坚持以育人为根本,注重引导学生改变思维方式,形成审美意识、价值观念和民族感情,致力于落实立德树人根本任务,培养德智体美劳全面发展的高素质技术技能人才。

1. 课程团队

课程建设团队 5 人,均来自校与校、校与企共建的"MOOC 研究共同体"。团队成员年龄、职称、专业等结构合理，师德师风优良，具有较强的教学表现力和亲和力；团队成员教学成果积累丰富，教学改革意识强，信息素养高。团队成员获国家级教学成果奖一等奖1项，二等奖2项，省级教学成果特等奖2项，一等奖2项；主持省级以上课题16项；主持编写教材18部，专著4部；获全国职业院校技能大赛教师能力竞赛一等奖1项，三等奖1项，省级教师能力竞赛一等奖3项，二等奖1项，三等奖1项。课程运行团队8人，主要负责参与教学组织与管理。

2. 课程目标

课程建设团队采用"多目标优化组合法"，确保课程目标精炼准确、精确到位。一是在课程建设之初，依托学校12个校企合作知名汽车品牌，面向汽车企业管理人员和一线员工开展"汽车从业人员职业技能与职业素养现状"的调研活动，了解到当前相当一部分汽车行业从业人员存在着难以紧跟汽车行业与产业发展，对于新技术、新规范的接受能力较差，奋斗精神、工匠精神、汽车强国的民族情怀仍相对缺失，从而形成能力需求图谱。二是面向汽车专业毕业生和在校学生开展"'汽车文化'课程需求"的调研活动，了解到汽车专业学生希望通过"汽车文化"课程了解汽车历史，掌握汽车行业发展新趋势，以及与生活相关的汽车知识。基于此，课程团队将课程总体目标设计为"知历史、会技术、懂生活、树情怀"（见图11-3），具体表现为传授汽车人文知识与技术知识，培养汽车通用能力与专项能力，养成基本素质与职业素质，塑造民族情怀与奋斗精神。

图11-3 "爱上汽车"课程目标

最终确定课程的主要目标为：了解世界汽车及其品牌发展史；掌握中国汽车及其品牌发展历程；掌握汽车基本构造、汽车先进技术以及汽车研发与制造流程；能够灵活运用买车与用车技巧；能够从汽车人奋斗精神中根植汽车强国的民族情怀、赏识汽车品牌的精神追求、感悟汽车科技的特有魅力、理解汽车使用的道德法规。

3. 课程内容

为保证课程内容精准贴切课程目标、精当切合学习需求，设计颗粒化知识点和技能点，以问题为导向、以任务为驱动，重构"模块化课程内容"。在遵循国家专业教学标准的基础上，依托学校知名汽车校企合作品牌，紧密对接行业产业发展动态，及时将产业发展的新能源汽车、智能网联汽车等新技术、新工艺、新规范纳入教材。在汽车历史讲述中，遵循客观历史，传承汽车文化；在汽车技术讲解中，融入汽车新技术、新工艺；在汽车生活方面，紧密衔接汽车市场趋势与需求，保证课程内容的先进性。同时，课程在建设过程中重视课程思政建设，以知识和技能为依据，充分挖掘"汽车人的奋斗精神""中国汽车强国梦""汽车科技飞速发展"等思政元素，通过集中编排和分散渗透相结合的方式，对学生进行情感、态度、价值观培养，践行立德树人的根本任务，落实社会主义核心价值观。基于学生认知规律、学习习惯与兴趣等设计"7大主题+29个话题"结构形式（见图11-4），基于学生学习活动按照"主题引入、知识讲解、思考训练、在线任务、拓展提升"呈现内容、组织活动。

```
主题一：起源与发展                    主题四：技术与构造
  话题一：孕育时期的不懈努力             话题一：雄霸整车的动力
  话题二：诞生时期的持续改进             话题二：游刃有余的操控
  话题三：成长时期的快速发展             话题三：悠然自得的舒适
  话题四：成熟时期的突飞猛进             话题四：守护生命的安全
  话题五：未来时代的"智能化"             话题五：革故鼎新的力量
主题二：自主与创新                    主题五：研发与制造
  话题一：解放前的"小试牛刀"             话题一：千锤百炼的新车诞生
  话题二：新中国的"峥嵘岁月"             话题二：魅力无限的设计艺术
  话题三：开放后的"借船出海"             话题三：鲜为人知的性能试验
  话题四：入世后的"与狼共舞"             话题四：精益求精的高校制造
  话题五：21世纪的"创新发展"          主题六：买车与用车
主题三：品牌与文化                      话题一：擦亮眼睛买爱车
  话题一：自强不息的国产车               话题二：精打细算购保险
  话题二：自由奔放的美系车               话题三：小心谨慎开好车
  话题三：安全耐用的德系车               话题四：轻松愉快做保养
  话题四：经济实惠的日系车               话题五：火眼金睛识陷阱
                                    主题七：赏车与玩车
                                      话题一：玩车，趣味无穷
                                      话题二：赏车，美好情怀
                                      话题三：赛车，速度激情
```

图11-4 "爱上汽车"课程结构

4. 课程资源

课程资源设计以满足线上+线下混合式教学为出发点，以满足教师灵活搭建课程和学生自主学习的需求为根本，以碎片化的素材呈现。课程资源分为"学材""创材""研材"三大类，"学材"是知识获取过程所需的学习资源（材料）；"创材"是知识迁移过程所需的任务库、软硬件等协作式、衍生性的实践资源；"研材"是知识创新过程中所需的研究命题、讨论话题、分享主题等资源。

课程资源总计891条，其中"学材"包含课程标准1个，课程视频90个，教学课件29个，学习任务书29份，学习手册29份，教学方案7个，测试习题331道，考试题库365套，课程视频主要用于学生开展线上学习，教学课件、学习任务书与学习手册用于指导学生高效开展线上学习，测试习题与考试题库用于考核学生学习效果；"创材"包含视频88个，文本17个，主要满足学生个性化学习与拓展任务训练，实现知识拓展与自我提升；"研材"主要是话题讨论、主题分享等内容，总计发布讨论话题35个，分享相关主题48个，促进学习者提高综合、运用、评价、创造能力（见表11-3）。

表 11-3 "爱上汽车"课程资源类型与数量

序号	资源类型	数量/个	序号	资源类型	数量/个
1	课程标准	1	5	学习手册	29
2	微课视频	90	6	教学方案	7
3	教学课件	29	7	拓展资料	97
4	学习任务	29	8	习题	696

二、课程应用

课程采用线上线下相结合的教学模式，科学运用自主学习、任务驱动、小组讨论等教学方法，合理设计平台评价、教师评价、学生评价等维度，充分激发学生学习兴趣。

1. 课程搭建

以用户调研、采集平台数据等方式获取数据，分析校内、校外、企业和其他用户的特点和需求，依托学习平台相关功能，设计"7大主题+29个话题"结构形式，满足不同学习者的需求，实现从"供给者本位"向"需求者本位"的转化。针对不同学习对象、学习层次，设计合适的学习活动，提升在线开放课程的教学质量。设计章节测验、阶段考试、在线讨论、导图绘制等活动；并设计案例研讨、任务提交、作品展示等活动，促进深度学习活动的发生，提高学生的高阶思维能力。

2. 教学实施

课程团队通过调研分析充分了解学生学习需求、学习特点与习惯，结合课程特点，采用线上线下相结合的教学模式。教师通过教学平台发布学习任务书、学习手册、微课视频、教学课件等学习资源，学生通过学习平台接收教师发布的资料，开展线上学习。在线下活动方面，教师通过平台发布实践任务，组织不定期汇报课堂和答疑课堂，学生参与实践任务，并依托汇报课堂与答疑课堂，展示并改进学习成果。通过线上线下相结合的教学模式，有效解决汽车文化课程以讲授为主的传统教学方式带来的难以激发学生学习兴趣的弊端；同时，也尊重了学生认知规律，重视学习成果的展示分享，让学生在享受成就感的前提下，兴趣盎然地完成学习任务，突出了理论和实践相统一，突出了学习者中心地位，让学生"学中做、做中学"。

3. 教学方法

为解决汽车文化在传统教学学完后"搞不清""记不住""无体验"等问题，课程团队结合课程内容精心设计了自主学习、任务驱动、小组讨论等教学方法。采用自主学习教学法，主要是让学生通过学习平台自主学习相关知识内容，提高学生自主学习能力。通过课程平台发布实践任务，让学生基于知识学习完成相关实践任务，既检验了学生的自主学习成果，也突出了理论与实践统一，让学习活起来、动起来。小组讨论法是学生完成自主学习与实践任务的主要手段，有效提高了学生的学习质量，也进一步提升了学生团结协作的能力。

4. 教学评价

课程评价采用教师评价与学生评价相结合，过程性评价与终结性评价相结合，线上评价与线下评价相结合的方式，既保证了评价的客观公正性，也增强了学生的参与度与积极性。

同时，依托平台数据采集功能，伴随式采集学生的学习过程数据，以数据为导向，以技术为支持，采集学习数据、反馈学习报告、干预学习过程与行为，让学习者"忙起来"。

教师评价与学生评价主要针对实践任务完成情况开展评价，设置50%：50%的评价比例，客观公正得出实践作品的最终评价结果。过程性评价与终结性评价主要面向课程教学平台设计，过程性评价内容主要包括学生在线时长、学习内容完成情况、学习活动参与情况以及课后测试成绩等，终结性评价主要是设计期末考试，综合评价学生自学效果（见表11-4）。线上评价主要面向教学平台，线下评价主要是面向实践任务。通过三种评价形式的设计，既充分利用了教学平台的客观性、即时性和真实性，也充分发挥了师生的主观性、参与度和积极性，保证了课程评价的科学性、准确性和引导性。

表11-4 "爱上汽车"课程评价考核

评价方式	评价内容		评价占比
线上	过程性评价	课程内容学习	5%
		在线时长	5%
		讨论参与	5%
		课后测试	5%
	综合评价	期末考试	20%
线下	教师评价	实践任务	30%
	学生评价	实践任务	30%

三、课程推广

课程团队基于"泛用"角度开展推广活动，一是通过校级联盟的方式，开展学分互认。课程以湖南省信息化试点项目"基于在线学习的学分银行建设机制探索与实践——'汽车科技与文化'MOOC实施及学分互认的实践"为抓手，成立在线学习学分互认联盟，建立健全了在线学习学分互认机制，在联盟内院校实现了课程推广。二是通过在线平台的推广，与超星学银在线合作，利用平台内院校资源，实现推广效果；同时，将课程整合为课程资源包，课程所有资源可以免费提供至有需要的院校。三是通过讲座等方式进行推广。课程团队成员受邀参加在线课程开发与应用相关专题讲座，分享课程建设与应用做法、经验，提升课程的知名度，进一步推广了课程。通过多种方式与渠道推广，课程在本科院校、中高职院校等近100所学校得以应用，在线学习人数达20 310人。

四、课程效果

课程通过近6年的建设与应用，取得了良好的效果。一是课程立项为湖南省职业教育精品在线开放课程，与课程配套的教材被湖南省推荐至国家参评"十四五"规划教材；二是课程改变了教学方式，提高了学生学习兴趣。课程所采用的教学方式极大激发了学生探究汽车这个新领域的兴趣。通过平台网络统计教学数据分析，发现学生的学习进度、作业、测验均获得了较好的效果。三是促进了专业教学模式改革，提高了教师教学能力。运用课程教学后，教师教学能力明显提升。课程团队成员在连续获得"年度教学优师"，多次在全国及湖南省教师能力大赛获奖。四是课程推广效果好，从反馈来看，课程在高职高专的汽车技术服务与营销、智能网联汽车技术、汽车制造与试验技术、新能源汽车技术、汽车电子技术、汽车造型与改装技术、汽车智能技术、汽车检测与维修技术等专业中均有使用。先后被南昌大学、山西财经大学、陕西工业职业技术学院、无锡职业技术学院等近百所院校选用。截至 2022 年 1 月，学银在线平台注册用户为 20 310 人，总访问量为 29 095 267 次，累计互动次数 203 475 次（见图 11-5），应用院校反响强烈，普遍认为课程不仅解决了资源共享问题，还给教学改革带来了新的突破。

图 11-5 "爱上汽车"课程数据

实践三："汽车构造"课程实践

"汽车构造"是学校汽车类专业基础课程，依托国家"双高计划"A 类专业群、汽车智能技术国家教学资源库等项目，与宝马、北汽等公司深度合作，是汽车智能技术、汽车电子技术等专业的基础课程，大一第一学期开设，共 56 学时，已在学校"微知库"学习平台建成在线开放课程，实施线上线下混合式教学，教学效果良好。然而，在校的大班教学，受时间和空间影响，对学生的个性和学习基础差异重视不够，因材施教落实不够。对此，我们依托智慧学习环境，发挥新一代信息技术优势，主动求变，探索个性化教学，深入推进"课堂革命"，构建了以学为中心的课堂行动模式。本课程 2018 年被立项为湖南省高等职业教育精品在线开放课程建设项目，2020 年顺利通过验收。

一、课程建设

1. 课程团队

课程建设团队共计 7 人，既有学校专业教师，也有来自企业的技术专家，同时还实现了跨校组合,形成了理论、实践、专业、经验、资源等多元互补的团队,且团队成员均来自校与校、校与企共建的"MOOC研究共同体"。

2. 课程目标

通过开展岗位工作任务调研和学习者需求调研分析,采用"多目标优化组合法",确定精准的课程目标。按照专业人才培养方案中对本门课程提出的"弄懂结构、搞清原理、学会方法、能够拆装"的总体目标,结合汽车装调工、质检员等岗位完成发动机、底盘、电气设备装配、操作、检测等任务所需能力,在遵循国家专业教学标准的基础上,深入研究汽车运用与维修(含智能新能源汽车)技能等级证书(X证书)标准,参照中级和高级标准,融入汽车维护保养、汽车检测维修等技能竞赛相关标准,设定"必达"和"拓展"两个层级的教学目标(见图11-6),前者为中级水平,人人都需达到,后者为高级水平,有余力的学生需要达到。

按照"所有课程都承担好育人责任,守好一段渠、种好责任田"的要求,课程团队邀请思政理论课教师一同确定坚定理想信念、厚植爱国情怀、加强品德修养、培养奋斗精神、提升综合素质等5个思政目标,挖掘与知识点和技能点相关的思政元素,引导学生养成遵守标准规范的职业素养,传承精益求精的工匠精神,树立家国情怀和使命担当,践行"厚德、精技、笃学、致用"校训。

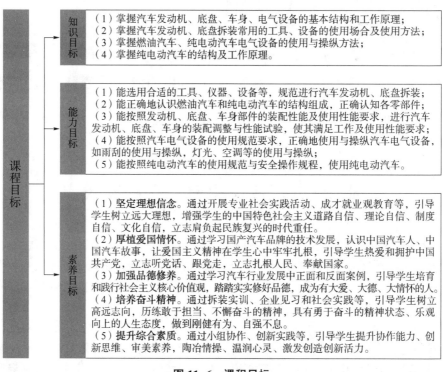

图 11-6 课程目标

3. 课程内容

按照颗粒化知识点和技能点设计项目或任务,实现以问题为导向、以任务为驱动,依据"理实结合"重构课程内容体系。课程内容紧紧围绕培养技能型人才这一目标,注重对学生汽车结构、原理的认识和动手拆装能力的培养,加强实践教学,重视知识更新,设计了4个项目18个学习任务(见图11-7)。

分层教学是最典型的个性化教学组织形式，但是组织管理难度大、"标签效应"明显，不适合本课程教学。因此，课程实施"隐性分层"，对应"必达"和"拓展"两个层级专业能力目标，每个学习任务设计了基本内容和拓展内容的两个层次学习内容。其中，基本内容为大多数学生有能力完成，确保每个学生"跟得上"；拓展内容具有挑战性，属于拔高层次，确保有余力的学生"吃得饱"。

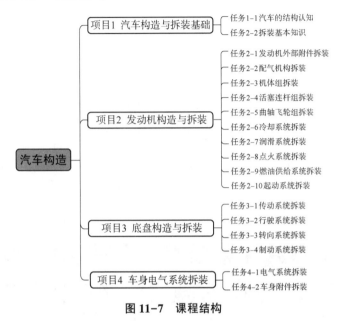

图 11-7　课程结构

4. 课程资源

开发了 227 个文本、音频、视频、动画等形式的预设性资源，并将学习者学习过程中的评论、批注、笔记等生成性资源进行智能记录和存储，构成课程"学材"库，在"微知库"平台上构建了在线课程；应用"汽车 VR 虚拟实训"平台，创设知识内化的"实践场"，为具有硬件条件的学习者提供辅助实训，为其他学习者提供模拟实训，提高其学习兴趣，促进显性知识内化为隐性知识；同时设计知识迁移过程所需的任务库、软硬件等协作式、衍生性的实践资源和知识创新过程中所需的研究命题、讨论话题、分享主题等资源，提高资源与内容的契合度，增强课堂的价值性、学习性、交互性和趣味性。

在此基础上，以"不为所有，但为所用"的思想，整合中国大学慕课平台的"汽车原理"和智慧职教平台的"汽车构造"，鼓励学生选学并获取课程证书，申请本课程免修。

二、课程应用

1. 教学模式

针对传统教学差异性不够的问题，运用生成性教学思维，以问题为导向、以任务为驱动，以"创造"为出发点和落脚点，创新教学模式，培养学生具有良好的价值取向、较强的职业技能、较好的思维品质和较深的创造潜能。对此，创新"SAL+GDL+TCL"教学模式（见图 11-8），尊重学生差异，以"学材+习材+创材"和虚实融合学习场景为支撑，引导学生在个人自主学习（Self Autonomy Learning，SAL）、小组合作学习（Group Difference Learning，GDL）和团队协作学习（Team Cooperation Learning，TCL）中完成良构性（Well-Structured）的基本任务和拓展任务、劣构性（Ill-Structured）的挑战任务和开放任务，促进"知"和"行"不断交互、深度耦合，使学生由"学"转为"学+习"，使教师由"教学"转为"教练"，实现智能高效、以学定教、转识成智。

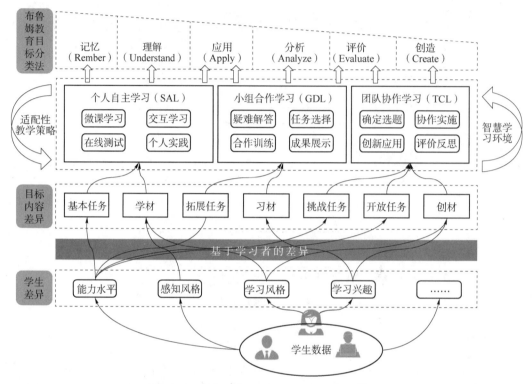

图 11-8　创新"SAL+GDL+TCL"教学模式

2. 教学方法

本案例中的学习对象为汽车智能技术专业华为项目班的学生，开课前开展了理论测试、学习记录查询、问卷调查等，数据分析结果显示，学生学习基础和风格的差异比较大，有具有一定基础的、学习能力较强的、学习能力不够的等多种情况。调查显示，打算考中级 X 证书的占 64%，打算考高级 X 证书的占 19%。因此，学生总体上可以分为"快跑学生"与"跟跑学生"两类。

（1）个人自主学习

①课前在线自主学习。以知识和技能点为单元，整合或开发了录播视频，辅以其他资源和互动活动构建了微课，支持学生自主学习。"微知库"学习平台数据显示，学生自主学习完成率达 95%，微课点击率达到 272%，学习行为基本呈正态分布，没有出现突击学习和应付学习。

②思政在线自主学习。充分发挥"互联网+教育"的功能，围绕立德树人根本任务，在网上课程开设"思政园地""初心论坛""思政讲座"等专题，在线教学中讲好"红色故事""改革故事"和"传统故事"，尤其是传播"汽车故事"、宣传"汽车人"，培养学生爱

党爱国爱社会主义的思想情感，不断增强大学生责任感、使命感和家国情怀。

③课前在线自主测验。为了检查学生"学会了没有"，通常开展在线测验，虽然能检查学习效果，但是很难激发学生的主观能动性。对此，我们以抢气球、打地鼠、摘苹果、密室闯关等互动小游戏承载在线测验（见图11-9），辅以积分制，让学生在"玩"中学、"玩"中测。数据显示，86%的学生重复了游戏测验，41%的学生不得满分不罢休，课堂黏着力和学生体验感明显增强。

(a) 抢气球；(b) 打地鼠；(c) 摘苹果

图 11-9　游戏测验

（2）小组合作学习

①弹性分组。合作学习强调人际交往，对于促进认知发展有重要价值。我们通过构建学习共同体，组织开展合作学习，以团体成绩为评价标准，共同达到学习目标。我们开展"弹性分组"，学习小组的划分，采取异质与同质相结合、固定和临时相结合。针对基本任务，采取相对固定的异质小组合作学习，即教师根据学习风格和能力倾向等情况搭配分组，使"组内异质、组间同质"，既保证组间公平性，也促进组内互帮互助，共同进步；针对拓展任务，由学有余力的学生临时自由组合，组建"攻关"小组，完成高层次、挑战性的任务。

②合作训练。课程实践训练中，注重学思结合、知行统一，增强学生勇于探索的创新精神、善于解决问题的实践能力。尤其是针对新能源汽车动力系统拆装等实训任务（见图11-10），邀请中车、北汽等企业专家指导汽车新技术特点和应用，以及新技术攻克背后的故事，弘扬和培育爱岗敬业、精益求精、专注专心、继承创新、追求极致等"工匠精神"，将"读万卷书"与"行万里路"相结合，让学生扎根中国大地，了解国情民情，在实践中增长智慧才干，在艰苦奋斗中锤炼意志品质。

图 11-10　实训任务

③虚拟实训。针对在线教学无法落地实训的困难，我们整合了"汽车 VR 虚拟实训"

平台，让学生随时随地在线训练（见图11-11），让学习更有成效。学生表示，VR 虚拟实训使自己的学习更有效。VR 平台数据显示，100%的学生完成了全部虚拟实训，平均出错率低于12%，平均积分超过88分（满分为100分）。

图 11-11　VR 虚拟实训

（3）团队协作学习

①企业见习。为了增强学生感性认知，在"汽车构造"课程的教学中，课程团队组织学生赴北京汽车株洲分公司、中车电动汽车等企业开展见习（见图11-12）活动，企业专家从不同的角度为同学们讲述企业发展、名人名事，以及汽车新技术发展现状与趋势，培养学生探索未知、追求真理、勇攀技术高峰的责任感和使命感。

图 11-12　企业见习

②技术服务。充分满足学生的个性化需求，调动学生的学习热情，组织参加"汽车行业发展主题报告""汽车医生义诊"等活动，引导学生课后自主学习，提高学生分析问题、解决问题的能力以及交流沟通能力，培养学生的批判思维及将知识转化为素养的能力，如图11-13所示。

图 11-13　课后拓展活动

3. 教学评价

个性化教学中评价能够促进学生的自我反馈、自我调控、自我完善、自我认识。我们按照"智能统计 50%+任务/作品评价 30%+总结考核 20%"实施教学评价，这样可以发挥学习平台的大数据统计分析功能，对每位学生进行精准画像，强调纵向比较，让每个学生体验到自己的成长。个人学习统计如图 11-14 所示。

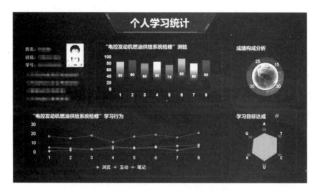

图 11-14　个人学习统计

三、课程推广

本课程与长春汽车工业高等专科学校、烟台汽车工程职业学院、河源职业技术学院、山东交通职业学院等 5 所院校共建共用；同时，面向其他院校和社会用户开展应用。

2020 年 11 月，本课程完成各项课程资源建设，开始在微知库平台上线运行。目前已运行近 2 年，学习用户共达 3 109 人。

从后台数据来看，本课程主要由共建共用学校以及广西工业职业技术学院、湖北工业职业技术学院、重庆电子工程职业学院、芜湖职业技术学院等共 67 所高职院校及社会用户使用。

在推广应用中，课程组注重互动交流，充分调动学习者的积极性，并坚持定期为校内外学习者提供在线辅导答疑、在线研讨、在线测试和成绩评价等服务。先后发课程公告 11 次，发帖总数 2454 次，教师发帖数为 21 次，参加互动 8201 人次，参加测试与作业人数 2985 人，参加考试人数 2734 人。

四、课程效果

1. 课程建设成效

通过在线开放课程资源的开发与建设，教师对课程建设要素的认识不断深化，课程建设的能力明显加强，优化了教学内容，改革了教学方法与考核方式，促进了教育教学改革、提升了课程质量和教学成效、实现资源共享等，具有显著的效果。

①丰富了学习资源，满足了学生的个性需求，增强了学生学习体验。学习资源反馈比表明，学习资源科学性、实效性和趣味性对学生自主学习有较大影响。发挥人工智能技术作

用，基于学生个性化需求，差异性地推荐学习资源，能够有效提高学生学习体验，激发学习兴趣，增强学习动力。

②创新方式方法，提升学生学习效果。智慧教育生态为学生学习提供了更便利的条件，尤其是自主学习。但是，并不是完全不需要"教"，没有"教"的学习成为自我导向学习，对学习者的学习能力要求极高，往往容易缺乏目标感和方向感。因此，教的环节不仅不能省，还要充分发挥智慧教育的优势，不断创新方式方法，增强学生与教师的交互、学生与学生的交互、学生与资源的交互，通过教的行为促进学的行为，提升学生的学习效果。

2. 应用总体效果

①学生学习目标达成。一是知识掌握等效。在线测试结果表明，平均分达 84.5 分，较上届学生平均分高出 0.3 分。二是技能目标达成。通过课前尝试、课中完善，通过 VR 验证的数据统计结果显示，技能目标达成率 100%；三是 X 证书模拟测试通过率高。我们以 X 证书考证题库开展模拟考核，中级通过率达 91%、高级通过率达 38%，远高于上一年考证通过率。

②课程思政内化于心。通过精心设计思政目标，将劳动教育、工匠精神、职业道德融入在线学习活动，唤醒学生爱的情怀、美的心灵。据统计，抗疫期间，30 名参与志愿服务的学生中，21 人（占 70%）认为和本课程的思政教育有关，其中包括协助家人和亲朋抗疫的 18 人，展示了当代大学生的风采。

③教学效果获得好评。本课程团队多次开展公开课，受到一致好评，起到了示范作用。校内督导及同行对课程建设、教学模式、教学风格和教学效果给予了高度评价。

实践四："机械制图"课程实践

"机械制图"是高职装备制造类（智能制造专业群）专业必修的专业基础课，分 2 个学期开设，共计 96 学时，6 个学分。随着"制造大国"向"制造强国"迈进，未来制造业对人才的需求，由"大量"向"高质"转变，因此，"机械制图"课程教学亟待深化改革，应当引导学生塑造正确的价值观念，建构制图识图知识体系，遵循国家标准，较快地、准确地绘制、阅读中等复杂程度的机械图纸；发展学生的空间想象和思维能力，尤其要重视提高学生自主获取新知识的能力、认真负责的工作态度、一丝不苟的工作作风，以及精益求精的工匠精神、敏捷灵活的思维和开拓创新的意识；引领学生逐步形成正确的世界观、人生观和价值观，自觉践行社会主义核心价值观，为后续学习和未来工作奠定重要基础。

一、课程建设

"机械制图"课程改革主要是解决传统机械制图教学中"知识+习题"的结构问题，突出"用户思维"，重构目标与内容体系，改革教学模式，完善活动设计与资源配置。具体来说，是从学习特点和需求出发，以塑造学生正确的核心价值观、培养学生未来发展能力为目标，设计知识够用和适度、实践训练为主的内容体系，以"学生自主学得会、教师支持学得好"为原则，设计学习活动、配置学习资源，并以评价过程成果为主的评价策略。

1. 课程团队

依据团队构成跨界性、团队管理高效性和团队工作协同性等原则组建7人的课程建设团队，团队负责人为芙蓉教学名师，团队成员年龄、职称、专业等结构合理，师德师风优良，具有较强的教学表现力和亲和力；团队成员教学成果积累丰富，教学改革意识强，信息素养高。

2. 课程目标

课程建设团队采用"多目标优化组合法"，开展能力需求调研和学习需求调研，以期实现课程目标精炼准确、精确到位。运用学校智慧教育生态中的校企协同数据，调研岗位能力要求，本地区龙头制造企业近五年对技术技能人才需求的总数增幅不大，对能力要求可以概括为有理想信念、有工匠精神、有精湛技艺、有创新本领等四个方面。智能制造技术发展和广泛应用，制图和识图技能要求更高，数字化技术的广泛应用，对三维技术能力要求提高，"二维"升"三维"、和"三维"降"二维"的空间想象力是从业人员最基本的能力，也是"机械制图"课程教学改革的重点之一。

因此，本课程从学习特点和需求出发，以塑造学生正确的核心价值观、培养学生未来发展能力为目标，设计知识够用和适度、实践训练为主的内容体系，具体知识目标如下：

（1）知识目标

①掌握机械制图国家标准的基本规定。
②掌握徒手绘图、尺规绘图的方法。
③掌握正投影法和三视图的基本原理。
④掌握点、线、面的投影作图。
⑤掌握基本立体、组合体的投影作图。
⑥掌握组合体视图绘制方法和组合体的尺寸标注。
⑦掌握轴测图的基本知识和画法。
⑧掌握向视图、剖视图、断面图等图样画法。
⑨掌握螺纹和螺纹紧固件的画法和标注。
⑩掌握齿轮和齿轮啮合的参数、计算和画法。
⑪掌握键和销的标记、画法及尺寸标注。
⑫掌握圆柱螺旋压缩弹簧尺寸计算和画法。
⑬掌握滚动轴承的结构、画法和标记。
⑭掌握轴类、盘盖类、叉架类、箱体类等非标零件画法。
⑮掌握零件图识读的方法和步骤。
⑯掌握常见装配结构及其画法。
⑰掌握第三角视图画法。

（2）能力目标

①能遵循图纸图幅、字体、图线、比例、尺寸标注等国标相关规定，运用平面图形绘制的方法与步骤，快速准确地抄绘零件图样。

②能运用正投影和三视图的形成及投影关系，绘制六棱柱、三棱锥、正四棱台、方形斜槽座、圆柱切割体、圆锥切割体等形体的三视图。

③能运用形体分析法，根据立体图准确绘制基座等组合体的三视图。

④能运用轴测图的基本知识和画法，徒手绘制类似工字钢、压盖、轴承盖等零部件的轴测图。

⑤能运用图样表达方法，绘制类似转角安装板等零件的机械图样。

⑥能运用螺纹画法和标注方法，绘制螺栓与螺母连接图。

⑦能运用齿轮的参数、计算和画法，绘制齿轮啮合图。

⑧能运用键和销画法，绘制键、销连接图纸。

⑨能运用圆柱螺旋画法，计算和绘制弹簧图纸。

⑩能运用滚动轴承画法，绘制滚动轴承图纸。

⑪能绘制轴架、盘架、箱体架、叉架类等典型零件的零件图纸；

⑫运用装配图的组成及规定画法，能识读千斤顶、齿轮泵等部件的装配图。

（3）素质目标

①自觉把小我融入大我，追求国家的富强、民主、文明、和谐和社会的自由、平等、公正、法治，将社会主义核心价值观内化为精神追求、外化为自觉行动。

②了解制造业领域的国家战略、法律法规和相关政策，将爱国之情、报国之志融入专业学习和未来工作中。

③遵规守纪，严格遵循国家标准，自觉践行精益求精的大国工匠精神。

④注重学思结合、知行合一，自觉增强解决问题的实践能力，以及创新精神、创造意识和创业能力。

⑤遵循唯物辩证法普遍联系的观点、发展的观点和质量互变规律，注重科学思维训练，积极探索空间思维方法，善于从各种角度去思考问题。

⑥具有知难而进的意志和毅力，勇于探索创新，具有精益求精的工匠精神。

⑦通过规范绘图训练，增强耐心细致的工作作风和严肃认真的工作态度。

⑧通过小组学习形式，提升团队合作、语言表达、交往及沟通能力。

⑨认识科技发展现状与趋势，提升自主学习的习惯和持续学习的能力。

3. 课程内容

"机械制图"传统教学都是"先讲后练"，注重知识逻辑严密、体系完整，对学情特点重视不够，以"补线多""画视图""看局部"为主，技能训练不够，学完后存在"画不出""读不懂""习惯差"等问题。对此，课程改革以项目驱动，突出训练任务，以任务实施所需知识为依据，遵循国家专业教学标准，采用最新颁布的《技术制图》《机械制图》及国家相关制图标准。

本次改革是在对中车、北汽等汽车行业龙头企业开展深度调研的基础上，精心设计了9个项目（见表11-5），每个项目精心安排了源自生产一线的项目任务、拓展任务和课后任务等三类任务，项目任务提供操作步骤，确保每个学生"跟得上"；拓展任务提供操作提示，大部分学生"够得着"；课后任务难度大一点，也设有提示，主要是让学有余力的学生"吃得饱"，兼顾"快跑学生"与"跟跑学生"，体现了教育公平，保证"人人都有人生出彩的机会"。

表 11-5 "机械制图"课程内容

项目名称	项目任务	拓展任务
项目 1 抄绘零件图	任务 1-1 抄绘电极片零件图	拓展 1-1 抄绘垫板零件图纸
	任务 1-2 抄绘曲线板零件图	拓展 1-2 抄绘挂轮架主视图
	任务 1-3 抄绘手柄图纸	拓展 1-3 抄绘吊钩平面图形
项目 2 绘制平面立体三视图	任务 2-1 绘制正六棱柱三视图	拓展 2-1 绘制 L 形平面三视图
	任务 2-2 绘制正三棱锥三视图	拓展 2-2 绘制斜四棱锥三视图
	任务 2-3 绘制正四棱台三视图	拓展 2-3 绘制斜四棱台三视图
	任务 2-4 绘制方形斜面槽座三视图	拓展 2-4 绘制带斜面工字钢三视图
项目 3 绘制曲面立体三视图	任务 3-1 绘制圆柱切割体三视图	拓展 3-1 绘制套筒三视图
	任务 3-2 绘制圆锥切割体三视图	拓展 3-2 绘制车床顶尖三视图
	任务 3-3 绘制球切割体三视图	拓展 3-3 绘制开槽半球三视图
项目 4 绘制组合体三视图	任务 4-1 绘制基座三视图	拓展 4-1 绘制压铁三视图
	任务 4-2 绘制三通管三视图	拓展 4-2 绘制三通支座三视图
项目 5 绘制组合体轴测图	任务 5-1 绘制工字钢正等轴测图	拓展 5-1 绘制带槽四棱台正等轴测图
	任务 5-2 绘制压盖正等轴测图	拓展 5-2 绘制 L 形组合体正等轴测图
	任务 5-3 绘制轴承盖斜二等轴测图	拓展 5-3 绘制定位基座斜二等轴测图
项目 6 绘制机械零件图样	任务 6-1 绘制转角安装板零件图样	拓展 6-1 绘制旋转架零件图样
	任务 6-2 绘制节流阀体零件图样	拓展 6-2 绘制齿轮泵透盖零件图样
	任务 6-3 绘制主轴零件图样	拓展 6-3 绘制传动轴零件图样
项目 7 绘制标准件和常用件	任务 7-1 绘制螺栓与螺母连接图	拓展 7-1 绘制多螺钉连接图
	任务 7-2 绘制齿轮啮合图	拓展 7-2 绘制齿轮齿条啮合图
	任务 7-3 绘制键、销连接图	拓展 7-3 绘制多个销连接图
	任务 7-4 绘制弹簧	拓展 7-4 绘制锥形弹簧
	任务 7-5 绘制滚动轴承	拓展 7-5 绘制滚动装配
项目 8 绘制非标准零件图	任务 8-1 绘制主轴零件图	拓展 8-1 绘制轴套零件图
	任务 8-2 徒手绘制大端盖零件草图	拓展 8-2 徒手绘制阀盖零件草图
	任务 8-3 绘制连杆零件图	拓展 8-3 绘制踏架零件图
	任务 8-4 绘制泵体零件图	拓展 8-4 绘制阀体零件图
	任务 8-5 识读蝴蝶阀阀体零件图	拓展 8-5 识读套筒零件图
项目 9 绘制装配图	任务 9-1 绘制千斤顶装配图	拓展 9-1 绘制滑动轴承装配图
	任务 9-2 拆画齿轮油泵的泵体零件图	拓展 9-2 拆画减速器的从动轴零件图

4. 课程资源

本课程在"智课堂"学习平台建设了在线开放课,开发了 AR 模型、微课视频、Flash 动画、三维动画、立体模型、线框图、教学课件、题库、教学方案、课程标准等10类资源，共计950个，所有投影图都配有与其对应的三维立体图（见表11-6），以此来保障教与学的需要。其中，开发了文本、音频、视频、动画等形式的预设性资源，即"学材"440个，满足学生知识获取的需要；开发探究性、实用性的实践资源，即"习材"150个，满足学生知识内化的需要；设计项目任务、拓展任务与挑战任务等三类任务65个，满足不同学生知识迁移的需要。

表11-6 "机械制图"课程资源

序号	资源类型	数量	序号	资源类型	数量
1	AR模型	62	6	线框图	235
2	微课视频	28	7	教学课件	30
3	Flash动画	82	8	题库	360
4	三维动画	34	9	教学方案	30
5	立体模型	88	10	课程标准	1

本课程开发了60多个AR特色资源（见图11-15），实现手机"扫一扫"三维形状看得到，为了帮助学生突破空间想象和思维，每一个项目任务和拓展任务都录制操作视频，供学生训练时参考。同时，本课程还配套开发了习题集，每一个教学任务都设计了难度适中的练习题，由浅入深，循序渐进，力求让学生扎实掌握制图的基本技能及绘图、读图的基本方法。

图11-15 AR特色资源

二、课程应用

本课程教学在遵循科学性、系统性、可行性、开放性、灵活性、趣味性等基础上，注重以人为本、融合创新和协同合作。以人为本是指以学生能力提升、个性成长为根本目标，设计课程和实施教学；融合创新是指充分发挥智慧教育生态优势，将现代信息技术深度融合教学设计与实施；协同合作是指从多维度出发，注重师生交流、同伴交流，提升协作意识和能力。基于此，构建图11-16所示的本课程的教学模式框架。

学情分析发现，2个实验班级的92名学生中，11名对口升学的学生，在中职阶段已经学习过"机械制图"课程，基础较好；43名学生空间想象能力欠缺，12名学生缺乏三维空间概念；37名学生不具备基本的工程实践意识，10名学生严谨态度欠佳。按照异质分组原则设定 4 人为 1 个学习小组，每两个组任命 1 个对口升学学生为大组长，在小组协同学习的前提下，实施分层教学。

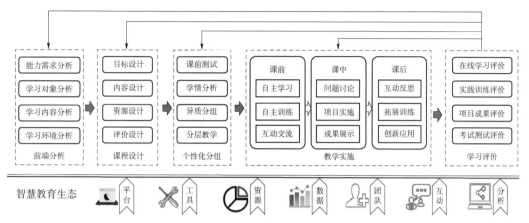

图 11-16　教学模式框架

1. 课前在线学习

教师通过学习平台发布项目任务、拓展任务和训练任务，推送微课视频为主的多样化、个性化学习资源，供学生个人或团队协作完成。微课视频不是将教学课件简单地录制上传到网络，而是对教学内容进行重构，时长通常为 10～20 分钟，便于学习者随时随地碎片化学习。同时，向学生推送项目任务操作的示范视频等资源，为学生开展自主训练提供指导。如图 11-17 所示，学生接受任务，明确学习目标后，开展微课学习和在线测验，进行个人或小组自主训练。学生在自主学习和训练过程中，随时可以与教师和同学交流。大数据分析系统实时收集学生在线学习行为数据，分析形成个性化、可视化报告，为教师教学决策提供依据，供学生完善学习方案、改进学习方法。

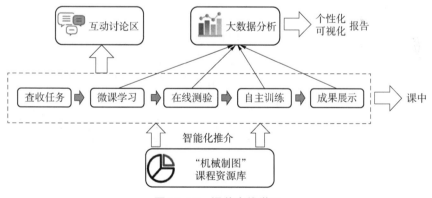

图 11-17　课前在线学习

2. 课中互动学习

课中在智慧教室开展，充分发挥其资源推送、录播与回放、虚实结合互动等功能，以教师主导，学生主体，开展基于数据的、高效的、合作探究的教学活动，共分三个阶段（见图 11-18）。第一阶段，教师根据学生课前在线学习的大数据分析报告，针对学生学习难点开展疑难解答，为学生破解重点、化解难点；遴选学生课前自主实践的作品开展案例研讨，分析作品的优势和存在的问题,在此基础上,进一步分析项目任务,针对瓶颈问题开展探讨,达成共识;第二阶段,学生结合自身基础、在线学习成效,小组开展协作学习、合作训练完成项目任务,"跑得快"的学生则可以进行拓展训练;第三阶段,教师组织开展归纳分析,帮助学生总结经验教训,构建系统知识体系。

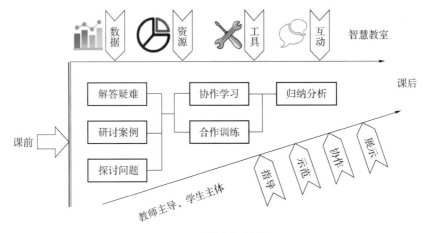

图 11-18　课中拓展学习

3. 课后拓展学习

根据课前自主学习和课中互动学习效果,指导学生开展拓展训练和课后训练,不断拓宽知识面,增强技能水平。以项目一为例,部分学生学习效果好,向学生推送资源,为其"加餐"训练任务;部分学生学习进展慢一点,则组织学生自主完成课后训练任务;还有一部分学生的学习效果欠佳,则要求提高项目任务和拓展训练的作品质量,固化学习效果。

三、课程效果

教学实践后,为了验证教学改革的有效性,开展了问卷调查、开放式访谈、成绩测试等调查活动。结果表明,认为课程能增强自己学习动力的占 89.1%、帮助自己自主学习的占 92.3%、利于自己分配学习时间的占 84.7%、增强与老师沟通的占 91.3%、加强了自己与同学交流的占 88%、提升了自身综合能力的占 90.2%。

从纵向和横向开展学生学习效果分析,纵向与前两届学生比较期末考试成绩,横向与平行的非实验班比较制图作品质量,结果表明,实验班学生在制图与识图能力、综合素质、学习主动性等方面都具有优势明显。

1. 制图与识图能力突出

在项目任务训练、在线学习、互动交流等活动中,促进学习的有效发生,学生通过思考、重构,最终内化为专业知识和实践能力。纵向比较发现,期末考试试卷难度相当,实验班平均分高出上届班级 9 分;横向比较发现,统一试卷期末考试,实验班高出平行班级 6.7 分,组织制图竞赛,实验班获奖者占获奖人数的 90%。

2. 综合素质评价得分较高

教学改革促进了学生深度学习,通过项目训练、互动交流等,学生能够认识到,"机械制图"课程学习不仅仅是技能,还能提升思维能力、空间想象力、精益求精的意识,以及创新意识和思维,学习借鉴好的思路,营造良好的学习氛围。

3. 学习主观能动性明显增强

教学改革将学习由课堂延伸课外,实现线上和线下混合学习,学生通过互动交流获得正面反馈,促进自我调整、深度学习和思考反馈,养成良好学习的习惯,解决了"机械制图"课程课时少、内容多、学习难等问题,大数据分析反映学生的自主学习状态和效果明显增强。

四、教学反思

在智慧教育生态支持下,教学改革突破时空限制,统筹考虑课前、课中、课后的学习活动;突破传统教学思维限制,设计丰富多样的教学资源,创设线上与线下相结合的学习环境,让学生以自主学习、自主探究为起点,根据个人需求开展拓展性、深层次性和研究性学习,不断提升学生的学习效果。经实践表明,符合高职学生需求,利于其有效学习和能力提升,能够为同类教学研究和实践提供参考。需要指出的是,本研究仍存在较大的局限性,教学实验的样本有限,需深入研究和实践改进。

1. 教学改革经验

①以学生发展为本的教学理念。本课程为解决传统教学的"讲授+训练"的结构问题,突出"用户思维",从学习特点和需求出发,以培养学生未来发展能力为目标,设计知识够用和适度、实践训练为主的内容体系,以学生自主学得会、教师支持学得好为原则设计学习活动和配置学习资源,以及突出过程学习成果为主的评价策略,能够有效发挥学生学习主体作用,提升学习效率,提高教学质量。

②以未来岗位能力需求确定目标。本课程是在分析未来制造从业人员的专业技能、学习能力、创新能力等方面要求的基础上,设计教学目标,实现了3个方面的突破:一是采取全程完整图纸绘制与识读的训练,培养学生全局思维、专注精神;二是任务训练提供操作步骤和演示视频,拓展训练提供参考步骤,既让学生画得出,又留有提升空间,培养学生自主学习能力和创新能力;三是提供"三维模型""AR模型"等特色资源,培养学生空间想象能力和结构思维能力。

③以项目和任务承载学习内容。在对龙头企业开展深度调研的基础上,以企业实际任务为载体,以任务实施所需知识为依据,遵循国家专业教学标准,采用《技术制图》和《机械制图》以及国家相关制图标准,在其中纳入产业发展的新技术、新工艺、新规范。

四是开发丰富多样的学习资源。课程开发了AR模型、演示视频、二维动画、三维动画等在线学习资源,支持学生学习改革,支持项目学习、案例学习、模块化学习等活动的开展。

2. 后续改进方向

为突出SPOC教学的价值,促进教育教学改革、提升课程质量和教学成效、实现资源共享等,今后应在学习资源、教学方式方法、优化平台功能等方面继续努力。

①丰富学习资源,满足学生的个性需求。学习资源反刍比表明,学习资源科学性、实

效性和趣味性对学生自主学习有较大影响。发挥人工智能技术作用，基于学生个性化需求，差异性地推荐学习资源，能够有效提高学生学习体验，激发学习兴趣，增强学习动力。

②优化平台功能，增强学生学习体验。学习平台的感知包括有用性和易用性，对学生的有效学习都具有明显的积极影响，相比而言，感知易用性的影响相对显著。因此，后续在平台优化中，要更加重视其功能的实用性、有效性和易用性，增强学生的学习体验。

③创新方式方法，提升学生学习效果。智慧教育生态为学生学习提供了更便利的条件，尤其是在自主学习方面。但是，并不是完全不需要"教"，没有"教"的学习成为自我导向学习，对学习者的学习能力要求极高，往往容易缺乏目标感和方向感。因此，教的环节不仅不能省，还要充分发挥智慧教育的优势，不断创新方式方法，增强学生与教师的交互、学生与学生的交互、学生与资源的交互，通过教的行为促进学的行为，提升学生学习效果。

实践五："数控多轴加工技术"课程实践

"数控多轴加工技术"是我校数控技术专业核心课程，依托智能控制技术国家专业教学资源库等项目。本课程与华中数控校企共建，对接"数控多轴加工职业技能等级"证书标准，开设于第四学期，共64课时，4学分。2019年，在"微知库"平台开始线上教学，以对接"岗课赛证"为目标，将生产任务、竞赛内容、X证书案例融入教学内容，实施线上线下混合式教学，取得了较好效果。目前，本课程已经完整开设3轮，选课人数达到3 500多人，总访问量达到330 000多次、互动6 000多次。本课程于2021年立项为湖南省高等职业教育精品在线开放课程建设项目。

一、课程建设

"数控多轴加工技术"课程改革主要是解决传统教学内容与多轴岗位、X证书、技能竞赛不融合、不对接、不适应的问题，根据人才培养方案要求，突出"岗课赛证"融合，提出"懂工艺、会编程、精操作、高素养"的总体目标，重构目标与内容体系、改革教学模式、完善任务设计与资源配置。本课程以培养学生多轴加工相关技能，塑造学生正确的核心价值观、创新能力、职业规范为目标，以"学生线上学工艺、线下学编程操作"的教学方式，设计学习任务、配置学习资源，并采取以过程评价为主、技能考证为辅的评价策略。

1. 课程团队

课程建设团队吸纳了学校专业教师与武汉华中数控企业技术专家，团队成员共计6人，既发挥了院校教师的理论优势，也发挥了企业技术专家的实践经验，保证了课程内容的理论性与实践性。同时，引入OKR，建立共同愿景、明确团队和个人目标，实施过程管理，实现了高效协同。

2. 课程目标

"数控多轴加工技术"课程是与武汉华中数控校企共建，是在分析中航发南方工业有限公司、中航发南方宇航工业有限公司等企业的多轴操作工、多轴工艺员、多轴编程员岗位职业能力要求的基础上，遵循教育部发布的高等职业学校数控技术等专业教学标准，融合数控多轴加工职业技能等级标准（初、中级）与复杂部件数控多轴联动加工技术技能竞赛项目设计课程三维目标（见表11-7），实践了"多目标优化组合法"。

表11-7 "数控多轴加工技术"课程目标

课程目标	知识目标	①掌握多轴加工技术的概念、特点、分类、应用及发展趋势； ②掌握四轴、五轴、车铣复合的特点及应用； ③掌握四轴、五轴、车铣复合典型零件工艺分析与制定方法； ④掌握仿真软件操作方法及后处理构建的方法； ⑤掌握五轴机床操作方法
	能力目标	①能够进行多轴机床基本操作与维护保养； ②能够利用NX软件进行三维创新设计； ③能够规范制定零件加工工艺； ④能够利用NX软件对典型多轴加工零件进行编程； ⑤能够利用Vericut仿真软件搭建虚拟机床模拟加工； ⑥能够较熟练操作多轴机床加工典型零件
	素质目标	①具有良好的合作能力，即适应新环境能力、沟通和交流能力、团队合作能力、安全操作意识、信息处理能力； ②具有良好的迁移学习能力，即根据掌握的多轴加工编程技术，将NX软件多轴编程加工的方法运用到其他编程软件，具有新技术、新设备、新工艺的应用能力； ③具有一定的分析问题和解决问题能力； ④具有良好的诚信品质和责任意识，即做人诚实守信、工作踏实肯干，具有较强的工作质量意识，勇于承担责任； ⑤具有较强的劳动意识、质量意识、安全意识等方面的职业素养，能够做到爱岗敬业

3. 课程内容

"数控多轴加工技术"原有教学是编程与实训脱离，案例主要以工艺品为主，以知识体系为模块，对学情特点重视不够，机加工技能训练不够，没有对接"1+X"职业技能等级标准与技能竞赛内容，生产联系不紧密等。学生学完后存在"操作不规范""考证需培训""竞赛单独练""产品质量差"等问题。因此，课程改革以项目驱动，将生产任务、X证书案例、竞赛内容融入教学内容，重构了"模块化课程内容"；同时，为适切不同学习者的目标需求，设置"理虚实一体"的教学内容，按照从设计到加工的全过程实施教学。

本次课程改革，是在对中航、中车等行业龙头企业开展深度调研的基础上，精心设计了4个模块，12项任务（见图11-19），每个模块中的任务精心安排了源自生产一线的项目任务、"1+X"制度案例、竞赛案例等 3 类任务,每个任务均按"设计、工艺、编程、仿真、加工、测量"6 个步骤实施。另外,还要根据不同的教学对象选择不同的任务进行实施,满足不同学生、群体的学习需求。

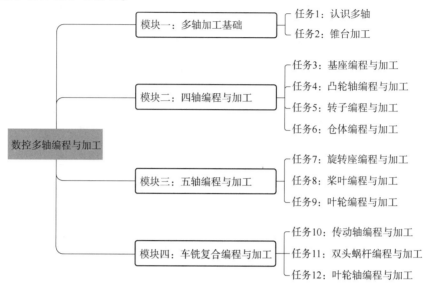

图 11-19　课程内容体系

4. 课程资源

本课程按照"解构任务,重构学习"的思路,分析工作任务所需要的知识点和技能点,绘制知识树,开发工作页、学习手册、微课视频、实操视频、仿真动画等多种类型的颗粒化资源(见图 11-20)。在"微知库"平台建设了在线开放课,开发了典型案例 12 个、微课视频 274 条、动画 42 个、立体模型 24 个、工程图 24 个、教学课件 40 个、题库 305 个以及教学方案及课程标准等资源,共计 815 个,实践开发了"学材+习材+创材+研材",满足学生知识获取、知识内化、知识迁移和知识创新的需要,保障个性化教与学的需要。

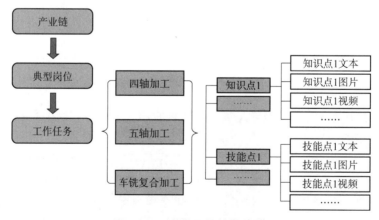

图 11-20　解构工作任务流程

二、课程应用

1. 教学模式

本课程采用"MOOC"建设理念,线上以信息技术为手段,以"微知库"为支撑,以学习者为中心,根据预设教学目标、学习者认知规律,系统配置颗粒化教学资源。采用线上线下混合式教学模式开展教学。线上,针对"设计、工艺、编程"环节,按照"自主学""引导学"和"拓展学"的方式来开展教学。线下,基于"智慧机房+智慧车间"开展实践教学,实现了实训课程也可以"时时学、处处学"的目的。

2. 教学方法

课程教学基于多轴加工岗位性强、专业性强的特点,基于工作任务流程,采用"项目驱动"方式开展教学活动。在教学设计中,以学生为中心,基于问题依次进行"任务分析、任务实施、任务总结、课后拓展",完成零件"设计、工艺、编程、加工"全过程(见图11-21)。

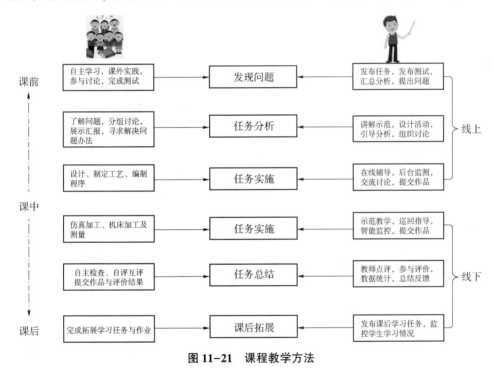

图11-21 课程教学方法

3. 教学评价

基于不同学习对象的特点与情况,课程评价(见表11-8)采用线上评价与线下评价相结合的方式,既保证了评价的客观公正性,也增强了学生的参与度与积极性。一是对于纯粹进行线上学习的对象(校外学生、校内选修学生、社会学习者等)本课程成绩由单元作业、单元测试、讨论活跃度、期末测试4部分构成,其中单元作业占30%,单元测验占30%,课程讨论活跃度占10%,随堂测试占30%;二是对于混合教学模式下的学员(主要为校内必修学生),线上考核70%、线下考核30%。其中线上考核包括线上单元作业30%、线上单元测试30%、线上讨论活跃度10%;线下考核包括课堂表现10%、期末测试20%。

表 11-8 "数控多轴加工技术"课程评价

评价方式	评价内容		评价占比
纯线上	过程性评价	学习任务完成情况（含学习时长、作品提交等）	30%
		讨论参与	10%
		任务测试	30%
	综合评价	期末测试	30%
线下+线下	过程性评价	实践任务	30%
		学习任务完成情况（含学习时长、作品提交等）	30%
		讨论参与	10%
		任务测试	30%
	技能测试	课堂表现（学生评价）	10%
		实践任务	20%

三、课程推广

课程团队针对在校学生、校外学生、企业人员、证赛学生 4 类不同人群进行推广应用。一是在校学生应用。通过在本校以专业课开设方式，覆盖智能制造专业群内所有专业，进行推广应用。二是校外学生应用。依托智能控制技术专业教学资源库，成立联盟，建立健全了在线学习学分互认机制，开展学分互认，在联盟内院校实现了课程推广。三是企业人员应用。通过开展员工技能培训与讲座形式，邀请企业人员注册学习，将学习成果纳入企业员工培训考核内容。四是证赛学生应用。成立证赛学生队，建立学习群，通过及时分享学习内容进行推广。同时，二级学院建立赛、证学分互换机制，完成课程学习并通过考证或参加竞赛培训免修课程，提高学生学习积极性。为提升"泛用"效果，同时加强交流与宣传。目前，课程在线学习人数达 3500 多人，辐射院校 31 所。

四、课程效果

经过近 5 年的建设，积极探索"岗课赛证"融合育人模式，深化了"课程思政"，创新发展了线上线下混合教学模式，取得了较好效果。

1. 推动教研教改

依托课程建设与应用，立项智能制造专业群校级资源库、智能制造省级专业群资源库及智能控制技术国家级资源库子项目，立项省级精品在线开放课程建设项目，被授牌湖南省首批数控多轴加工"1+X"试点站，立项"多轴加工技术'双师型'教师培养培训基地"。

2. 促进学生成长

通过课程教学实施与培训，一批学生提高了对多轴加工学习的兴趣与热情，成立了多轴加工特长队，学生参加相关比赛获省级以上技能竞赛奖励 6 项，向企业输送多轴加工技术人才近

200 名，其中 1 人成长为全国技手、56 人成长为多轴加工岗位骨干，26 人晋升为企业技师。

3. 促进教师提升

得益于课程建设，课程团队专业教学能力与技术水平得到显著提升，课程负责人获国家级教学能力大赛三等奖 1 项、省级一等奖 1 项、二等奖 1 项、三等奖 1 项，指导技能竞赛获省二等奖 4 项、三等奖 1 项。团队主要成员 1 人晋升为教授、1 人晋升为副教授、3 人晋升为讲师，3 人晋升为管理岗位，1 人被评为省技术能手、湖南省青年教师党员示范岗。

4. 助力"课证融通"

目前，学校数控多轴加工职业技能等级考证已经实现了"课后教证、以证代考"，考证一次性通过率达到 67.1%，解决了"课证分离、以培促考"的问题。

5. 提升服务能力

学校在课程建设与应用的同时，加强硬件条件建设，目前多轴加工基地已经成为湖南省一流多轴加工实训（培训）基地。近三年，累计为周边企业与学校开展培训近 18 批次，培训人员近 400 人，已经成为中车、中航发等企业的多轴员工定点培训单位。

实践六："汽车机械故障维修"课程实践

"汽车发动机机械系统检修"为汽车检测与维修技术、汽车制造与实验技术专业的核心课程，56 学时，4 学分，主要面向汽车机电维修技师岗位，以岗位实际工作任务为载体，2018 年 9 月正式利用平台进行教学，采用"微知库"为信息化教学平台，开展"教学做"一体的教学。本课程依托汽车营销与服务国家教学资源库项目进行应用推广，累计用户总数量超过 3000 人，使用时长超过 730 小时，点击次数超过 12 万次，互动次数超过 11 000 次，本课程于 2021 年被立项为湖南省精品课程。

一、课程建设

1. 课程团队

团队组建以跨界性、管理高效性和工作协同性等为原则，保证了理论、实践、专业、经验、资源等多元互补。团队成员共计 9 人，均来自校与校、校与企共建的"MOOC 研究共同体"。

2. 课程目标

课程目标是在分析湖南中车时代电动汽车有限公司、北京汽车股份有限公司株洲分公司、株洲美宝行汽车有限公司、湖南吉利汽车部件有限公司、上汽大众汽车有限公司长沙分公司等企业的汽车装调工、汽车检测员、零部件生产等岗位职业能力要求的基础上，遵循教育部发布的高等职业学校汽车检测与维修技术等专业教学标准，融合汽车运用与维修（含智能新能源汽车）"1+X"证书制度职业技能等级标准，与企业共同设计课程目标。

课程目标是让学生在掌握汽车发动机的总体结构与布置、汽油机工作原理、柴油机工作原理等知识基础上掌握曲柄连杆机构、配气机构、冷却系、润滑系、燃油供给系等系统的诊断与维修的能力，并在此基础上掌握发动机的装配调试和发动机综合故障诊断与维修的能力。

该学习领域有助于培养具有较高素养的发动机机械检修人员,让他们熟知发动机的技术指标,能熟练使用常用检测设备对其进行检测,会熟练使用一般工具和生产设备,掌握发动机的构造,能根据检修内容进行检修工艺的制定,并对发动机进行参数、技术指标的检测,使其具有强烈的安全、环保、成本、产品质量、团队合作等意识。

3. 课程内容

(1)探索重构符合"岗课赛证融通"的课程体系

针对汽车机电维修技师岗位相关岗位的职业能力要求,依据国家专业教学标准、职业技能等级标准、全国技能大赛技术标准、企业岗位职责标准,探索"岗课赛证"融通,确定课程教学目标、遴选课程内容;基于岗位工程流程、学习认知规律和模块化教学改革,序化课程结构体系(见图11-22)。

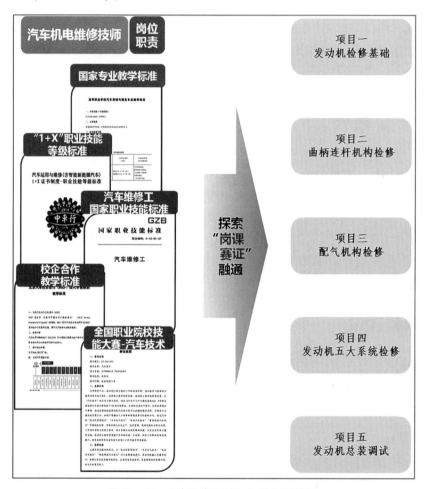

图11-22 "岗课赛证融通"的课程体系

(2)教学内容分层,满足个性化学习需求

依托课程目标和课程结构,符合基于工作过程的教学设计要求,遵循职业能力各阶段发展要求,符合学生认知规律,序化重构课程内容。教学内容在项目任务设置时注重学习能力和个性需求差异,设置基本任务,拓展任务,体现分层教学,如表11-9所示。

表 11-9 教学内容分层表

序号	大纲	内容		备注
1	气缸盖拆装与检测	省级专业技能抽查题库	技能抽考	"1+X"中级认证
2	气门机构拆装与检测	省级专业技能抽查题库		"1+X"中级认证
3	气缸磨损检测	省级专业技能抽查题库		"1+X"中级认证
4	活塞连杆组的拆装与检测	省级专业技能抽查题库		"1+X"中级认证
5	曲轴拆装与检测	省级专业技能抽查题库		"1+X"中级认证
6	配气正时机构拆装与检查（皮带）	省级专业技能抽查题库		
7	配气正时机构拆装、测量与检查（链条）	省级专业技能抽查题库		
8	动力系统密封功能与检查	1. 气门室罩衬垫检测、清洗和拆装； 2. 排气歧管衬垫检查与拆装； 3. 曲轴前/后油封与拆装	综合性能	"1+X"中级认证
9	气缸漏气率检测	1. 发动机实验台架； 2. 维修工具、工具箱、火花塞套筒等； 3. 气缸漏气率检测仪、真空表、气缸压力表、燃油压力表； 4. 计算机、维修手册		"1+X"中级认证
10	进气真空度检测			"1+X"中级认证
11	气缸压缩压力检测			"1+X"中级认证
12	燃油压力高低压检测			"1+X"中级认证

4. 课程资源

本课程针对不同知识技能点采用多种教学方法，既有典型任务的理论讲解、微课动画和实操演示，又有作业、题库、讨论和实操指导书，加上定期的在线指导和自测，能帮助选课学员更好地掌握知识点和技能考核点。同时，还使用了课程资源与学习数据（见表 11-10）和教学资源匹配 VR 虚拟仿真实训资源（见图 11-23），以此来培养学生学习兴趣。本课程面向对象为职业院校师生，同时满足企业员工培训。既适用于汽车领域"1+X"证书制度的"汽车动力与驱动系统综合分析技术（中级）"模块考证培训，也适用于汽车维修工（三级）理论和技能训练。

表 11-10 课程资源与学习数据

数据项		第一学期	第二学期
授课视频	总数量/个	60	68
	总时长/分钟	204	279
非视频资源	数量/个	368	452
课程公告	数量/次	5	8
测验和作业	总次数/次	12	15
	习题总数/道	186	220
	参与人数/人	1013	1145

续表

数据项		第一学期	第二学期
互动交流情况	发帖总数（帖）	1126	1376
	教师发帖数（帖）	38	65
	参与互动人数（人）	995	1103
考核（试）	次数/次	2	2
	试题总数/题	50	50
	参与人数/人	1013	1145
	课程通过人数/人	987	1034
学校 SPOC 使用情况	使用课程学校总数	9	
	使用课程学校名称	湖南汽车工程职业学院、云南交通职业技术学院、吉林交通职业技术学院、山东科技职业学院、常州机电职业技术学院、济宁职业技术学院、淄博职业学院、长春汽车工业高等专科学校、黑龙江农业工程职业学院	
	选课总人数	2257 人	

图 11-23　VR 虚拟仿真实训资源

二、课程应用

1. 教学模式

本课程采用线上线下混合式教学相结合的教学模式，依托微知库在线教学平台，构建翻转课堂模式，线上线下结合提高课堂效率。教学流程覆盖课前、课中、课后 3 个环节。课前，学生领取学习任务，浏览学习手册，观看微课视频，完成在线测验；课中，教师对重点难点进行讲授，指导学生进行实训；课后，学生完成课后作业或拓展。本教学模式有效提升了课堂效率，增加了学生的实训时间。

2. 教学方法

在教学设计中，采用以学生为中心，基于问题的教学法，即 PBL，如图 11-24 所示。难度较小的学习内容由学生课前自学完成，教师通过后台数据掌握学生学习情况，在课堂上针对重点难点问题进行讲解。在线课程的应用使教学突破时空限制，给学生更多的训练时间，提高课堂学习效率。

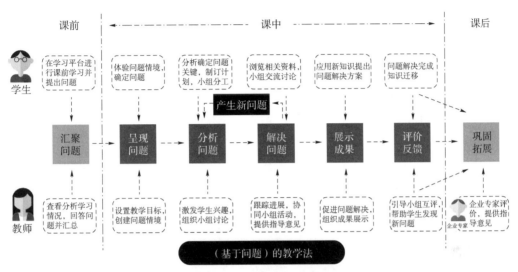

图 11-24 基于问题的教学法

3. 教学评价

本教学评价以汽车机电维修岗位所应具备的三个维度目标为导向，引入 CIPP 评价模式，以"1+X"技能等级标准与技能竞赛考核标准（见表 11-11）为依据，设计学生自我评价表、小组评价表和教师评价表与岗位见习的企业专家点评表，围绕 C（教学背景评价）、I（教学输入评价）、P（教学过程评价）、P（教学结果评价）4 个维度完成课程教学考核，实现过程性考核（任务考评）与形成性（课程评价）相结合的考核方式。

本课程侧重学习过程管理，由线上考核+线下考核两部分组成，具体成绩评定方式与要求如下：

总成绩(100%)＝线上考核(60%)+线下考核(40%)

表 11-11 考核方式与标准

一级指标	二级指标	评价主体	评估标准
C 教学背景评价	教学团队能力评估	合作企业、教务处	是否是"双师"型，是否获得企业"新技术"培训认证
	教学硬件条件评估	企业评价 40% 学院自评 30% 学校督导 30%	教学条件、设备和环境是否满足汽车机电维修岗位的需要

续表

一级指标	二级指标	评价主体	评估标准
I 教学输入评价	学习进度（5分）	国家教学资源库	学习轨迹
	虚拟仿真训练（10分）	VR实训平台	VR实训得分
	知识测试（10分）	国家教学资源库教师、企业专家	测验完成情况
P 教学过程评价	知识掌握（10分）	国家教学资源库教师、企业专家、学生	正确率
	新技术、工具使用（10分）		电子化评价量表
	操作规范（5分）		依据技能竞赛标准评分
	任务完成（10分）		引导式任务工单完成度
	创新性、协同性（5分）		观察清单打分
	课程思政、劳动精神（10分）		电子化观察量表，德、能、勤、绩、劳
P 教学结果评价	课后测试（10分）	国家教学资源库	测验完成情况
	X证书模拟考证训练（10分）	教师	X证书考核标准开放实训室指导教师评分
	个人增值评价（5分）	教师、学生	两次任务综合对比增量评价

三、课程推广

1. 课程应用数据概览

本课程依托汽车营销与服务国家教学资源库项目进行应用推广，课程累计用户总数量超过3000人，使用时长超过730小时，点击次数超过12万次，互动次数超过11 000次。

2. 课程覆盖范围广泛

课程团队积极收集各高职院校教师的教学反馈信息，与他们举办课程框架研讨会（见图11-25）。目前有9所高职院校使用本课程开展教学，课程应用高职院校范围覆盖东北、华北、华中、华南、西南地区，包括湖南汽车工程职业学院、云南交通职业技术学院、吉林交通职业技术学院、山东科技职业学院、常州机电职业技术学院、济宁职业技术学院、淄博职业学院、长春汽车工业高等专科学校、黑龙江农业工程职业学院。

图11-25 课程团队及参与院校教师举办的课程框架研讨会

3. 课程用户角色多样

培训课程以标准课程为基础，面向湖南中车时代电动汽车有限公司、北京汽车股份有限公司株洲分公司、株洲益源汽车销售服务有限公司及兄弟院校开设培训课程（见图 11-26）。

培训课程以实际维修任务为中心，围绕维修人员的核心技能组织课程资源，通过丰富的视频及动画资源，由浅入深，协助企业员工和高职教师技能提升（见图 11-27）。

图 11-26　相关公司员工培训

图 11-27　兄弟院校新能源汽车专业师资培训

四、课程效果

1. 课程思政有成效

本课程教学团队省级课程思政教学名师团队将思政主线、劳动育人专题与学生技能培养主线相结合，打造"三融合三进阶"的匠心课堂（见图 11-28）。将德育、劳育和技能培养有机融合，培养强技能、有担当、铸匠魂的新时代工匠。课程将身边的榜样"全国劳动模范"优秀学长的成长故事引入课堂,教育学生向劳模看齐,弘扬劳模精神,学习劳模、争当劳模,传承奉献精神、工匠精神。

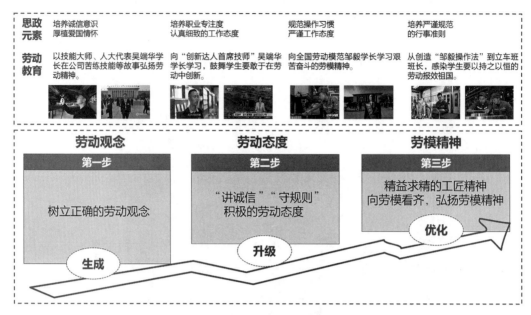

图 11-28 "三融合三进阶"的匠心课堂

2. 翻转课堂效果好

本课程构建了以学生为中心的教学模式。教学流程覆盖课前、课中、课后三个环节。课前,学生领取学习任务,浏览学习手册,观看微课视频,完成在线测验;课中,教师对重点难点进行讲授,指导学生进行实训;课后,学生完成课后作业或拓展。本教学模式有效提升了课堂效率,增加了学生的实训时间。

3. 教学竞赛成绩显著

本课程团队教师和课程学员在各类大赛中表现优异,先后获得全国职业院校技能大赛教学能力比赛一等奖1项、二等奖1项,全国职业院校信息化教学大赛一等奖1项、三等奖1项,湖南省职业院校教师职业能力比赛一等奖2项、三等奖3项,湖南省职业院校信息化教学大赛一等奖2项、三等奖2项,全国机械行业职业院校微课大赛一等奖1项、二等奖1项、三等奖1项。

4. 技能竞赛成绩显著

本课程团队累计获得全国职业院校技能大赛高职组汽车检测与维修赛项一等奖4项,全国职业院校技能大赛试点赛汽车技术赛项二等奖1项,湖南省职业院校技能大赛高职组汽车检测与维修赛项一等奖5项。